大学生成长践行录

思想政治理论课实践教学成果集锦

主　编　龚志伟
副主编　南云雁　周之新

吉林大学出版社

图书在版编目(CIP)数据

大学生成长践行录：思想政治理论课实践教学成果集锦/龚志伟主编.—长春：吉林大学出版社,2019.3

ISBN 978-7-5692-4445-8

Ⅰ.①大… Ⅱ.①龚… Ⅲ.①高等学校－思想政治教育－教学研究－中国－文集 Ⅳ.①G641-53

中国版本图书馆 CIP 数据核字(2019)第 049545 号

书　　名　大学生成长践行录：思想政治理论课实践教学成果集锦
　　　　　DAXUESHENG CHENGZHANG JIANXINGLU：
　　　　　SIXIANG ZHENGZHI LILUNKE SHIJIAN JIAOXUE CHENGGUO JIJIN

作　　者	龚志伟　主编
策划编辑	黄国彬
责任编辑	许海生
责任校对	王瑞金
装帧设计	紫金港
出版发行	吉林大学出版社
社　　址	长春市人民大街 4059 号
邮政编码	130021
发行电话	0431-89580028/29/21
网　　址	http://www.jlup.com.cn
电子邮箱	jdcbs@jlu.edu.cn
印　　刷	北京虎彩文化传播有限公司
开　　本	787mm×1092mm　1/16
印　　张	24
字　　数	330 千字
版　　次	2019 年 3 月第 1 版
印　　次	2019 年 3 月第 1 次
书　　号	ISBN 978-7-5692-4445-8
定　　价	118.00 元

(版权所有　翻版必究)

序

思想政治理论课是高校思想政治工作的主渠道主阵地,承担着对大学生进行系统的马克思主义理论教育的任务,是帮助大学生树立正确世界观、人生观、价值观的核心课程。在 2016 年的全国高校思想政治工作会议上,习近平总书记指出:"要坚持把立德树人作为中心环节,把思想政治工作贯穿教育教学全过程,实现全程育人、全方位育人,努力开创我国高等教育事业发展新局面。"并强调,"思想政治理论课要坚持在改进中加强,提升思想政治教育亲和力和针对性,满足学生成长发展需求和期待"。一直以来,丽水学院高度重视思想政治工作,不断创新思想政治理论课教育教学模式,逐步探索出了一条适合新时代大学生思想特点的思政课改革之路,即基于 OBE 理念,通过加强协同创新、深化课堂联动、创新实践教学、拓展学科竞赛、探索多方评价等,在提高学生思想素质、政治素质和道德素质的同时,特别强调学生批判思维、分析推理、解决问题、沟通交流、动手实践等通用能力的培养,力图把思想政治理论课锤炼成为训练学生通用能力的载体,着力打造"最关爱学生的思政课"。

谋而后动,知止有得。多方协同是改革的起点。我们积极导入地方资源,不断加强与地方政府、企业等的协同,组建了校外思想政治理论课讲师团,启动了人文思政讲堂"瓯江思政大讲坛",大力加强思政课程与课程思政的协同,切实发挥思政课对"大思政"建设的引领作用,引导培育了一批充满思政元素、发挥思政功能的通识课和专业课,协同开展系列各具特色、形式多样的校园文化活动。课堂教学是改革的焦点。我们与时俱进,不断创新课堂教学形式,根据课程特点多形式推进教学方式方法改革,全面深化"双向问题互动式""双微联动"等主题式课堂教学改革,进一步完善了"行走的课堂""情境课堂""创意课堂"等课堂形式,探索开展"大班授课、小班讨论"和线上线下相结合的教学新模式。实践教学是改革的原点。我们持续拓展实践教育新领域和新平台,不断完善"基地＋四化"(即多层次立体化的思想政治理论课校外教学实践基地＋暑期实践教学全员化、随堂实践教学常态化、现场专题实践教学多元化、志愿者服务活动长效化)的实践教育体系,稳步推进"走进乡村"系列实践活动由体验型实践向研究型实践深化,并进一步丰富和拓宽了"追寻伟人足迹 担当时代使命"等系列实践活动的形式与范围,着力培养学生的社会责任感和沟通交流表达等通用能力。学科竞赛是改革的亮点。我们持续推进全校性的思想政治理论课演讲比赛、辩论赛、社会实践报告大赛、红色文化征文大赛等,真正实现了竞赛全覆盖、参与纯自主,并探索了"以赛代考"等新形式,在竞赛参与中培养并巩固学生的通用能力。多方评价是改革的创新点。我们以实现"单一终结性量化考试"向"综合过程性考核评价"转变提升为目标,积极探索推进"四构建"举措,不断加强与浙江日报报业集团丽水分社的合作,创新开展"时政进校园"活动,全面实现由单一的任课教师主导的评价方式向"教师课程考评、第三方评价、同学互评"相结合的"三位一体"评价方式的转变,创新实施教师课堂教学省内高校同行评价办法,切实促进了教师课堂教学的质量。

春华秋实,桃李芬芳。2016和2017年,我们先后围绕丽水市创建全国文明城市和浙江省委有关大花园建设的要求,分别开展了以"我参与、我奉献、我快乐"和"培育发展新引擎,建设浙江大花园"为主题的思想政治理论课实践调研大赛,有200余支团队踊跃参加。同期,为深入学校贯彻习近平总书记的"七一讲话"和党的十九大精神,先后开展了以"不忘初心、继续前进"和"学习十九大,青春竞飞扬"为主题的思想政治理论课征文大赛,有5000余名同学参与其中。广大同学的积极参与给我们的改革注入了强大的动力,也很大程度上展现了思政课改革的成就:莘莘学子紧扣主题,用青春的热情诉说着与党同心、与时代同行的心声,他们或深入地观察社会,或真切地凝视改变,或热切地表达渴望,或理性地思考未来。无论成熟与否,都是行走青春的记忆,是砥砺成才的誓言。

改革永远在路上。这里选取的作品也许尚显稚嫩,正因如此,我们期待各位领导、专家和同仁能够给予更多的关注和建议。我们相信,有了您的鼓励和支持,青春之花必将绽放得更加绚丽,"最关爱学生的思政课"改革建设也一定能取得更加丰硕的成果。

目 录

关于古堰画乡景区旅游对社区居民生活影响的调查 …………… 1
社会公众对五水共治认知度的调查报告
  ——以丽水莲都区为例 ………………………………………… 10
大学生兼职情况调查报告 …………………………………………… 24
关于L学院学生参与志愿者服务活动情况的调查与研究 ………… 36
关于高校食品安全卫生状况的调查与分析
  ——以丽水学院为例 ……………………………………………… 50
关于丽水市小学生心理健康状况调查研究 ………………………… 63
大学生对海外抢购现象的认知调查报告 …………………………… 74
关于丽水市民生态文明意识的调查与研究 ………………………… 85
关于丽水市民文明乘坐公交车的调查及分析 ……………………… 98
丽水市城区环卫工人社会关怀的现状调查及对策研究 …………… 107
丽水市创建全国文明城市的交通环境调查报告 …………………… 125
大学生课余时间问卷调查结果分析 ………………………………… 138
关于大学生网络文明道德的调查研究 ……………………………… 159
丽水市民对流动商贩的态度调研报告 ……………………………… 172
莲都区公共厕所卫生问题的研究 …………………………………… 182
志愿者参与丽水市创建全国文明城市的调查报告 ………………… 191

丽水市社区公共服务供给现状与居民需求情况调查研究⋯⋯⋯⋯ 206

关于城乡居民防火意识的调查⋯⋯⋯⋯⋯⋯⋯⋯⋯⋯⋯⋯⋯⋯ 216

关于丽水市建设浙江"大花园"的调查
　　——以莲都区居民绿色发展理念普及程度为视角⋯⋯⋯⋯ 227

关于绿色生态食品产品认证普及度和认可度的调查研究⋯⋯⋯ 243

丽水市民眼中的诗画丽水建设调查研究⋯⋯⋯⋯⋯⋯⋯⋯⋯⋯ 256

关于丽水市莲都区居民绿色出行现状的调查⋯⋯⋯⋯⋯⋯⋯⋯ 263

丽水市莲都区共享单车使用情况的调查研究⋯⋯⋯⋯⋯⋯⋯⋯ 274

关于丽水市民文化消费情况的调查与研究⋯⋯⋯⋯⋯⋯⋯⋯⋯ 288

大学生中国优秀传统文化素养现状调查研究⋯⋯⋯⋯⋯⋯⋯⋯ 297

学前儿童家庭安全教育现状的调查与研究
　　——以 L 市实验幼儿园教育集团（实验园）为例⋯⋯⋯ 315

在校大学生外卖购买情况的调查与思考
　　——以丽水学院为例⋯⋯⋯⋯⋯⋯⋯⋯⋯⋯⋯⋯⋯⋯⋯ 332

关于丽水市莲都区食品绿色健康发展的调查与思考⋯⋯⋯⋯⋯ 347

关于丽水"五水共治"情况调查报告⋯⋯⋯⋯⋯⋯⋯⋯⋯⋯⋯ 361

关于古堰画乡景区旅游对社区居民生活影响的调查

调研组成员：

旅游 141 班：贺佳艳、蔡茵茵、董海燕、段丽霞、邱琪、祝佳雯、丁潇杰、俸柳婕、高佳慧、叶朝兴、齐锋、高婷婷、何冰、黄娇娜、仇吕珍

指导老师： 朱晓虹

摘　要： 随着国内旅游业的迅猛发展，景区与社区矛盾不断暴露，引起了旅游学界的广泛关注。景区开发对社区的影响研究逐渐成为中国旅游学界研究的热点，建立在案例基础上的旅游社区影响研究成果逐渐增多，为景区与社会的矛盾调节提供解决之道。现以丽水市莲都区古堰画乡景区为研究对象，从景区旅游发展给社区带来的社会、经济、环境三方面的影响着手，研究分析景区旅游开发给社区居民生活带来的影响，本文主要将表现分为积极的影响和消极的影响，并针对旅游景区开发给社区居民带来的不利影响提出解决方案。

关键词： 古堰画乡；景区旅游；社区居民；生活影响

一、调研内容

本研究选取丽水市莲都区古堰画乡景区为主要研究对象，具体研究内容如下：

第一部分是准备部分,主要从选题的背景、研究目的与意义三方面展开。

第二部分是通过问卷调查,得出数据统计进行分析,从古堰画乡景区的发展对社区居民的社会影响的因素分析、对当地居民的积极与消极的影响、社区居民对当地旅游的发展的态度等三个方面展开。

第三部分是结论与改善消极影响的对策建议。

二、调查背景和目的

1.调查背景

旅游业作为一项在世界经济中持续高速稳定增长的支柱性、综合性、重要战略性产业,随着世界经济一体化和经济全球化的深入发展,进入了快速发展的黄金时代。在国际旅游业发展的大背景下,中国国内旅游市场现已成为世界上增速最快、数量最大、潜力最强的市场,我国的旅游业位居第三产业的第一发展序列,是最具活力的新兴产业。

莲都区是丽水市旅游业发展起步最晚的区域之一,但自2007年成立莲都区风景旅游局以来,莲都区旅游业主要指标增长较快,呈现出良好的发展势头。丽水市多年稳居全国城市空气质量前十名,以"秀山丽水,养生福地"为旅游发展定位博得周边省市游客的青睐。丽水市古堰画乡位于丽水市松阳水系和龙泉水系的两河交汇处的大港头镇,这里是古代龙泉窑瓷器、木材和粮食运输的重要港口。大港头镇常住人口约1.2万,古堰画乡景区主要包括堰头、保定、大港头和平地,景区内有丽龙高速公路和省道贯穿,距离市区仅20 km,有直达公交车,交通十分便利。古堰画乡历史底蕴深厚,景区内有505年的国家重点文物保护单位通济堰、古街旧宅和千年古樟群,是非常典型的江南村落形象。景区发展目标为:美术写生基地、创作基地、生态休闲度假中心。古堰画乡景区从2005年的一个油画创作基地,发展为今天的高等级旅游景区;从2009年游客接待量33.5万人次,旅游综合收入1 000万元,到2013年旅游综合收入翻了近7番,仅2016年上半年就接待游客47.94万人次,在全市18个4A级景区中名列前茅。

2.调查目的

旅游为当地居民带来了新的收入方式,但同时也改变了居民的生活。文章通过对丽水莲都区古堰画乡旅游景区发展现状的调查评估以及对社区居民的走访与问卷调查,进一步分析莲都区景区的发展对当地社区居民生活的影响,旨在研究景区发展对当地居民正面与负面的影响、居民对旅游业的发展所秉持的态度。并通过听取当地社区的意见,了解旅游开发对社区造成的实际影响,发现景区开发存在的各种问题并想出解决办法,以促进旅游业可持续发展。

三、研究意义

对旅游影响的研究早在20世纪60年代就开始成为西方旅游研究的热点,而中国当代旅游业起步于20世纪70年代末80年代初,与国外研究相比,国内关于旅游景区对社区居民影响的研究还处于初级阶段。目前对旅游影响研究的理论都不够完善,任何单一的理论都不足以解释目前旅游地的现实情况,还有待进一步发展。由于旅游影响研究并非一种防范性研究,而是一种对于问题的暴露而进行的探因式研究,因此该方面研究一直滞后于旅游学研究的其他领域。古堰画乡的旅游开发走的是"以自然人文资源和文化产业带动旅游开发"的新路子,行画产业发展是古堰画乡文化产业园区的主要产业支撑和产业特色。目前,古堰画乡共引进44家行画企业。在江滨路初步形成了集油画街、酒吧街和民俗民品街于一体的多元文化旅游一条街。古堰画乡美术写生基地在省内外有一定的知名度,2010年古堰画乡3处写生基地接待游客量达到10万人次,日接待能力达1 000余人。文章选择以古堰画乡景区旅游对社区居民生活影响的调查研究为题目,我们认为主要有以下几个研究意义:第一,关注社区居民生活,关注民生,促进当地居民生活和谐;第二,了解景区对社区居民生活的影响,促进当地居民所从事的旅游相关产业能够健康有序的运营;第三,将发现的问题反馈给景区,促使景区成就一个良好的健康运营模式;第四,促进当地农家乐、饭店及宾馆等服务业的发展,促使当地产业结构转型;第五,弘扬当地居民文化,提高当地居民整体素质。

四、调研情况分析

我们随机抽取了景区周围的70位居民进行调研,其中男性24位,女性46位。年龄跨度从20岁以下的学生到60岁以上的老年人不等。

1.居民基本情况分析

(1)居民居住地。在被调查的居民当中,86%的居民居住在景区外,14%的居民居住在景区内。

(2)居民工作地。在被调查的居民当中,83%的居民工作地在景区外,17%的居民在景区内工作。

(3)居民的平均月收入情况,如图1所示。36%的居民月平均收入在3 000元至6 000元,43%的居民平均月收入可达6 000~9 000元,极少数的居民收入不到3 000元,也有近20%的居民月收入达到9 000元。

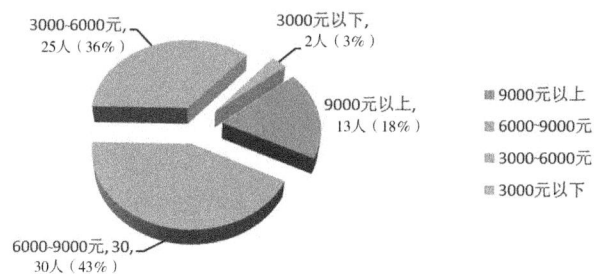

图1 居民的平均月收入

2.景区旅游发展对居民自身影响

(1)对居民的收入影响。如图2所示,其中23位受访居民的收入中有部分收入来源于旅游业,他们的相关旅游收入的来源也各不相同,分别有商店、饭店、住宿、景区工作方面的收入,也有10位居民的收入来自于其他的旅游行业。

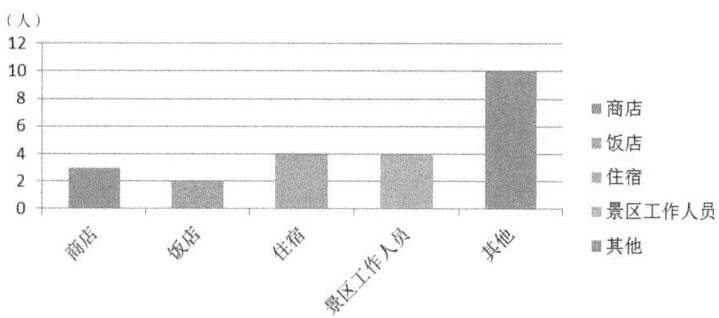

图2 居民收入中的旅游收入部分主要来源

(2)对居民生活的影响。如图3所示,在调查受访的居民中,少部分人认为景区旅游的发展会严重影响社交生活,大约一半的居民认为对其有轻微的影响,约40%的认为没有影响。

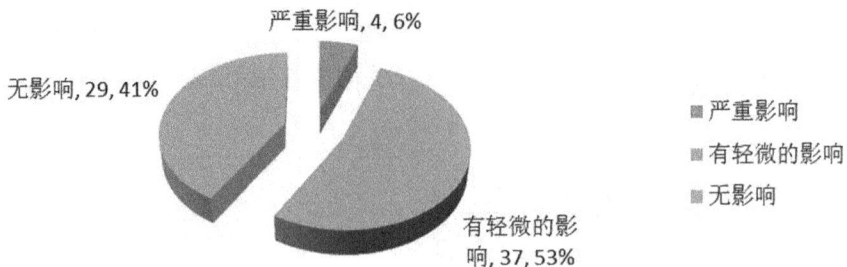

图3 景区旅游发展对居民正常社交生活的影响

3.景区旅游对个别社会环境的影响

(1)关于景区旅游发展以后,市区的河流、古街道路面卫生情况的变化。56%的居民认为河流污染情况比以前减轻,21%的居民认为以上环境情况没有差别,然而也有23%的居民认为这些环境情况较以前更加恶劣,如图4所示。

图4 景区旅游发展以来市区的河流污染、古街道路面卫生情况变化

(2)交通拥挤和停车问题,当地娱乐设施和居民娱乐机会,当地基础设施建设问题。70位居民当中有47位认为景区旅游发展会导致交通问题和停车问题愈加恶劣,57人认为这会增加当地娱乐设施和居民

娱乐机会,64人认为这促进了当地基础设施的建设,然而也有23人认为景区旅游发展对交通和停车问题产生了恶劣的影响,13人认为并没有增加当地的娱乐设施和居民娱乐机会,也有6位居民认为并没有促进基础设施的建设。如图5所示。

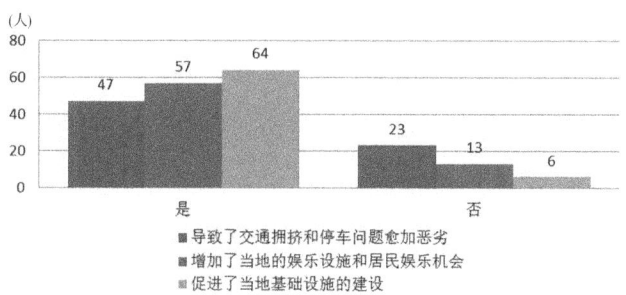

图5 景区旅游发展对社会环境的影响

4.受访居民对景区旅游发展提出了自己的建议

希望政府能够协调好游客与居民之间的关系,发展建设更具有吸引力的旅游项目,注意环保,加强卫生环境建设,因地制宜,提倡开展丽水特色旅游,发展旅游事业的同时,也要保护好丽水的金山银山。

5.采访内容

问:古堰画乡景区旅游发展以来市区的河流污染、古街道路面卫生状况如何?

答:发展旅游后,这些卫生问题是得到很大解决的,经常听来我们这边旅游的游客说觉得我们丽水街道还是很干净的,环境非常好……我想这与发展旅游是分不开的。

问:古堰画乡旅游业发展是否促进了当地基础设施的建设?

答:深有感触,非常有帮助,我们家小区下的一些锻炼娱乐设施比以前多了很多,还有市区其他地方的基础设施也是建设得越来越好了,非常感谢旅游业发展给我们带来的这些好处。

由此可见,景区的旅游发展总体给当地居民带来了好处与便利,改善了居民的生活环境。

五、结论和建议

1.结论

对古堰画乡景区周边居民的调查,可以认识到景区旅游的发展是把双刃剑,在给居民带来良好收入,增加当地设施建设的同时,也对居民的生活环境造成了一定污染,交通问题日益凸显,在一定程度上影响了居民的日常生活。

旅游的内涵之一就是要顾及当地居民的利益,保证当地居民从旅游业中受益,改善居民的生活质量,以此推动生态旅游区的环境保护和可持续发展。对当地居民利益的关注程度以及居民对旅游业的参与程度和旅游业的成功与否关系十分密切。维系当地人民生活,强调社区参与,兼顾当地居民的利益是旅游业成功的关键,也是旅游业可持续发展的基本保证。旅游业应该将"维系当地人民生活"的责任内涵应用于实际。

2.建议

(1)居民(社区)参与旅游的规划与开发。在旅游规划和管理过程中要充分考虑当地居民的利益,以谋求旅游业的可持续发展。为此,开发旅游业必须立足本地,让民众参与决定他们要做什么,以及他们想要什么样的开发。有必要提高他们的生态意识和生态保护知识。为此,必须对居民进行宣传教育,使他们明白生态旅游的价值以及会给他们带来的利益。有必要在规划的初级阶段就要强调居民积极参与,要认真听取当地居民的意见,使他们详细了解旅游规划及其进展情况。同时,开发获得的利润应该适当返还投资者和当地社区,这样做有利于保护文化遗产、生态多样性以及基本生活体系。

(2)让居民参与生态旅游的经营与管理。在大众旅游业中,通常只有很少一部分居民能从旅游业开发中得到实惠,大多数人只会感受到发展旅游业带来的生活成本上升,如物价上涨、拥挤等。长此以往,必然会引起当地居民对游客的反感和对旅游业的厌恶情绪,这对旅游环境的保护十分不利。另外,当地居民也有权利选择安静、舒适的生活环境,所以社区参与度是影响旅游业能否长期稳定发展的重要因素之一。发展以社区为基础的生态旅游,目的就是让当地人或企业成为旅游开发、经营和管理的主体,充分地参与生态旅游,并从中获益,以此提高当地居民的收入水平和生活质量,带动当地经济发展。旅游应立基于本土,鼓励当地居民直接地而非间接地参与旅游业的经营与管理,应适当保护当地的旅馆、餐馆及纪念品的经营,尊重和保护民众权益,以此缔造双赢,促进旅游业的可持续发展。

(3)居民成为环境保护的主体。当地居民是与当地自然历史和文化资源关系最密切者,也是生态旅游业的核心成员。也就是说,他们真正掌握本地区历史文化的价值,是生态旅游业的直接促进者。生态环境要真正得到保护,仅仅靠环保部门、旅游部门甚至旅游者都是不够的。真正的环境保护主体应是当地居民。应使他们成为当地环境的自觉保护者和管理者,为此,必须在生态旅游的开发、建筑、经营、管理以及生态资源的保护等方面提供给当地居民优先参与的机会,让他们从生态旅游和实际发展中受益。

社会公众对五水共治认知度的调查报告

——以丽水市莲都区为例

调研组成员：

中文教育142班：陈丽倩、蓝慧玲、毛心雨、张熠飞、王晨、陈宸、金莎莎、张鑫桓、罗梦琴、季一斌、傅飞燕、陈娇容、方思佳、钟巧颖、严奕青、朱文艳、李雪妍、胡飘月、顾媛媛、沈海烨、杜凯雯、廖丽珊、鲁玲玉、葛雪莉

指导老师： 徐文永

摘　要： 2013年起，浙江抓住"治污水、防洪水、排涝水、保饮水、抓节水"这五个关键环节，试图从根本上解决水的问题。2016年4月，我们展开了关于"社会公众对五水共治认知度"的调查，针对丽水地区的基本情况、存在的主要问题、原因分析及对策，形成此份调查报告并提出了相应的建议与对策。本文主要论述丽水市莲都区社会群体和学生群体对五水共治的认识及相应问题，并且要解决这一问题必须提升居民自身素质，与学校教育相结合，同时政府也需加大关注力度。

关键词： 五水共治；社会公众；丽水

社会公众对五水共治认知度的调查报告
——以丽水莲都区为例

一、调查背景及过程

2013年初,针对浙江省多地环保局局长被"邀请"下河游泳事件,浙江省以"重整山河"的雄心和壮士断腕的决心,打响了铁腕治水攻坚战。重点抓浦阳江水环境综合治理,推动全省清理河道和清洁农村行动,建立"河长制"等河道保洁长效管理机制,以治水为突破口打好经济转型升级"组合拳",取得了初步成效。2013年10月上旬,"菲特"强台风正面袭击浙江,引发余姚市等地严重的洪涝灾害。浙江在全力做好防汛救灾工作的同时,更加深刻认识到必须治污水、防洪水、排涝水、保饮水、抓节水,即"五水共治",才能从根本上解决水的问题。要通过治水,进一步治出转型升级的新成效,治出面向未来的新优势,治出浙江发展的好局面,以抓治水促转型的实际成效取信于民。在浙江省委十三届四次全会做出了治污水、防洪水、排涝水、保供水、抓节水的"五水共治"决策,并明确提出要以治水为突破口推进转型升级之后,作为中国的广大青年群体,我们更加应该关注和了解"五水共治"战略,以高度的责任感和使命感参与实践,自觉成为"五水共治"的先锋队员。

因此,我们团队就"五水共治"展开调查。我们走访了丽水莲都外国语学校、人民路小学、绿洲花苑、西城广场、丽阳公园、处州公园等地,调查不同人群对"五水共治"的认识程度和关注程度,一共发放了500份问卷,回收了有效问卷450份,对问卷数据进行了分析,并对问卷中展现的问题提出了对应的意见和对策。

二、社会公众对"五水共治"认知度的现状调查分析

2016年4月开始,我队针对丽水市莲都区的社会群体与学生群体对"五水共治"的认识情况进行调查,对各群体对"五水共治"的认知度进行统计。以下是对数据的分析:

(1)大学生群体(见图1)。大学生群体处于社会的最前端,对新事物的感受能力强,属于最活跃的力量。但是统计结果却显示,大学生对"五水共治"不知道、没听过的占18%;听说过但不太清楚的占53%;很清楚的只占29%。可见,应该最关注时事的大学生,对"五水共治"的认知度也不够。

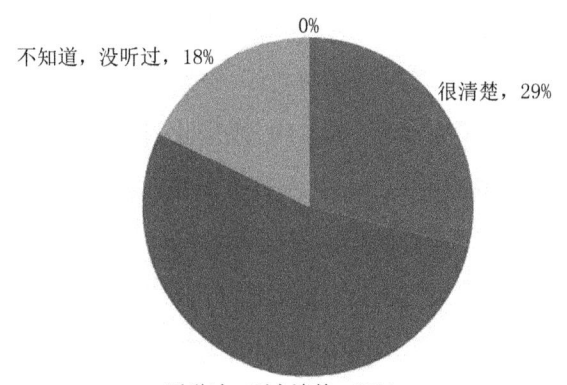

图1　五水共治认知(大学生)

(2)中小学生群体(见图2)。中小学生与社会生活接触不多,他们的知识来源主要是书本、老师和各种大众媒介。据调查显示,73%的学生对"五水共治"听说过,但不清楚;只有21%的学生很清楚。可能因为老师在课堂里讲过"五水共治"的信息,但是没有详细展开,而且他们在生活中的感受也较少。

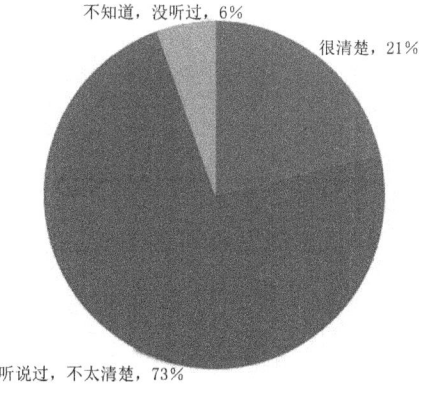

图 2　五水共治认知(中小学生)

(3)社会工作群体(见图3)。处于社会生活中心的社会工作群体,对"五水共治"很清楚的仅占13%,而听说过但是不太清楚的占绝大多数,达到64%,不知道且根本没听过的占23%,可见,"五水共治"的宣传力度仍然不够。

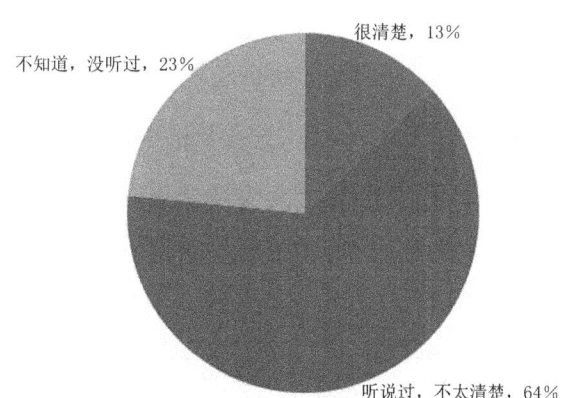

图 3　五水共治认知(社会工作群体)

从以上三个统计图中可以看出,丽水市莲都区的人群对"五水共治"的认知大部分都处于"听说过,但不太清楚"的阶段。且从中小学生群体、大学生群体到社会工作群体,三类人群对"五水共治"的认知度呈逐渐下降趋势。到了社会工作群体阶段,对"五水共治""不知道、没听过"的人数竟达到四分之一。这不禁引人深思,由学校步入社会,人群的日常生活看似与"五水共治"会更加密切,为何调查显示的结果却恰恰相反呢?

针对此问题,我们的社会实践队伍对被调查的对象进行了更深入的采访,在采访的过程中,我们发现虽然有较多的人群听说或了解过"五水共治",但绝大多数人不能完整准确地说出"五水共治"是哪"五水",更有接近三分之一的人错将引河水归为"五水"之一。而学生群体对"五水共治"的接触,大部分也是由于课业上的需要。丽水市莲都区的市民对"五水共治"的认知情况不容乐观,提高市民对"五水共治"的认知工作更是迫在眉睫。

我们在调查过程中发现,如图4所示,在被采访的人群中有62%的人选择通过网络媒介去了解;8%的人选择从他人口述中获取信息;另外,分别有16%和14%的人会通过电视新闻或报纸杂志等途径去了解。由此可见,我们可以充分发挥网络媒介的作用,通过开通微博账号,开通微信公众号平台,广泛宣传"五水共治"政策。我们在宣传方面还可以下更多的工夫,比如在各个高校里挂一些横幅,在一些公用场所发一些小册子来普及"五水共治"的相关知识。

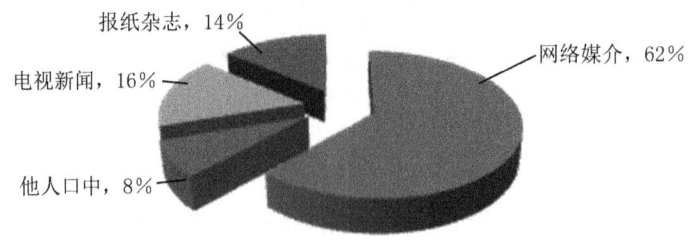

图4 从什么途径了解五水共治

另外,大学生作为一支社会宣传的主力军,我们可以通过自己的行动来宣传一些积极向上的价值观,比如网上所说的"大手牵小手"活动,大学生可以联合当地的初中生、小学生一起开展行动。在传媒相对发达的今天,我们也可以通过微信、微博来传播信息,为"五水共治"奉献出自己的一份力量。

由于社会群体和学生群体是处于两个年龄段的不同人群,因此对于"五水共治"的认知度是有非常大的差距的。除此之外,由于受到通信工具和媒体传播的渠道影响,认识的广度和深度又是不一样的。为了能更好地落实"五水共治"的政策方针,必须要找出社会群体和学生群体对于"五水共治"认知前、认知中和认知后所产生的一系列问题。

1."五水共治"的内容还没有真正让所有群体了解

对"五水共治"的内容认知模糊(见图5)。调查中,当具体问及"五水"具体指哪些时,只有3.4%的受访者能够完整回答,调查反映出市民对"五水共治"的理解多数只停留在治理污水的层面。受访者认为"五水共治"最重要的"治污水",达70.67%。虽然从去年开始,"五水共治"就频繁出现在电视、报刊等媒体上,很多人对这个词已经耳熟能详,但要说起这"五水"分别是什么,多数市民还一时说不全。"五水共治",五位一体,治污水是重中之重。"五水共治,治污先行",一方面,老百姓对污水感观最直接,体会最深切,也最深恶痛绝;另一方面,治污水,老百姓看得到、摸得着、感受得到,最能带动全局。治好了污水,顺民意得民心,取信于民服务于民。联系第一问,这一结果反映出通过"五水共治"的宣传,群众已有一定认知,但力度还不够,需要媒体及相关部门在宣传上更加注重方式方法,促进"五水共治"工作内容、知识的全面普及。

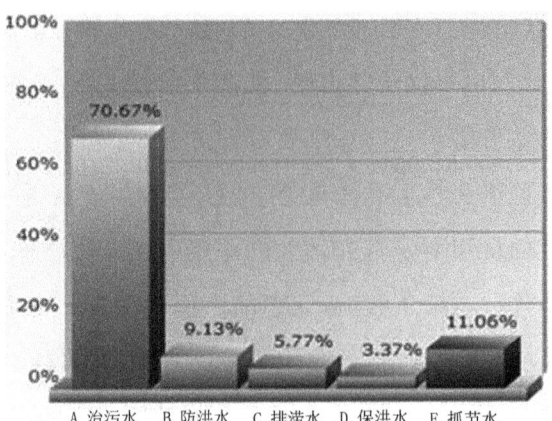

图5 市民对五水的认知

对五水共治的重点认知集中。在被问及"您认为抓好'五水共治'工作的重点是什么"时,41.1%的居民认为"五水共治"的重点应该在"减少工业企业污染排放"。其他选项依次为:"政府要加大监管力度"占18.9%;"提高居民环保意识,从自身做起"占14.5%;"加大投资力度,完善污水处理等基础设施"占9.2%;"减少农业面源污染"占9%;"垃圾集中处理,严禁随意丢弃垃圾"占8.4%;"节约用水,保护水资源"占6.4%;"对河道进行疏浚、清淤"占5%。调查结果直接表明,治理工业污水是治水工作中的重中之重。也从侧面反映出"五水共治"是淘汰落后产能,推进工业转型升级的必然选择。而加强监管、农业治污、环境整治也是推进"五水共治"的重要途径。更进一步,当问及哪些"措施对污水治理有效"时(见图6),要"加强对污染企业的监管和执法力度"占94.59%的同时,要"加强对乱扔乱倒行为的处罚"占63.51%,"加强污水管道建设"占58.11%、"定期清理河道垃圾"占58.11%。

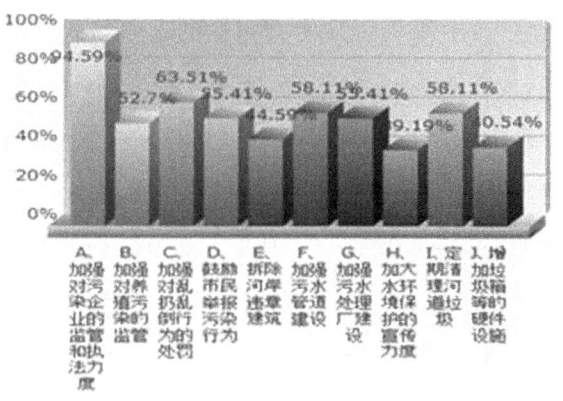

图6 抓好'五水共治'工作的重点

2.因职业的不同导致对五水共治的认知度的不统一

人们的职业在"五水共治"的社会调查中有着很大的影响作用。不同职业的人对于"五水共治"的认识程度和参与度有着很大的差别。从事农牧渔业、餐饮业、制造业以及新闻出版业的人员对于"五水共治"有着较大的共鸣,一种是在于水在其生活中有着密切的联系;还有一种是自身的社会责任感。从事农林牧渔是在这些职业中最有发言权的,很多的从业者都是逐水而居,在调查中很多老一辈的从业者将他们对于河道变化的过程向我们娓娓道来,他们是见证者也是最有说服力的人。五水共治和他们的生活好坏紧紧联系在一起,所以他们也分外关注浙江省五水共治的开展,在根据调查结果显示他们对于这个举措是非常支持的。餐饮业和制造业位于水这个链条的上端,从事该职业的人员会有所关注但是不会时刻了解,也没有产生很大效应,他们片面认为这不会对他们产生致命影响,其实"五水共治"是一个大问题,甚至和我们的生命息息相关。市民对"五水共治"的重视程度有待提高,当然这和有些非法从业者重视经济效益,忽视生态,素质低下也有关系。

像新闻出版业、广告业等从事文化类行业的工作的人员对"五水共治"了解的比较多,他们是从书籍、报纸、电视和网络等媒体上关注消息,大部分包括各种举措、政府文件等知识,但是心灵的共鸣比较缺乏,很少时间贴近自然,所以局限于文字。从他们口中也感受到他们的无力,他们一方面很想为"五水共治"出力,但是不知道怎么办怎么做,时间、精力成了他们最大的问题。在此次调查中医务工作者这个特殊的群体很能感悟到水的重要性,对于"五水共治"也给予极大的支持和鼓励。这和他们的工作有关,他们看到过太多因为环境,其中包括水质问题而引起的各种疾病,或者因为水灾而抢救无效的生命。由此认识到了水是我们的生命之源。在各种群体中从事冶金业、造纸业等会有大量污染物排出的职业,他们对于"五水共治"和其他行业有很大分歧,"五水共治",政府的管制,法律的束缚,使他们的操作成本升高,生产利润降低,因此这类职业工作人员心里是不太接受的。"五水共治"的工作应该从这类职业入手。军人、商人这些人员听说过"五水共治",但是真正了解的也不多。相反,很多阿姨妈妈家庭管理的主妇对于"五水共治"倒是了解的比较多,她们平时会关注家人的健康,上网看电视了解时政要闻,所以会接触到"五水共治"。可见,不同的职业对于"五水共治"的认知度是有很大差别的,这种不统一也给我们带来很多的思考和收获。

三、建议与对策

1."五水共治"的内容如何真正让所有群体了解

首先是有效利用各种媒体特别是新媒体开展宣传。通过媒体多层次宣传"五水共治"政策措施、典型经验和生动实践,引导广大职工群众争当"五水共治"的宣传者、引领者、践行者、监督者,切实在广大职工群众中凝聚起积极投身"五水共治"的广泛共识。同时通过新闻媒体曝光、"专报"问责、"督办件"高压跟进的方式,把排污企业揪出来、把问题河道点出来、把漏洞盲点理出来,防止遮遮掩掩。除此之外,借助政务微博、微信平台、数字报纸等新媒体多种形式加大对"五水共治"的宣传力度。

其次,要兼顾统筹,突出重点。打赢"五水共治"攻坚战,治污水是突破口,把治水和区域规划发展统筹起来,与新型城市化、新农村建设、美丽乡村建设等工作紧密结合起来,加强协调、合力推进,确保取得新成效、新突破。一是重拳整治产业源头,即使舍弃一些财政收入,也要坚决整治淘汰落后产能,对农业牧业坚决减污控污,坚决防止低端项目进入;二是对违法行为"零容忍",从重从严打击各类违法排放行为和违规排污企业,同时将收缴的一部分排污罚款用于奖励治污成效明显的企业;三是全面整治河道两边农棚田舍、畜禽养殖场、河道内养殖网箱,全线封堵违法排污口,打通断头河,清淤疏通河道,推进污物排放的集中化、无害化处理。

最后要凝聚起推进"五水共治"的强大合力,确保"治水强基攻坚年"工作责任真正落到实处。治水大业功在当代、利在千秋,党员干部务必冲在第一线、干在第一线,以治水强基"十大专项行动"为引领,自觉践行全心全意为人民服务的宗旨和理念。与此同时,我们还要组织动员社会各界,以主人翁的态度理解、支持并参与"五水共治",积极营造全社会广泛参与"五水共治"的浓厚氛围。通过开展"爱护母亲河志愿者行动""党员先锋行动"等系列活动,成立由退休干部、老党员等组织的保洁监督志愿者小组,不定期对周边的区域河道进行巡检监督。

通过媒体的宣传,党员的带头领导作用以及与群众利益休戚相关的战略计划,可以让所有群体对"五水共治"有所了解。

青少年是社会的主力军,接受新事物能力强,有蓬勃的生命力,是我们加强"五水共治"宣传的主要对象。对于青少年学生,我们应该做到以下几个方面的工作:

(1)政策宣传造氛围。青少年要利用课余时间和节假日,深入街道社区,采用分发宣传单、制作板报等方法,积极向广大市民宣传"五水共治、治污先行"的政策,营造全民参与的浩大声势。依靠群众力量治水,让每个市民都成为治水的主力军。

(2)参与捐款出微力。勤工俭学,身体力行,主动清洁环境卫生,主动捐款,争做"五水共治"的宣传者、实践者、推动者。从自身日常行为点滴做起,积极响应政府号召,把治水真正当作自己的分内事。

(3)学校组织学生系列环保活动,宣传"五水共治"政策。通过开展"五水共治、一站到底"知识竞赛、"共建美丽城镇"策划书大赛、环保专家系列讲座、暑期社会实践等活动,由学生层面辐射到其所在的城镇居民,进一步加大"五水共治"宣传,普及"五水共治"相关知识,帮助引导从"要我治水"到"我要治水"的环保观念的转变。

而对于老人,他们与社会生活接触较少,对新事物接受能力较差,是我们宣传较为困难的对象。

(1)开展宣传教育活动。依托城乡养老服务、文化活动、便民服务等场所,采取发放宣传资料、悬挂宣传标语、制作宣传板报等群众喜闻乐见的形式,动员基层老年群众积极支持、参与"五水共治"共建生态家园。充分发挥老年专业人才的优势,营造全民动员、全民治水共建生态家园的良好氛围。

(2)开展主题实践活动。动员基层老年协会开展"五水共治"共建生态家园志愿服务活动,组织老年志愿者认领河段,做好日常巡视、沿河植绿护绿、清理漂浮物、清扫垃圾等工作。鼓励老年人和家庭成员养成节约用水的习惯和减少洗涤剂的使用。以各类节日为契机,配合有关部门和社区,组织老年协会和老年人开展植树造林和公益宣传等活动,共建共管共享生态家园。

(3)开展监督劝导活动。引导基层老年协会积极配合环境整治,支持并参与"五水共治"共建生态家园等工作,鼓励广大老年人举报违法行为和现象,开展对乱倒垃圾、乱排污水等现象的监督劝阻,共建"田园松阳"的生态家园。

(4)深化老年宜居环境创建活动。以"五水共治"共建生态家园为契机,继续深化老年宜居环境建设,加强宣传力度,提升社区群众和老年人对"老年宜居环境"的认同,增强责任意识,自觉参与所在村和社区的环境整治、绿化养护、节水治污等各项活动,提升老年人居住环境质量。

2.因职业的不同导致对五水共治的认知度的不统一

一人治水容易,要做好这事业却不易;共同努力或许可行,但要众人一起努力却又不易。所以说"五水共治"难的不是治而是"共"。虽然故意浪费水的人几乎没有,但把水泼泼洒洒的人比比皆是。久而久之,口号喊响了行动却没了。况且在不同的工作单位,由于不同的职业导致了大家对五水共治的认知度或深或浅,这样要实现"治"就变得更难了。城市和乡村,政府和公民,企业和个人,当个体之间的距离慢慢扩大到越来越远的地方,便是再响的口号也拉不近了。因为不易,更要努力。所以我们必须把"五水共治"传播得更加细微更加细致,各行各业的工作人员都应该进行更加广泛的宣传和教育,不管是政府是企业还是个人,都应该主动地了解认识"五水共治",提高对"五水共治"的认知度。

同时,年轻一代和知识分子每个人都有责任学习了解"五水共治",

并且协助相关宣传人员对"五水共治"进行宣传,使整个社会对"五水共治"的认知度有一个新的提升,也渐渐缩小因不同的职业导致的认知度差异,为"五水共治"贡献属于每个人的一份力量。

3.让群众真正了解到"五水共治"带来的意义和影响

现在社会上大部分人对于"五水共治"并没有深入的了解,大多数人都鲜有所知。"五水共治"有很多层面的意义:在经济上它可以倒逼经济发展方式转型,政府适时推出"五水共治"的有关公共工程,既可以收到"五水共治"的效果,又可以起到拉动投资需求,促进经济发展的效果;在政治上而言,只要水安全有利于政局稳定,并且水安全了,人民就满意了。在文化层面上来讲,众多文化是以"水"作为载体的,文学作品、书画作品、音乐作品均不例外,因此我们要大力倡导敬畏水、保护水源、节约用水等水文化,让水文化浸润人们的心田,并转化为人们的自觉行动;在生态上,水是生态之基,为了构建良好的生态环境,我们必须落实五水共治;在社会中,水是生命之源,水资源、水环境、水安全都是最基本的民生,基本民生不保,社会稳定就无从谈起。因此,我们从政府、企业和个人三方面提出了一些建议:

(1)从政府层面。第一,实行依法治国,完善相关法律法规,加强环境监督,加大执法力度,严格执法,严厉打击违法犯罪行为;第二,要加大投入环保力度,兴修水利工程,加大对水污染治理的力度;第三,要加强宏观调控,出台相关政策,加快转变经济发展方式,促进企业转型升级;第四,要加强宣传教育,提高公民的环保意识、节水意识;第五,鼓励、支持和引导非公有制经济参与五水共治,发挥民间资本的积极作用,助力治水大业;第六,依法治水,严守水资源开发利用的三条红线,加强水资源水环境的保护;第七,加强社会主义精神文明建设和"五水共治"的宣传,增强人们的节水意识和水环境保护意识,形成科学文明用水的良好习惯;第八,加强舆论宣传,鼓励公民参与环保行动。

(2)从企业层面。第一,加强科研力度,依靠科学技术,提高水资源的利用率和水污染的防治力,转变经济发展方式,清洁生产,增强可持续发展能力;第二,严格守法,加强企业自身的监督管理;第三,加大资金投入,实现产业的转型升级;第四,加大科技投入和研发力度,开源节流,使经济发展方式转到依靠科技进步和提高劳动者素质的轨道上来;第五,要节约和合理利用水资源、提高水资源利用率,保护水环境;第六,因地制宜,做到合理使用水资源。

(3)从个人方面。第一,依法行使政治权利(建议权、监督权),在"五水共治"中建言献策,举报和监督浪费水资源,破坏水环境的行为;第二,积极投身到"五水共治"的大业中去,建设美丽家乡,自觉履行社会责任;第三,积极参加"五水共治"实践活动,自觉宣传"五水共治"的重要性。

参考文献:

[1]陈喜靖,沈阿林,奚辉,许育新.浙江省五水共治抓节水的重要性及途径[J].浙江农业科学,2015(1).

[2]夏宝龙.加快形成"五水共治"破竹之势[J].今日浙江,2014(1).

[3]沈满洪."五水共治"的战略意义现实路径[N].浙江日报,2014-02-10.

[4]蔡守秋.环境资源法学[M].武汉:武汉大学出版社,2000.

[5]李春艳.小城镇地面水环境可持续发展规划与对策研究[J].环境科学研究,2003(6).

[6]雷学东等.区域水资源承载能力研究现状与发展趋势[J].水资源与水工程学报,2004(3).

大学生兼职情况调查报告

调研组成员：

教师教育学院小教142班：包爽、徐婷婷、施雅栩、马美铃、马梅玲、许康妮、于楠、胡王怡、江晓霞、郑雪政、兰添、任健、陈芝颖、叶婉婷、庞佩佩、郑微、吴羽嘉、虞淑蓓、叶燕萍、盛敏莉、方婷婷、王姗姗、周汉磊

指导老师： 徐俊

摘要： 随着大学教育的普及，每年都有大批的毕业生涌入就业市场，但经验不足难以适应。大学不同于中学，它是学校和社会的接轨时期，我们在学习的同时，也要学会去接触社会，去寻找兼职来积累社会经验。在严峻的就业形势和其他各方面因素的影响下，大学生们开始意识到兼职的重要性，并尝试在课余时间寻找兼职。兼职的方式可以既满足自己的物质需求，又积累了工作经验。但在兼职大军不断壮大的同时，也出现了许多问题，欺骗和被欺骗的现象屡见不鲜。为了更好地了解这些潜在的问题并提出可行的解决方案，我们就大学生兼职情况展开了一系列的调查，希望能给准备兼职或者正在兼职的同学一些启发。

关键词： 大学生；兼职；目的；问题；调查与分析

一、大学生兼职的现状

大学是学生从学校过渡到社会的阶段。因此,我们在大学生活中所做的实践大多都是为了更好地融入社会。为了发现自身的不足,提升自身的能力,我们必须积极地投入社会、了解社会、服务社会,从而更好地适应社会。因而兼职成为很多大学生的不二选择,也逐渐成为一种普遍现象。但是,兼职在给大学生带来物质和精神方面的益处的同时,也对大学生的价值观产生了负面的影响。为了更全面地研究大学生兼职情况,我们发放了问卷,对大学生兼职情况进行调查。

本次问卷调查的对象共有203人,其中男生占33%,女生占67%,年级涵盖大一到大四,且以大二居多,涉及教育、计算机、应用化学、音乐等多个专业。通过对问卷调查结果的分析,我们发现以下现象:

1.兼职观念深入人心

在被问及有无兼职意向一题中,如图1所示,41.87%的同学表示经常想做兼职,45.32%的同学表示偶尔想做兼职,仅有1.97%的同学从未考虑过做兼职。从统计数据中,我们可以看出,大部分学生都有兼职意向,由此可见,兼职的观念已经深入大学生心中。

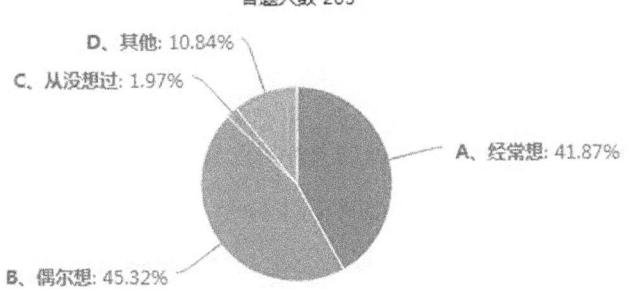

图1 大学生兼职情况调查

2.兼职目的多样化

在大学生兼职目的的调查中,如图 2 所示,大多数的同学表示,兼职是为了赚钱和积累经验,部分同学则表示自己的空间时间较多、希望开拓自己的人脉网、个人爱好或是受周围同学的影响,极少数的同学不明确自己的兼职目的。这说明,大部分同学对自己兼职目的较明确,且对兼职持肯定态度,认为兼职能在物质和精神方面带来益处。

在选择兼职时考虑的因素一栏中,薪水是大学生选择兼职的首要因素,这说明大学生希望兼职能给他们带来收益,折射出大部分大学生兼职目的明确的特点。

这也在一定程度上反映了兼职观念深入人心。

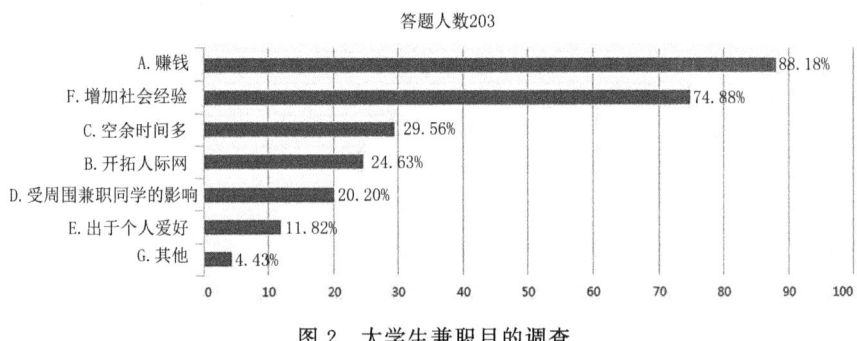

图 2 大学生兼职目的调查

3.兼职种类及专业相关度

如图 3 所示,大学生主要从事家教、发传单、促销员、业务员、餐饮服务员等服务性工作。其中,家教是大学生们的兼职首选。当今市场对教育者的需求量仍然较大,由于大学生的知识储备相对较为丰富,且对工资要求相对较低,因而大学生成为兼职市场里最常见的人群。

此外，由于家教的时间较有弹性，可根据课程时间调整，且工作量较少，更适合空闲时间相对较多的大学生们。至于服务员、促销员这类工作，由于工作时间不固定，社会需求较大，且对大学生专业、技术方面要求较低，一般来说，各专业、各年级的大学生都比较容易胜任。

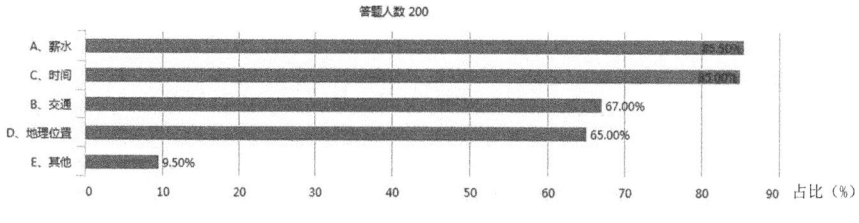

图 3　大学生兼职考虑因素调查

同时，大学生从事的兼职与专业相关度较低，超过一半的大学生表示从事的兼职与专业毫不相关。经过调查分析，如图4、图5所示，我们认为原因有二：一方面，由于空余时间有限，大部分学生都是利用课余时间兼职，所以选择耗时少，收入相对较高的工作成为兼职的首选；另一方面，大学生工作能力有限，且工作经验相对贫乏，多数用人单位不予聘用。当然，也有部分同学选择了与自己专业领域相关的兼职，在提高工作的能力的同时，也为以后的工作做了铺垫。

总的来说，兼职种类虽然较多，但兼职与专业的相关度较低且科技含量不高，如图5所示。

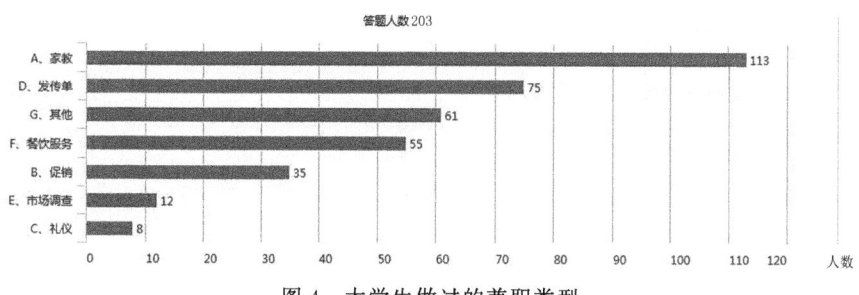

图 4　大学生做过的兼职类型

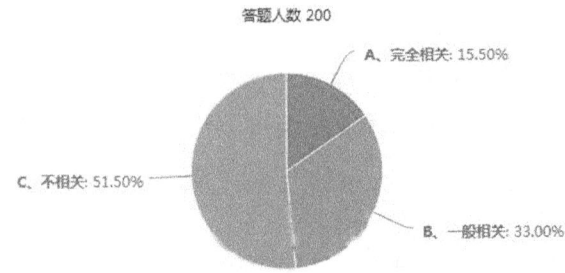

图 5 大学生兼职与专业是否相关

4.兼职与学习的关系

如图 6 所示,40%的学生选择在空余时间进行兼职,30%的学生都是选择在周末从事兼职工作,还有 30%学生在寒暑假进行兼职。

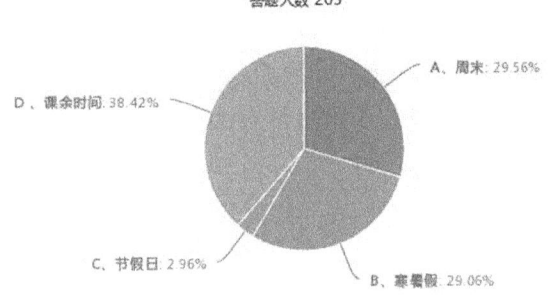

图 6 大学生兼职时间选择

原因主要由两个方面:一是因为大学里的课程较少,自由时间相对充足。二来利用空余时间,外出兼职可以积累一些经验,为以后工作打下基础。总的来说,大多数学生兼职时间以自己的空余时间为主且兼职的时间都不长(见图 7)。

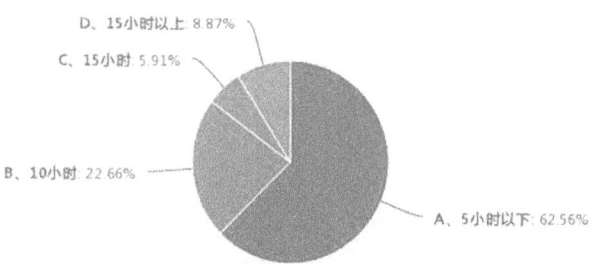

图 7 大学生每周兼职时间

但是,学生的首要任务还是学习。虽然兼职也是一种学习、一种锻炼、一种实践,对积累自己的经验有一定的帮助,但做兼职的根本目的是为了提升自身能力,是服务于学习的,若大学生把兼职放在第一位,那就是本末倒置了(见图 8)。为了更好地发挥兼职的效益,我们要学会合理安排时间,只有将兼职和学习有机统一起来,才能在充实生活,在丰富经验的同时实现自我价值。

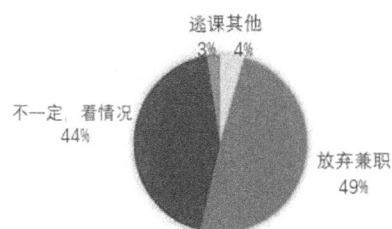

图 8 大学生兼职与学业冲突选择

5.对兼职的看法

近年来,随着大学生中兼职人群持续增长,大家对兼职的看法也在不断改变。

一方面,大部分学生对兼职的态度赞赏有加。如图 9 所示,82.76%的学生对兼职行为表示赞赏,他们认为兼职可以增强自我意识,培养人际交往的能力以及经济独立的能力。兼职给大家提供了一个平台,展示了实力,磨炼了意志,同时也客观地告诉大家要合理对待金钱。校园可以提供知识,但无法教给学生这些经验,而兼职可以。

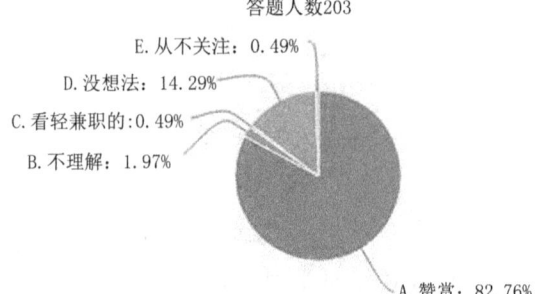

图9 大学生做兼职的态度

另一方面,大多数家长对学生兼职的态度也是肯定有加。如图10所示,69.95%的家长对孩子的兼职行为表示支持,他们希望孩子通过兼职历练自己,培养经济独立的能力,在兼职中得到成长。

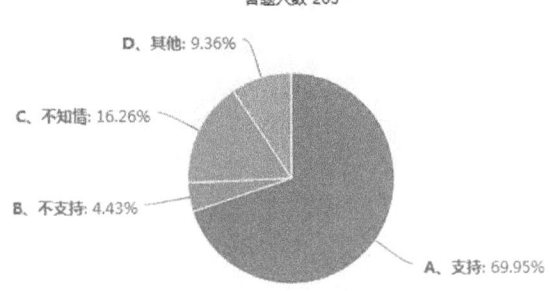

图10 家长对学生兼职的态度

二、兼职中存在的问题

1.安全问题

如图11所示,98.03%的同学表示安全问题占据学生兼职障碍的首要地位。

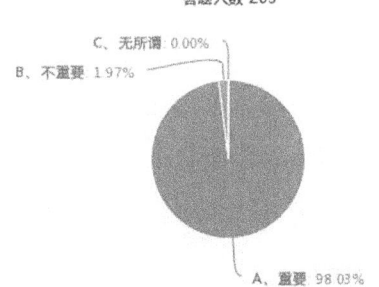

图 11　大学生对兼职安全的重视程度

由于大学生交际圈子较窄,接触外界的渠道有限,绝大多数的学生主要通过兼职群和代理中介获取兼职信息。通过中介方式去参加的兼职,通常情况下中介公司都要向兼职者收取一定的中介费,这导致很大一部分学生的薪水被削减,学生付出与收获不成正比。除了中介,部分培训班恶意克扣工资、延长工作时间的行为,同样损害了学生的利益。由于找到兼职的同学大都是以口头的形式与用人单位达成协议,而没有签订正式的书面合同,一旦出现问题或纠纷时没有合同的有力保障,而培训班等机构往往会推卸责任,造成学生的合法权益受到严重侵害。在部分权益受到侵害的学生中,大多数学生表示并未接受过学校对兼职指导和提供的帮助,如提供兼职岗位、记录学生校外兼职信息等。这说明学校在保障学生兼职权益方面存在角色缺失的问题。还有一部分原因则是大学生对法律知识的掌握不够,自我保护能力、维权能力较弱以及国家给予的社会保障机制不健全,才让不良中介、不良培训班钻了空子。

此外,在学生兼职往返过程中,也存在着一定的安全问题。部分同学兼职的时间较晚,地点较偏僻,下班回校途中没有安全保障,容易发生安全事故。据了解,仅 2014 年有报道的兼职大学生遇害案件就高达 8 起,其中尤以女大学生更是有 6 起之多。因此安全问题不容小觑。

2.不健康的兼职心理

(1)盲目从众。虽然调查中显示,多数在校大学生对兼职的参与性极高,但仍有很大一部分学生表示自己是看到周围的人都在兼职才去兼职,而对于兼职的具体要求和目的,自己是否适合兼职等并没有明确的想法。产生这种问题的原因是很多学生没有为兼职确立明确的动机以及缺乏学校正确的引导。因为没有明确的目标导向,没有正确的兼职观念引导,兼职的效果也不理想,容易半途而废。

(2)利益至上。从兼职目的看,近90%学生以赚钱为主要目的。我们不反对学生正当赚钱的行为,但凡事要讲究程度。过分追求利益容易使大学生建立不正确的价值观,比如功利主义、个人利益至上以及一些不当的消费观。一些学生将大部分时间,甚至是全部的时间都投入到兼职工作中,不参加班集体或公益活动。这种过分追求个人金钱利益的行为,只能使大学生一步步陷入困惑,最终导致价值观的扭曲甚至缺失。

3.法制不健全

我国1995年出台的《关于贯彻执行劳动法若干问题的意见》中明确规定,在校生利用业余时间勤工俭学,不视为就业。因此,许多培训机构、中介钻法律的空子,对兼职大学生进行剥削和压迫,导致大学生的合法权益受到侵害。

三、建议与改进措施

上述问题的出现都可能对学生的心理及生理产生负面影响,甚至为今后的学习或者是工作发展埋下隐患。为了使大学生的兼职工作得到健康的发展,我们认为应该从多方面加强对大学生兼职的引导和规范。

1.加强学校对大学生兼职的引导与管理

(1)学校对学生兼职的管理有限,不能明确学生的具体兼职状况。学校应成立相应的兼职指导机构,一方面可以方便同学们交流兼职的心得体会,也方便老师从中指导,加强兼职教育,提高学生的辨别能力,从而避免学生受骗;另一方面,也可以了解学生的兼职情况。

(2)开拓校内外资源,提供更多勤工助学岗位。一方面可以使一些真正贫困的学生通过勤工助学补贴学习和生活开支(不会因为单方面受金钱的驱使被利用)。另一方面,学校要加强同各用人单位的联系,为学生提供更多的安全的兼职机会,开拓校外的兼职市场。

(3)对于兼职与学业的矛盾,学校需要引导学生厘清两者的关系,树立正确的学习观念,明确学好专业知识是首要目标。同时,必须教育学生正确看待兼职,从自身的情况寻找最适合自己的兼职来积攒经验,为以后的工作打下基础。不要一味地要求自己适应社会需要。

2.社会兼职制度的完善

我国法律尚未健全,对于大学生兼职活动中的诸多问题,只有从根本出发,从法律的层面上解决,对劳动法进行进一步修改完善,把兼职大学生纳入劳动法的保护范围内,摈弃目前学术界对兼职大学生劳动权的一些错误看法,才能改善大学生在侵权活动中不被重视的客观现实。

3.学生的自我完善和保护

(1)转变兼职观念,树立正确的兼职观。兼职不仅是为了金钱,更重要的是所学知识的实践和能力的发展。我们更应该关注兼职对自己能力的提高及对日后工作经验的积累,而不是盲目地追求经济利益。只有将学习知识和实践能力很好地统一起来才是兼职最根本的目的。

(2)学生寻找兼职时,要理智,应选择正规培训班或者家教机构,对没有相关证件的机构,应予以高度警惕,以防被骗。在自身合法权益受到侵害时,应善于利用法律武器来保护自己,不应忍气吞声,一味地退让,也不应采取报复等非法手段处理问题。

(3)增强沟通能力,正确处理与他人的关系。同时,兼职时要时刻注意自己的言行,讲究文明礼貌。

(4)注意自己的人身财产安全。在兼职时,要看管好自己的随身物品,尽量不携带贵重物品,并知会同学、老师和家长兼职地点,以防遭遇不测。

参考文献

[1]经素,吴亚子,赵燕.大学生兼职情况调查报告——以南京地区高校为例[J].青年研究,2005(10).

[2]郑雪萍.当前大学生课外兼职的目的调查分析[J].出国与就

业(就业版),2011(23).

[3]李琳雅,杨琳,陈圆圆,王婷婷,孙琳慧.当今大学生兼职现状调查与分析[J].中国电力教育,2011(32).

[4]周哲.浅谈大学生如何处理好兼职与学习的关系[J].才智,2014(08).

[5]朱岩.在校大学生兼职法律权利保障状况调查报告[D].兰州:兰州大学,2008.

[6]唐斯羽.大学生兼职权益受侵害现象及其成因调查报告——兼谈大学生兼职权益的保障措施[J].福建警察学院学报,2008(01).

[7]吴唯维.大学生兼职现象调查报告[D].合肥:安徽大学,2012.

[8]宁睿.浅谈大学生兼职权益的法律保障[J].行政事业资产与财务,2013(10).

关于 L 学院学生参与志愿者服务活动情况的调查与研究

调研组成员:

数学教育 142 班:孔娟斐、陈玲丽、蒋学正、金俊腾、毛雨晴、罗霞、赵婷婷、胡宏萍、陈维茹、邹鹏、戴钰力、雷丹丹、孙羽星、钱姣姣、徐子倩、王晨铬、姚佳斌、叶海滨、周毅娜、陈瑞垚

指导老师:黄萍

摘要:当前,大学生在志愿服务活动中发挥着重要作用。大学生志愿者已经成为志愿者中的强有力支柱。为了全面了解在校大学生志愿服务的参与情况,并进一步了解大学生志愿服务工作的展开和实施,借着此次社会实践,通过采取问卷调查等方法,以 L 学院大学生为主要研究对象,归纳分析 L 学院学生志愿服务开展情况、大学生对志愿服务的认知、大学生参与志愿服务的动机及感受、志愿服务活动开展的现状与困境分析等方面调研成果,并针对性地提出了合理化建议。

关键词:丽水学院;志愿者活动;调查

一、调查背景和目的

我国志愿者活动自 20 世纪 90 年代开始进入了蓬勃发展的时期,

汶川大地震后,志愿者不断前往灾区进行抗震救灾及灾后重建工作,展现出了志愿者无私博爱的精神。北京奥运会、残奥会的成功举办,让我们见证了志愿者的奉献与社会责任感。和谐社会的构建,志愿者更是发挥着巨大的作用。

大学生志愿者是志愿服务行列的主力军。在各种公益社会活动中,大学生志愿者都发挥了很大的作用。许多大学生对参与志愿者活动都有自己的看法,不少大学生愿意或是已经参与到志愿服务中。在其取得骄人成绩的同时,我们也发现大学生志愿服务活动存在的一些问题,如志愿者选拔与培训机制不健全、缺乏法律保障和有效管理、社会支持力度不够等。因此,在扩大志愿者队伍和志愿服务影响的同时,还应该进一步完善各项监管和保障机制。

近年来,大学、社会组织以及教育管理部门,都高度重视大学生的社会志愿服务和实践工作,积极组织大学生参与学校管理和社区服务,鼓励大学生参与各种各样的志愿活动。正是因为没有功利性,这样的志愿服务和实践活动让他们受到精神上的洗礼,对自身的社会价值和人生意义有了更深的认识。许多大学生之前缺乏对国情、社情和民意的直接了解,更缺乏理论和实践相结合的实践锻炼。大学生们参加社会志愿服务活动,并在这一过程中弥补了之前的欠缺。

基于上述现状和问题,借着此次社会实践,我们对L学院展开的志愿者活动情况以及同学们的参与情况进行了调查。L学院开展了许多的志愿者活动,如无偿献血、修理自行车、义教等。这些志愿者活动很受学生喜爱,那么这些志愿者活动为什么会对学生有如此大的吸引力?学生又是为了什么参加这些志愿活动呢?带着这些疑问我们展开了调查。为了保证结果的客观性,我们选择了不同年级不同专业不同政治面貌的调查对象。

二、调查内容和方法

1.调查内容

本次调查主要围绕志愿者活动实施情况、学生参与情况、学生对于志愿者活动的看法与建议三方面进行,具体如下:

(1)志愿者活动实施情况。调查内容涉及展开的活动类型、展开的时间、宣传力度、活动政策、相关培训。

(2)学生参与情况。调查内容涉及学生参与人数、学生基本信息、持续时间、参与热情度与目的。

(3)学生对于志愿者活动的看法与建议。这方面主要了解学生对于本校所展开的志愿者活动的了解度和期望,以及对于志愿者活动的一些看法建议。

2.调查方法

本次调查主要采取问卷、文献调查等方法。

三、调查情况分析

1.问卷收集情况

发放问卷数:200份。
回收问卷数:174份。

问卷回收率:87%。

2.学生基本信息

问卷调查中学生基本信息主要涉及调查对象年级、专业以及政治面貌等相关内容,主要调查统计结果如图1、表1所示:

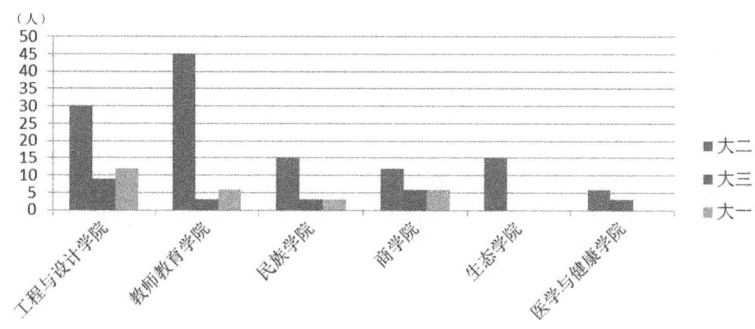

图1 学生所在学院及年级

表1 学生年级

年级	占比
大一	13.79%
大二	70.68%
大三	15.53%

3.志愿者培训发展情况

2008年北京奥运会的奥组委特别重视对奥运志愿者服务活动的培训。在招募方面,对志愿者申请人进行相关的测试评估;培训内容方面更加务实,强调知识的掌握与服务技能的提升和服务理念的渗透;培训方式从以往粗放式培训向现代的集约型培训方式转变,注重方便、高效和高质量,志愿者培训和服务活动更加专业化。从上述内容可以看出,我国志愿者的培训是随着重大活动的开展逐渐发展起来的,这些重大活动的志愿者培训具有"短期""临时"的特点,因此在培训课程的系统性设置方面、师资培训等都存在一些问题。目前我国志愿者培训仍然存在如下问题:

(1)志愿者服务还存在整体专业知识和技能方面的欠缺,培训内容与培训需求存在脱节。在强调服务技能培训的同时,轻视了志愿服务精神的培育。

(2)法制法规不健全。到目前为止对志愿服务的管理和规范以及培训制度都没有专门的法律法规进行明确的规定,大多是通过政府条例和部门规章进行确定的。

(3)管理机构行政色彩浓厚。社区志愿服务活动大多由社区服务中心负责组织培训,而社区服务中心又归属于民政部门管理,这使得社区志愿服务具有行政色彩,志愿服务活动的开展一定程度上缺乏自主性与独立性。

(4)激励约束机制不完善。由于志愿服务和志愿者的培训、激励和考核机制不完善,志愿者参加培训的积极性相对缺乏,服务的质量水平还有待提高。上述存在的问题,需要在今后的志愿服务活动中进行改进和完善。

以上是我国的志愿者发展情况,在我们小组的调查结果和上述的一些现象吻合。

问卷调查显示:

(1)55.17%的人认为在参加志愿者活动过程中法律因素是一个阻碍,相关活动对志愿者人身财产安全不够保障,与上述第二条情况相符。

(2)71.26%的人是通过校团委及志愿者协会获得志愿者信息,通过其他途径的只有28.74%,与上述第三条情况相符,志愿者活动的开展相对缺乏自主性与独立性。

(3)58.62%的人认为当前大学生参与志愿者活动存在着志愿者服务机制不完善的问题,与上述第四条相符。

4.志愿活动实施情况

(1)获得志愿服务信息渠道。由图2、表2可以看出,大多数学生都是通过校团委及志愿者协会知道志愿者活动的,这说明了L学院在对志愿者活动的宣传方面做得很到位。但这也反映出另一个问题,我们获得信息的渠道太少,参与志愿者活动的途径受到制约。志愿者活动的开展缺乏相对独立性。

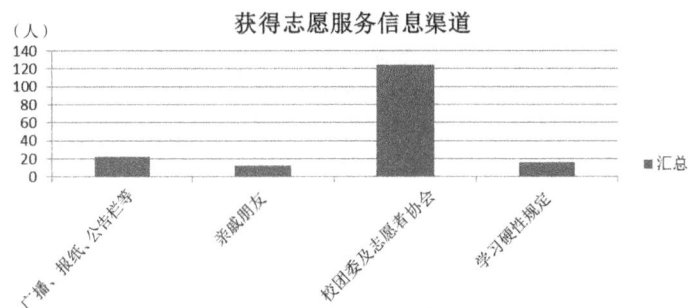

图2　获得志愿服务信息渠道

表2　获得志愿服务信息渠道

渠道	广播、报纸、公告栏等	亲戚朋友	校团委及志愿者协会	学习硬性规定
人数	22	12	124	16
占比	12.64%	6.90%	71.26%	9.20%

(2)举办的志愿者活动形式。志愿者活动多种多样,但大多数学生参与的志愿者活动集中在义教、献血和关爱老人这三方面(见图3),这三种志愿者活动也最广为人知。但是其他的志愿者活动很少见,或者说很少有人愿意参加,我们小组认为造成这种现象的一部分原因是相关方面的法律体制还不够完善,对于未知事物,人们心中存有疑虑,没有法律保障,不愿参加。

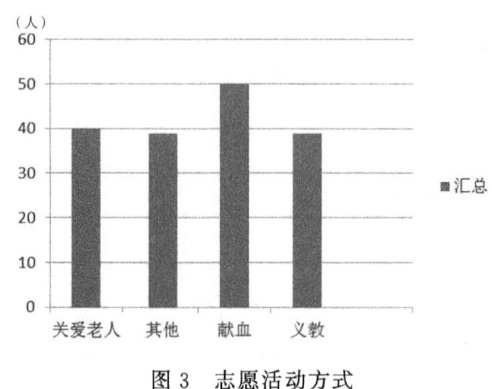

图 3　志愿活动方式

5.志愿服务的态度

(1)对大学生志愿服务的基本认识。现如今志愿者活动多种多样，那么志愿服务到底是什么呢？志愿服务是指任何人在不为物质报酬的前提下，自愿贡献个人时间和精力，向社会提供服务的活动。志愿服务反映了以"奉献、友爱、互助、进步"为核心的志愿精神，体现了个人对生命及社会价值的一种积极态度，是人生观、价值观的体现。大学生志愿服务是由具有一定思想觉悟、热心社会公益事业的在校大学生，利用业余时间，结合自己的专业知识、自己的技能、自己的资源自愿向社会无偿提供服务的各种活动。

境外对于志愿者的界定是职业之外的"不受私人利益或强制法律驱使的人们的努力"，其目的在于改进社会，提供福利。美国大多数学者认为，志愿者组织是一种比较特殊的组织，服务者大多是以无偿或者低于市场价的方式为社会提供服务。联合国将志愿者定义为"不以利益、金钱、扬名为目的，而是为了近邻乃至世界进行贡献活动者"，指在不为任何物质报酬的情况下，能够主动承担社会责任而不关心报酬，奉献个人的时间及精神的人。美国的"Volunteer"在中国台湾被称为"志工",在香港地区被称为"义工",大陆被称为"志愿者"。国内对志愿者的界定为《中国青年志愿者注册管理办法》中所提出的志愿者是不为物质报酬,基于良知、信念和责任,自愿为社会和他人提供服务和帮助的人。

在图4中我们可以看到有部分学生认为志愿者活动是学校要求的,他们并不是出于自身的意愿去实施这项活动。在我们这些大学生中多为独生子女,普遍缺乏自立自主能力,虽然普遍充满爱心,但很难抱着服务他人的舍己精神去从事志愿服务。大学生普遍做事风格倾向于浮躁,一些志愿者的志愿服务动机不纯。对于志愿精神的理解也存在偏差,我们通常简单地把志愿服务理解为做好人好事,但这种认识仅仅停留在遵循传统美德的层面上,而忽略了其"奉献、友爱、互助、进步"的真正内涵。

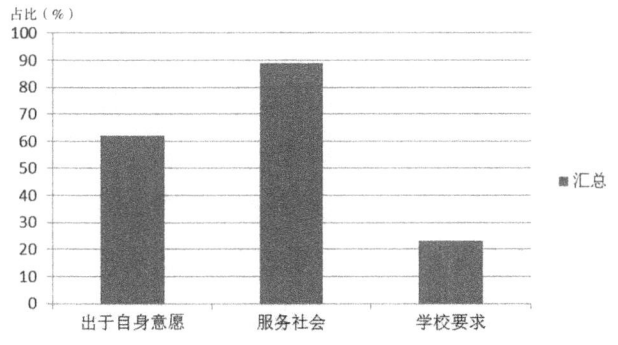

图4 对志愿服务性质的认识

除此之外,87.93%的人对于志愿者的定义只是粗浅的了解。在图5、表3中我们可以清楚地看到,大学生对于志愿者服务的认识很了解的仅仅只有2.87%,97.13%的人对于志愿者活动的了解都停留在浅层次上或者根本不了解。所以我们小组认为在宣传志愿者活动的同时还应向大家介绍到底什么是志愿者、什么是志愿者活动。让我们更深入地了解志愿者以及志愿者活动的性质,而不是盲目地参加或者不参与。

图 5 对志愿活动的了解

表 3 对志愿者活动的了解

了解程度	很了解	完全不了解	一般了解
人数	5	16	153
占比	2.87%	9.20%	87.93%

(2)大学生对志愿服务缺乏稳定的热情。大学阶段正是由学校向社会过渡的阶段,大学生的人生观、价值观、世界观都还不够成熟,其意志力、自我控制力还相对较差。他们在参与社会服务的初始阶段往往保持着较高的热情,然而在从事志愿服务的过程中,对于可能遇到的困难自身心理准备不足,易产生浮躁的心理,导致其服务热情下降。另一方面,一些人一味要求大学生志愿者不断服务、奉献,组织管理部门通常认为参与志愿活动是学生应尽的义务,因此也不会重视对志愿者的奖励。在参加志愿服务时,大学生做的工作大同小异,他们的工作效果和态度也经常被忽视,那些付出多的和贡献少的得到的补贴并无区别,存在随意性。志愿服务的物质奖励和精神奖励都做得不够到位,志愿服务激励机制还不完善,无法满足志愿者的荣誉感和自豪感,也无法保障志愿者的工作热情。

而且由于大多数志愿者活动流于形式(见图6、表4),使得很多人参加完志愿者活动之后认为志愿者活动对于自己并没有很大用处,这也会使志愿者的热情度下降。

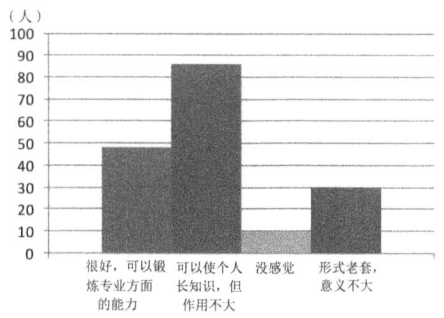

图6 志愿服务活动对自己的帮助

表4 志愿服务活动对自己的帮助

对自己的帮助	很好,可以锻炼专业方面的能力	可以使个人长知识,但作用不大	没感觉	形式老套,意义不大
人数	48	86	30	10
占比	27.59%	49.42%	17.24%	5.75%

(3)大学生志愿者自身能力不足,服务依赖性太强。大学生是具有专业知识的特殊群体,虽然像医学、法学、农业等专业的知识可以应用于社区、敬老院、农村等志愿活动中,但由于高校学生自身的知识还不扎实,技能还不够全面,大多团体的服务方法和技巧往往也仅仅获得于志愿者招募后进行短期培训,服务本身所需要的专业知识和方法处于缺失状态。并且大学生志愿者服务组织挂靠学生会及校团委,活动项目、人员、时间和经费都要靠团组织批准。由此我们可以看出,虽然我们参与的志愿活动变多了,但是依然不能独立完成,需要通过学校及各种组织才能参与。自由度还有所欠缺。而由学校或组织安排志愿者活动在时间上也限制了学生的参与度,因为人数的庞大使得不管选择什么时间都会有一部分想参与的人因时间限制而放弃。由图7、表5中我们也可以看出想做但没有机会的人有16.09%,有31.03%是根据自己的空余时间来安排志愿活动,25.29%的人是在条件允许的情况下参加,所以不难推测出志愿者活动时间的统一势必会让很多人由于没时间而参加不了。

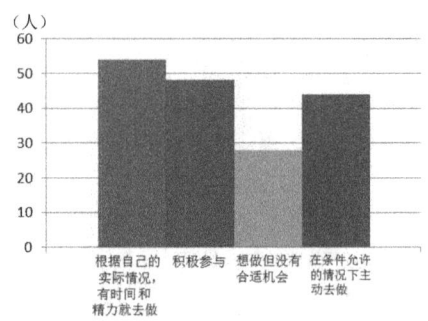

图 7 做志愿服务的态度

表 5 做志愿服务的态度

态度	根据自己的实际情况,有时间和精力就去做	积极参与	想做但没有合适机会	在条件允许的情况下主动去做
人数	54	48	28	44
占比	31.03%	27.59%	16.09%	25.29%

6.学生对于志愿者活动的建议

经过整理,学生对于志愿者活动的建议有以下几条:

(1)加强宣传力度,安排志愿者统一参加培训,加强大学生的自我意识,以便更好地服务于社会;

(2)加大支持力度,提高志愿者活动质量,有相关方面的法律保障,将时间尽量安排在周末避免与上课时间冲突;

(3)如果拥有 IT 背景,擅长网站设计、图像设计等,可以借此宣传活动及活动形象;

(4)学校通过开展主题讲座让学生对志愿者活动有更多的了解;

(5)清洁公交车,给市民出行提供一个更卫生的环境;

(6)如果拥有一定经济实力,可以资助贫困学生、失学儿童、孤寡老人、残疾人士、重症病患者;

(7)整理相关公益信息,搜集整理服务对象资料,收集整理志愿者队伍发展的资料,在网上宣传志愿者活动,让更多的人加入志愿者的队伍。

四、思考与建议

1.思考

通过小组讨论以及对上述数据的分析,我们认为此次调查反映出现在的志愿者活动虽然日趋成熟,但依然有缺陷。

(1)在参与途径上还不够自由,限制较大;

(2)资金匮乏,经费不足;

(3)不够重视对大学生志愿者的激励。大学生志愿者是青年志愿者队伍中最活跃、最积极、最有影响力的一个群体,志愿活动虽是自发的行为,但一定的激励措施也是必不可少的。

(4)没有完整的激励机制;

(5)没有相应地强化对青年志愿者的培训;

(6)服务活动形式单一,吸引力不够。

2.建议

针对上述存在的问题,经过小组讨论,我们有以下几点建议:

(1)重视对大学生志愿者的激励。通过调查我们得知在美国,学校开设志愿服务的相关课程,为社区服务活动提供学分。在苏格兰,大学生为无家可归的人提供服务,可得到 30 英镑的零用钱,同时在假日可以免费游览当地的名胜或参加各种节庆活动。在日本,通过制定志愿者休学制度,让志愿者参加保险等措施支持学生参加志愿服务。我们可以尝试加强志愿服务的资金投入,政府部门应把志愿服务纳入社会经济发展的规划中去,对志愿组织进行一定的拨款。此外,还可通过企业赞助、个人捐助等形式来筹集资金,以提高对大学生志愿活动的激励。

(2)建立完整的激励机制。在美国,参加"为美国服务的志愿者"服役期为一年,服役期满后可以得到两个学期的奖学金9 450美元,而且选择联邦职业时可免除考试资格。参加"全国民事社区服务队"的志愿者,年龄在18岁至24岁,10个月的服役期满后可得到6 000美元的津贴及2 362.5美元的一次性奖学金。泰国政府为倡导志愿服务风气,规定大学毕业生要到贫困地区做一年的志愿服务,服务满一年后,毕业生有更多机会得到一份好工作。尼日利亚大学生连续进行志愿服务一年后,即可获得国家服务证书,这个证书是将来的就业保障。

(3)强化对青年志愿者的培训。志愿服务涉及很多专业性很强的领域,要求志愿者具备交流沟通、组织协作等基本技能,所以,接受培训是志愿者不可或缺的环节。但是目前志愿者高校组织对志愿者的培训尚未规范化,这不利于大学生志愿服务活动的可持续发展,因此,学校必须开展一系列价值观和服务技能的培训,实现志愿者自身素质的提高和非营利组织效能促进的双赢。可以将青年志愿者按照爱好、特点或知识结构分为若干成员小组,进行有针对性的不定期的职业培训,在有志愿活动时,就依据活动的需要来分配志愿者。具体的培训内容应包括沟通能力和志愿服务能力,以提高服务质量,充分发挥青年志愿者服务的教育目的。

(4)拓宽志愿服务内容。大学生志愿服务活动形式单一,多集中在社区服务或是敬老院献爱心,对志愿者没有吸引力。而国外的志愿活动已扩展到多个领域,比如学龄前儿童日托、妇女保护、难民安置、民权维护,以及文教、卫生领域。高校志愿组织应主动联系民政部门、社区居委会等,组织多种多样的服务活动,比如免费的英语学习班,到老年大学免费任教等。丰富多彩的活动形式才能保持志愿组织的活力,吸引更多的志愿者。

参考文献

[1]胡乐乐.大学生志愿服务应远离功利性[N].光明日报,2011-05-19.

[2]田书慧.大学生开展志愿服务活动探析[N].内蒙古日报(汉),2014-04-09.

[3]周子嘉,王立群,伍娟,戴爱平.大学生志愿服务存在的问题及对策分析[N].山西青年报,2013-10-12.

[4]唐琪.大学生志愿服务难题求解[N].中国教育报,2014-03-31.

[5]胡凯.关于志愿服务活动的历史、组织、文化的文献综述[J].吉林省教育学院学报,2015(9).

[6]杨云涵.论志愿精神与我国青年志愿者的激励方式[J].南方论刊,2011(02).

关于高校食品安全卫生状况的调查与分析

——以丽水学院为例

调研组成员：

电商142班：许晓璐、汪咏宏、吴晨曦、边鉴云、劳康富、林阳、卢圆圆、王燕芳、孙达凯、吴航、竺林、张琳琳、李晓、张亦雯、丁喆、余德智、赖淑梅

指导老师：梁立新

摘　要："民以食为天，食以安为先"，食物对人来说是不可或缺的，是生活的基础。在当今的大学里，学校食堂是在校大师生一日三餐主要就餐的地方，食堂的好坏影响着大学生的生活、学习以及健康状况。当代社会学校食堂食品安全问题却屡见不鲜，"高校食堂长蛆鸭肉""高校食堂用锅洗拖把"，作为当代大学生我们有义务和责任对这一现象给予关注和重视。怎样加强本校大学生对学校食堂安全问题的重视，提高学校食堂食品质量？我们团队经过对学校食堂食品安全现状及其原因的调查，阐述并提出了学校食堂食品卫生安全的注意事项及改进措施。

关键词：学校食堂；食品安全；现状分析；意见

青春、朝气、欢乐,大学似乎是所有美好词汇的聚集地,我们在这里学习、生活、成长,为人生添上更为绚丽的一笔。大学食堂作为大学基础设施是在校师生就餐的主要场所,是应为学生提供健康、安全的场所。但近年来学校食堂食品安全问题却层出不穷,"民以食为天,食以安为先",学校食堂食品安全问题理应受到社会、学校、学生的关注和重视。

一、调查基本方法

1.调查对象

基于调查的便利性和可行性,本次调查对象主要以丽水学院在职在岗教师和在校学生为主,我们认为在此范围内选择的调查对象对学校食品安全状况会有更为清楚的了解和切实的体会。

2.调查目的

(1)了解我校食堂卫生安全状况是否达标。
(2)为食堂卫生安全管理提供宝贵意见。

3.调研内容

本次问卷调查以食堂卫生与安全为内容展开,调查老师和学生对于食堂食品卫生状况的看法以及了解他们对提高食堂环境安全卫生的建议。

4.调研方法

本次调查以问卷调查为主。

二、调查情况分析

1.用餐者的食品卫生安全意识程度

如图1、图2所示,只有21%的学生愿意去食堂吃饭,而36%的学生点外卖,25%的学生选择去校外餐馆。在被调查的学生中,学生选择去食堂以外的地方就餐,主要原因是食堂饭菜不好吃,极少数的人是因为食堂安全问题和环境差的问题。可见学生注重的是食物的味道而不是食物的卫生与安全状况。大部分学生对《中华人民共和国食品安全法》的颁布完全没有印象,对于食品安全相关的法律了解较少,对于法律对食品安全的保障的了解相当贫乏。

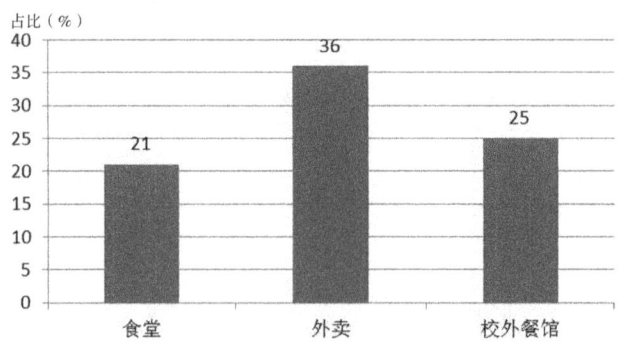

图1 被调查对象就餐地点

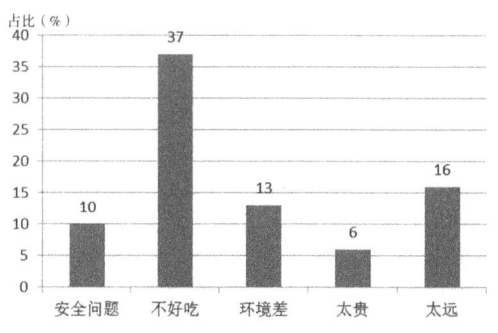

图 2 被调查者不去食堂就餐原因

2.学校食堂食品卫生安全状况

在对学校食堂饭菜卫生安全状况调查后得到以下结果,如图 3 所示。有 14.5% 的同学认为学校食堂的食品安全质量很好,而认为学校食堂的食品安全质量较好和有待加强的分别占 36.1% 和 43.4%,另外有 6.0% 的同学认为学校食堂的食品安全质量很差。从调查结果中可以看出有一半的学生对学校食堂食品质量是满意的,极少部分认为很差,另一部分则认为有待加强。

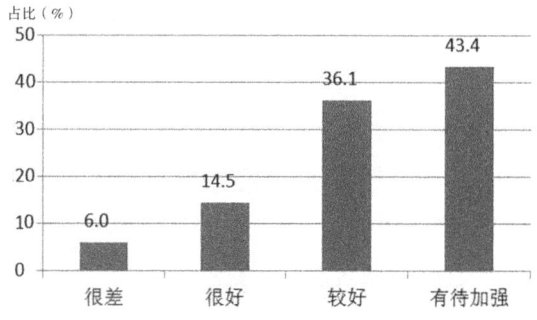

图 3 被调查对象对食堂食品安全看法情况表

在调查学生在食堂遇到变质食物的次数时,如图 4 所示。有 57.1% 的学生遇到变质食物 2 次以内,有 36.9% 和 4.8% 的学生遇到变质食物分别为 3~5 次和 5~10 次,遇到变质食物 10 次以上的则占

1.2%。从调查结果显示,学校食堂的食品新鲜程度是存在问题的,且问题较严重。

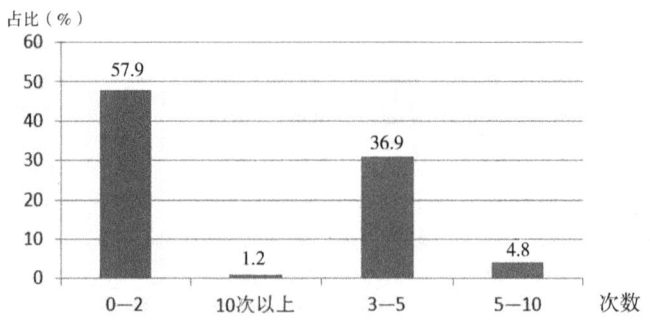

图4 被调查对象遇到变质食物次数的情况调查表

3.学校食堂餐具卫生安全状况

俗话说,民以食为天。吃饭就成了每人每天必不可少的事情。而作为住校大学生,食堂就餐就成了大多数学生选择率最高的地点。食堂受到学生越来越高的青睐,随之而来的是学生对食堂各个方面关注度的增高,如关心食堂饭菜的好坏。除了这一重点关注,学生最关心的是学校食堂餐具的情况了。通过对广大师生的调查问卷可知,学生就餐通常有两种情况:一是在食堂就餐;二是打包外带。而在学校食堂就餐的学生,大多数选择使用消毒性餐具,他们认为经过高温消毒的餐具,安全性较高,可以放心使用。但是,仍然存在一部分学生发现消毒餐具消毒不彻底,餐具上仍残留污渍,因此拒绝使用餐具。这就出现了部分学生打包饭菜回寝室的现象,或者选择使用他们认为比较干净的一次性餐具。当然,使用一次性餐具的学生中,认为一次性餐具方便,且能避免洗刷餐具是一个原因,而选择一次性餐具是认为其较为干净的,也是主要原因之一。

以下是我们关于学生对学校食堂餐具意见的统计结果:

(1)对食堂餐具卫生情况的满意现象调查如图5所示,选择"看着消毒过,放心"的共9人,占全部被访者的11%;选择"不敢使用食堂餐具"的共14人,占比17%;选择"看着干净,不知……"35人,占比41%;选择"洗不干净,有污损"的26人,占比31%。在4个选项中,只有11%的人对食堂餐具卫生情况满意,而选择"不敢使用食堂餐具"和"洗不干净,有污损"的40人(占比48%)无疑对食堂餐具卫生情况是不满意的。因而,就总体而言,食堂餐具卫生情况仍不容乐观。

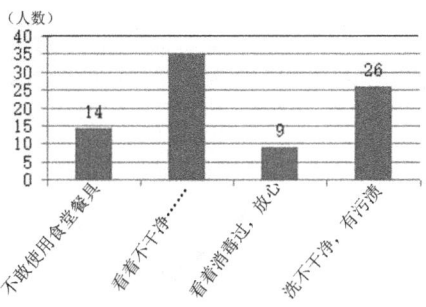

图5 食堂餐具卫生情况的满意现象调查

(2)对认为食堂可重复利用的消毒餐具和一次性餐具的卫生现象调查,如图6所示。对于选择使用消毒餐具还是一次性餐具来看,选择使用消毒餐具的占被访者总数的45%,选择使用一次性餐具的占被访者总数的27%,认为消毒餐具和一次性餐具"都一样卫生"的占比10%,认为两者"都不卫生"的占比18%。因此,可以认为食堂可重复利用的消毒餐具和一次性餐具的卫生状况总体较好,但还需进一步改善。

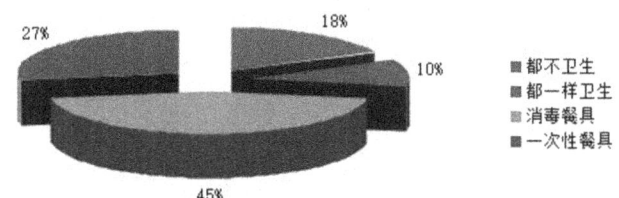

图6 被调查对象选择的更卫生的餐具情况

4.食堂工作人员卫生安全状况

如图7所示,食堂的工作人员没有很好的食品卫生安全的意识,上岗之前并没有经过严格的培训,不是很符合食品卫生的要求。身为食堂工作人员,自身的清洁是必须的。图7足以说明学生们对于食堂人员的着装要求。食堂所做出的食物必须是安全健康的,当然首先是工作人员的形象问题。只有整洁的着装才能让学生产生安全感,才能放心食用食堂的食物。

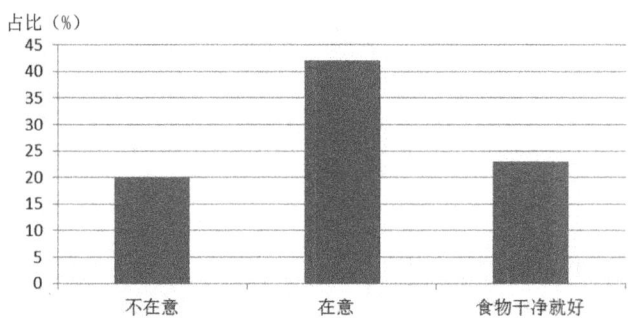

图7 被调查对象对食堂工作人员着装要求

5.食堂就餐环境卫生安全状况

图8是经调查得出的食堂环境卫生程度调查数据图,6%的被调查者认为食堂卫生非常干净,62%的被调查者认为食堂卫生比较干净,而28%的被调查者认为食堂卫生较不干净,4%的被调查者认为食堂卫生不干净,总体来说,认为食堂卫生干净的占了多数,达到了68%,说明大部分师生对学校食堂的就餐环境比较满意。但还需要继续努力做到更好,争取到更多师生的信任和支持。

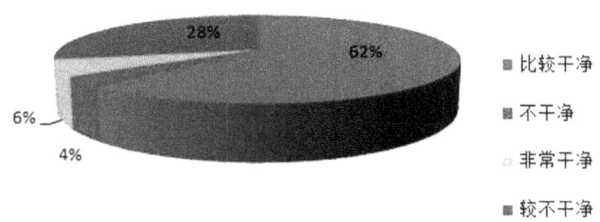

图 8 食堂环境卫生程度调查数据

6.食堂卫生安全制度建设状况

对于学校的食堂卫生安全监管制度只有54.3%的同学听说过但是不了解它,40.3%的同学甚至都没有听说过,只有剩下为数不多的同学知道而且了解这个制度。但是对于成立学生对食堂的监督组织,同学们认为非常有必要。同学们不知道有这个监管制度的存在,大多数是因为没有参与其中,没有亲身去体会。即使食堂中放了意见册,同学们提了意见,但是这些意见一般都没有得到采纳,所以同学们就理所当然地认为学校没有监管机制了(见图9)。

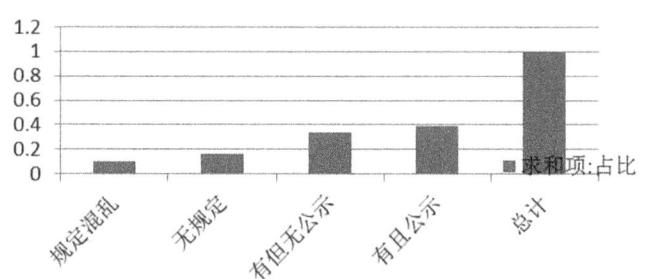

图 9 师生对食堂有无明细规定的调查情况表

食物的保存、烹饪和食堂内部的环境以及工作人员的行为是广大师生最关心的问题。反倒是对于就餐的环境不是有很严格的要求,这一方面体现着师生们对于食堂卫生的希望,另一方面也是同学们对学校食堂的希望,希望在这些方面加大管理的力度,使食堂的卫生安全做得更好,确保广大师生吃到放心可口的饭菜。

三、影响学校食品卫生安全的原因分析

1.学校扩招,食品安全管理压力增大

学校年年扩大招生,在校生数量也大幅度提高,学校食堂来不及扩建、难以容纳大批增加学生的就餐任务,与学生集中用餐人数不相适应,致使饭菜质量、饮食卫生难以保证,部分大学生外出找小食摊就餐的现象已很普遍。学校有些基础设施条件差,布局不合理,由于食堂小,许多食堂操作间没有功能分区或分区不明显,基础设施差。但就目前的情况来看,投入的资金非常有限,解决这个问题难度大,高校食品安全管理压力明显增大。

2.学校餐饮服务经营模式改变

学校后勤实体逐步与市场相融合,对管理模式提出了更高的要求。学校后勤服务社会化的改革措施实施以后,学校基本上不再直接经营餐饮服务,而是把学生餐饮服务向社会承包,员工素质低、队伍不稳定,虽然每年卫生监督所和教育主管部门都在组织对学校食堂从业人员的食品卫生知识培训,但一般都只针对承包人本身,承包人不对聘请人员进行必要的培训,加之所聘人员,卫生意识、卫生习惯都很差,导致食物制作操作不规范。

学校对承包经营者缺乏必要的管理。近年来,因物价上涨,许多承包经营者片面考虑经济效益,忽略了食品安全问题,因品种少、花色少、价格贵,也是导致学生校外就餐情况严重的一个重要原因。另一方面,随着学校人事制度改革的深入,特别是后勤社会化改革的进行,使得学校饮食服务人员流动性加强,技术人员不稳定,新上岗的技术人员技术水平缺乏有效考核和监管,食品安全质量难以保障。

3.对学校食品安全重要性认识不足

学校对食品安全问题的重要性普遍认识不足,重视不够,认为"多年来就是这么过的,也没有出什么大问题"。学校食品安全管理制度不健全,职责不明确,虽然有专人负责,但管理工作运行不力,制度执行不力,流于形式。表现为未成立以校领导为第一责任人的食品安全领导小组,没有配备专门食品卫生管理人员,没有建立完善的食堂工作制度或者根本没有落实已经制定的工作制度。加之长期以来,后勤部门在吃"财政饭"的动作方式下,我们的部分后勤职工,无论思想观念、市场意识、工作视野、还是工作方法都难以适应市场经济的要求。如有的食堂没有严格执行大宗食品(粮、油、肉)定点采购和索票索证制度,食物留样未做记录和留样样品过少、食品储存间凌乱,堆放杂物,餐具消毒保洁工作未跟上。多数学校食堂缺乏餐具消毒设备设施,食堂虽然有"三防"(防蝇、防尘、防鼠)设施,但是餐具保洁工作较差;承包经营者素质较差,管理和操作不规范等,这些问题长期得不到解决与缺乏必要的管理员制度,或有制度执行力度不够有很大关系。

四、改善学校食品卫生安全状况的对策建议

1.思想上高度重视

食品安全工作事关师生的健康和生命安全,各职能部门要从思想上高度重视,充分认识到高校食品安全工作的艰巨性、复杂性和长期性。我校应健全食品安全管理的组织体系。学校应建立以校长为第一责任人的学校食堂食品安全责任制,构建从学校到食堂完整的食品安全组织机构框架图,从组织上充分强调食品安全工作的重要性,落实学校是食堂食品安全第一责任人的责任,各职能部门负责人为成员的校内餐饮服务专项整治领导小组,各食堂都有专职食品安全管理员。建立公布新的食堂工作人员岗位职责,推动岗位责任制落实。岗位职责应明确食品生产各环节、岗位从业人员的卫生安全责任,并且制成制度牌悬挂上墙。

2.管理更加规范,强化制度落实

食堂物资实行统一购进,采购工作应充分发挥规模采购效益,尽可能与蔬菜基地、食品公司签订供货协议,努力降低食品原材料价格,提高原料食材的质量,同时加强市场调查和检查监督机制,从源头上保证食品原料"物美价廉"。所有购进的食品原料均经过验收,查验票证,并建立食品、食品原料、食品添加剂和食品相关产品的购进记录制度,每天登记台账,如实记录产品名称、规格、数量、保质期等内容。

食品加工制作要严格按照食品加工和储存要求进行,操作流程合理,生熟分开,成品、半成品分开,菜品烧熟煮透;餐具采取蒸汽消毒,洗消规程为一洗、二刷、三冲、四消毒和五保洁,并根据中心质量管理体系要求,对洗消过程实施重点监控,洗消过程每餐进行记录、检查;食堂应划分卫生责任区域,落实到人,做到每天每餐清洁,每周一次搬家式大扫除;做好防蝇、鼠、蟑和其他有害昆虫工作,消灭其滋生条件。

加强食堂工作人员管理。食堂工作人员必须具备良好的思想素质和相应的业务能力,坚持持健康证上岗制度。从业人员实行"五病"调离,每年召集所有员工统一进行体检,从业人员均要取得健康合格证明。建立健全食堂管理制度,明确岗位职责,落实工作责任制。卫生管理制度和岗位责任制上墙公布,严格按规范操作。

通过现场接待、留言本、师生意见调查、学生座谈会日等多渠道加强与就餐师生的沟通,食堂经常听取教师、学生的意见和建议,不断提高伙食质量和服务质量。主动与食品药品监督管理部门联系,接受监督部门监督,建立食品安全自查检测制度,经常对食堂卫生、食品安全进行检查。

3.应加大餐馆服务的基础设施投入

应制订规划,加大投入,加强基础设施建设,尤其要利用好寒暑假这段时间进行食堂的重点改造,使学校食堂逐步做到有与其规模相配套的食堂基础设施和面积。卫生监督部门应加强对新建、扩建和改建食堂的指导。对房屋陈旧及工艺流程、布局不合理的食堂进行改造,对老化设施、设备进行更新换代,增加餐具清洗、消毒、保洁设施和设备,使食堂卫生设施与条件得到进一步改善,食堂建筑、设备与环境均符合食品安全要求。

加强食堂"三防"设施配套,配备数量、动力足够的风幕机、纱门、纱窗或者塑料门帘,设置诱灭蝇灯,各场所要设置丢置废弃物的密闭容器;在卫生用品方面,配有足够的工作衣、帽、围裙以及打扫、洗涤、消毒、杀虫、灭鼠等卫生用品。

4.加强宣传、教育和培训工作,为食品安全营造良好的氛围

定期举办系列宣传、培训和教育活动,充分动员和督促食堂管理人员、员工和学生的积极参与,为食品安全营造良好的舆论氛围。通过校园广播、校报、网站、内部刊物、宣传栏、黑板报等渠道开展食品安全宣传教育活动,强调食品安全的重要性,并对食堂从业人员进行食品安全知识培训。

关于丽水市小学生心理健康状况调查研究

调研组成员：

教师教育学院小教142班：叶玲、周雅洁、娄雅常、姚瑶、孙依敏、盛剑浩、叶玲、钟琳、章婉露、王一芳、王耀亿、林佳丽、嵇雯雯、白胜楠、徐慧、游佳丽、胡怡纯、毛春萍、吴碧莹、阮梦娜、陈雯璟、黄宇林、任佳琳、雷恬恬、王婷婷

指导老师： 徐文永

摘　要：小学生心理健康状况是教育心理学领域研究的热点问题之一，当前小学生总体心理健康状况良好，但仍有一部分小学生存在心理健康问题。目前小学生心理健康状况存在的问题主要有：学习焦虑、自责倾向、过敏倾向和冲动倾向。小学生心理健康状况还存在男女差异、城乡差异和年级差异。本次调研课题为解决小学生心理健康问题提出对策，也为小学教育工作者的教授方式提供建议，为学校教育制度的改革提供建设性方向。

关键词：丽水市；小学生；心理健康

一、调查背景

小学是人们接受教育的最初阶段,是基础教育的重要组成部分。在小学阶段,儿童不仅经历着身体器官的发育,自我意识也在不断发展。处在发育期的儿童,情感丰富,自我意识强,但同时也存在着自制力薄弱、自主性差等问题。如果儿童在小学阶段没有受到良好的心理引导,那么这也许会对其今后人生观、世界观、价值观的确立乃至整个身心健康发展带来巨大的不利影响。随着社会经济不断发展,人民生活水平的快速提高,我国政府也在加大力度普及义务教育,为当今小学生们创造了平等的学习机会。然而,小学生离家出走、逃课去网吧、自杀等事件频发,为我们敲响了重视小学生心理健康状况的警钟。这不仅与小学生自身有关,也和社会、学校、家庭等各方因素密切相关。因此,本次调查旨在了解小学生心理健康状况,分析小学生心理健康存在的问题,为解决小学生心理健康问题提出对策,此外,也为小学教育工作者的班级管理与教授方式提供建议,为学校的教育体制改革提供建设性方向。

二、调查概况

1.调查时间

2016 年 4 月 11 日—2017 年 4 月 12 日

2.调查地点

丽水市实验学校、丽水市莲都区中山小学、丽水市莲都区大港头镇中心小学

3.调查对象

由于本次调查采用的问卷《心理健康诊断测验(MHT)》适用对象为小学四年级以上至高中阶段的学生,因此,调查选取的小学生样本为义务教育阶段小学四、五年级的在校学生,其中以四年级学生作为低年级学生样本,五年级学生作为高年级学生样本。此外,为保证调查的客观性,减少性别差异,接受调查的男女比例为1∶1,有效问卷的男女比例为60∶60。

4.调查方法

对于调查对象的选取,我们采用了随机抽样的方法,在三个小学两个年段共抽取554名学生作为调查对象,共回收有效问卷490份。对于选定的调查对象,我们采取了问卷调查与走访调查相结合的方法。

5.调查目的

本次调查旨在了解小学生心理健康状况,分析小学生心理健康存在的问题,为解决小学生心理健康问题提出对策,此外,也为小学教育工作者的班级管理与教授方式提供建议,为学校的教育体制改革提供

建设性方向。

三、调查数据分析

根据团浙联《关于开展2015浙江省大中学生暑期社会实践活动的通知》要求,结合我校实际,教师教育学院认真制定部署暑期社会实践的活动计划,积极组织学员参与社会实践活动。教师教育学院"关于丽水市小学生心理健康状况"调查研究暑期社会实践团队到丽水市龙泉市瀑云乡中心小学、丽水市龙泉市八都镇中心小学、丽水市莲都区人民路小学开展关于小学生心理健康状况的调查活动。人民路小学凭借校区内学生背景多样化的优势条件,因而富有城区学校的代表性,两所乡镇中心小学则可以贴切反映农村学校学生的特质。在调查期间,各个学校的老师、学生都积极配合我们的工作,使这次调查得以顺利开展。

此次关于丽水市小学生心理健康状况的调查,在各调查地点共收回问卷120份,其中无效问卷0份,有效问卷共120份,调查对象男女比例为60:60。此次发放的问卷是以华东师范大学心理系周步成的《心理健康诊断测验(MHT)》为蓝本,测验项目由学习焦虑、对人焦虑、孤独倾向、自责倾向、过敏倾向、身体症状、恐怖倾向和冲动倾向八个内容构成,该测验共有100个项目,八个内容量表和一个效度量表(即测慌量表),内容量表的总分表示个人焦虑的一般倾向,得分越高表明心理健康状况越不好。一项内容量表的得分≥8分,表明在这个方面存在比较严重的心理问题,3~8分表示中度,≤3分则代表基本不存在这方面的心理问题。全量表得分在65分以上者,即可认为存在一定的心理障碍,这种人在日常生活中有不适应行为,有的可能表现为攻击和暴力行为等。

关于丽水市小学生心理健康状况调查研究

（1）按照性别区分，具体各项分布数据如表1所示。

表1 按照性别区分各项分布（单位：人）

性别	学习焦虑		对人焦虑		孤独倾向		自责倾向		过敏倾向		身体症状		恐怖倾向		冲动倾向	
	女	男	女	男	女	男	女	男	女	男	女	男	女	男	女	男
≥8	132	98	22	10	0	8	72	34	40	38	26	30	16	4	24	36
3～8	82	92	108	112	52	90	88	110	144	106	108	110	90	92	100	94
≤3	34	52	118	120	196	144	88	98	82	98	114	102	142	146	124	112

共计调查女生60人，其中总分≥65分的有2人，<65分的有58人；共计调查男生60人，其中总分≥65分的有3人，<65分的有57人。总体心理健康状况良好。

数据分析如图1所示。

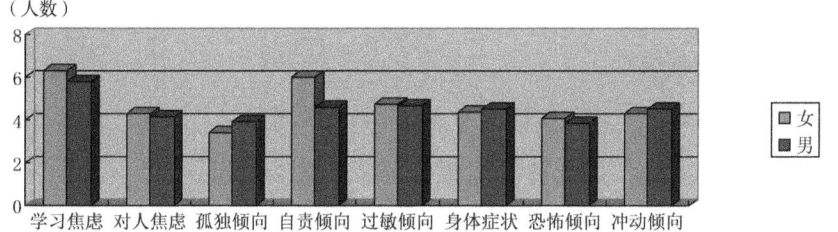

图1 丽水小学生MHI分性别

①影响小学女生的心理健康的四大因素：学习焦虑、自责倾向、过敏倾向、身体症状；

②影响小学男生的心理健康的四大因素：学习焦虑、过敏倾向、冲动倾向、自责倾向。

（2）按照地域区分，具体各项分布数据如表2所示。

表2 按照地域区分各项分布数据（单位：人）

城/乡	学习焦虑		对人焦虑		孤独倾向		自责倾向		过敏倾向		身体症状		恐怖倾向		冲动倾向	
	乡	城	乡	城	乡	城	乡	城	乡	城	乡	城	乡	城	乡	城
≥8	128	102	16	16	6	2	66	40	40	34	20	36	10	10	52	8
3～8	110	64	128	92	38	104	116	82	144	92	104	114	86	96	88	106
≤3	28	58	122	116	222	118	84	102	82	98	142	74	170	118	126	110

共计调查学生 120 人,其中总分≥65 分的有 4 人,<65 分的有 116 人,总体心理健康状况良好。

数据分析如图 2 所示。

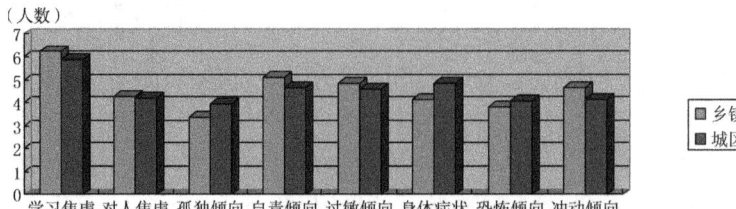

图 2　丽水小学生 MHT 分地域结果

①影响乡镇小学生的心理健康的四大因素:学习焦虑、自责倾向、过敏倾向、冲动倾向;

②影响城区小学生的心理健康的四大因素:学习焦虑、自责倾向、身体症状、过敏倾向。

(3)按照年级区分,共计调查低年级(四年级)学生 236 人,高年级(五年级)学生 254 人,具体各项数据分布如表 3 所示。

表 3　按照年级区分各项数据分布(单位:人)

年级	学习焦虑		对人焦虑		孤独倾向		自责倾向		过敏倾向		身体症状		恐怖倾向		冲动倾向	
	四	五	四	五	四	五	四	五	四	五	四	五	四	五	四	五
≥8	100	130	18	14	6	2	52	54	30	44	26	30	10	50	10	50
3～8	70	114	108	112	82	60	72	126	102	134	87	128	104	118	72	118
≤3	66	20	110	128	148	192	112	74	104	76	120	96	122	86	154	86

共计调查低年级(四年级)学生 80 人,其中总分≥65 分的有 8 人,<65 分的有 72 人;共计调查高年级(五年级)学生 40 人,其中总分≥65 分的有 1 人,<65 分的有 39 人。总体心理健康状况良好。

数据分析如图 3 所示。

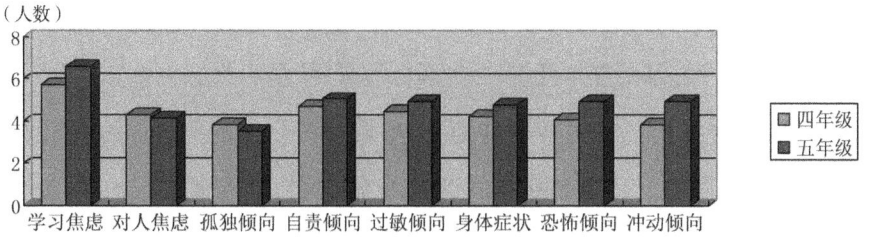

图3　丽水小学生 MHT 分年级结果

①影响低年级(四年级)小学生的心理健康的四大因素:学习焦虑、自责倾向、过敏倾向、对人焦虑;

②影响高年级(五年级)小学生的心理健康的四大因素:学习焦虑、自责倾向、冲动倾向、过敏倾向。

四、存在的问题及原因

通过这个调查数据分析,我们可以很直观地了解到小学生心理健康状况主要存在以下几个方面问题:

(1)学习焦虑。调查数据的结果表明,目前小学生心理健康状况存在的最大问题来源于对学习的焦虑。无论是城区小学生还是乡镇小学生,男同学还是女同学,低年级(四年级)学生还是高年级(五年级)学生,都深受学习焦虑问题的困扰。接受调查的大多数学生都给予了学习焦虑8分以上的高分,这表示他们对考试怀有恐惧心理,无法安心学习,并且十分在意考试的分数。造成这个问题的原因主要有两个方面:一方面是当今社会的竞争愈来愈激烈,不少家长们存在"不能输在起跑线上"的教育观念,认为别人家的小孩都在上补习班我们家的小孩不上补习班就会落后于人,导致小学生校内校外学习的双重压力在不断加重;另一方面,在我国应试教育的大背景下,分数决定了一切,在学生们的心目中形成了只有考高分才是父母、老师心目中的好学生的错误观念,因此,学习成绩对于学生来说变得至关重要,学习焦虑也愈加严重。

(2)自责倾向。其主要表现为自卑,常怀疑自己的能力,常将失败、过失归咎于自己。这类学生往往内心比较敏感,在意家长、老师、同学对自己的看法,容易因为学习、生活上的失败对自己产生怀疑,失去信心,从而产生自卑的心理。究其原因,当今家长寄予孩子的期望愈来愈大,让孩子也愈来愈害怕与他人比较,又不得不在与他人的比较中长大。那些被"别人家的孩子"比下去的孩子就更加容易造成自责倾向,在他们的成长过程中的失利意味着被父母、师长谴责,也意味着他们自己的能力不足,比不上别的同学,他们渴望被褒奖却又难以避免失败与过失,这种自责又自卑的心理伴随着这类孩子的成长。

(3)过敏倾向。过敏倾向指过于敏感,容易为一些小事而烦恼。随着信息技术的不断发展,各类网络社交平台应运而生,让现在的学生有更多的渠道更早地去接触更为多元化的信息,这使得现在的小学生比之前的小学生更为早熟。加之,个别家庭的家庭教育不到位,父母与孩子之间缺乏交流与沟通,导致个别小学生过于内向,敏感。这类学生特别在意他人对自己的看法,顾虑较多,易被小事所困。

(4)冲动倾向。目前,我们整个社会大环境比较浮躁,生活水平的日益提高与信息技术的不断发展让现在的小学生过早地接触社会,来自网络、社会各方面的诱惑,让学生们遇到问题的时候无法静下心来思考,容易冲动,自制力不强。

(5)男女差异。据调查数据显示,女生在这次测试中的得分总体要比男生高,这就表示小学女生比小学男生更加容易产生心理问题。产生这个问题的原因主要来自男女在性格上天生的差异。与男生的活泼、外向相比,女生往往更加敏感、内敛。尤其在心智并未完全发育成熟的小学阶段,女生比男生更为早熟,竞争意识普遍比男生强,比男生更加在意考试与分数,因此,小学女生比小学男生更容易产生自责倾向与学习焦虑。

(6)城乡差异。家庭条件的相对落后与祖祖辈辈灌输下来的"只有读书是走出乡村的唯一出路"的思想观念使得乡镇学生比城区学生的心理负担更大。甚至有一些乡镇家庭倾其所有只为让孩子能读上书,因此,乡镇学生比城区学生更容易产生自责倾向,更为敏感、自卑,害怕犯错。而城区学生的课业负担大,家长对学习的重视度高,使得他们相对于乡镇学生更容易焦虑,身体状况差。

(7)年级差异。在本次调查中,低年级(四年级)学生焦虑的程度要比高年级(五年级)学生高。低年级的学生相对于高年级的学生,更为年幼、青涩,因此他们比较害怕与人交往尤其是与陌生人交往。而高年级(五年级)的学生则比低年级(四年级)的学生具有更深程度的冲动倾向。这是由于高年级的学生正处于一个从青涩走向成熟的过渡阶段,开始渴望挣脱父母的约束,向往自由,但又因为自身的能力不足与自制能力的薄弱,往往会产生冲动倾向,难以控制自己,比较叛逆。

五、建议与对策

1.学校应重视学生心理健康发展,加强学生心理健康辅导

(1)积极转变教育理念。现阶段,我国大多数的学校依旧采用应试教育的教育模式,比成绩、比排名,分数决定一切的教育理念给了无论

是学生还是学生家长莫大的心理压力,使得大多数小学生也早早地患上了学习焦虑。学校应该将教育理念从应试教育转变成素质教育,注重教育学生从小成为一个有素质、有能力的人,而不是"高分低能品质劣"。适当减少一些课后作业,开展积极向上的文体活动与娱乐活动,组织学生在寒暑假参加社区实践,进一步培养学生的实践能力与社会责任感。

(2)增设心理辅导课程。各小学应针对不同年龄层次的学生开设相应的心理辅导课程,既搭建了一个与学生沟通的良好平台,也为学生解决学习、生活中的困扰,及时排解学生的心理难题。与此同时,学校应该及时地将心理课堂中反映出来的问题告知于学生家长,并且定时按时进行家校联系,使学校教育与家庭教育同步前进。

2.家长应重视家庭教育,积极转变家庭教育理念

(1)减轻孩子的课后负担,还孩子一个快乐的周末。现在的家长为了孩子能取得优异的学习成绩,不被别人家的孩子比下去,从小就为孩子的节假日安排了密密麻麻的补习班与兴趣班。然而,这些密集的补习班也未必能提高孩子的学习成绩,所谓的兴趣班也并非孩子自己的兴趣所在,原本应该天真烂漫的小学生却在节假日背起了更加沉重的书包。家长们应该多重视来自家庭自身的教育,从小培养孩子成为一个正直善良的人,并且给予孩子更多的自由,减轻他们的心理负担,让他们真正拥有一个快乐的童年。

(2)重视沟通,试着和孩子成为朋友。个别的家长由于自己工作繁忙无暇顾及孩子,而缺失了对孩子心理健康的重视,缺乏与孩子耐心的沟通,使得孩子与家长有较大的距离感,容易产生自责倾向与过敏倾向。家长们应该试着与孩子交朋友,定期地和孩子进行沟通,了解他们在学校的学习情况,为他们排忧解难。节假日的时候,家长应该多带

去体验社会,如带孩子去敬老院看望老人、去贫困山区做义工,让孩子从小学会奉献。

参考文献

[1]肖新燕,刘刚.小学生心理健康教育的现状及对策研究[J].昌吉学院学报,2007(06).

[2]卫萍,陈雪梅.影响小学生心理健康的因素探析[J].安徽广播电视大学学报,2007(04).

[3]艾德华,蔡诗凤,罗安珍.小学生心理健康分析及其对策[J].教学与管理,2003(09).

[4]郝若平,李毓秋.中小学生心理健康问题的研究[J].中国学校卫生,1997(05).

[5]李日兰.中小学生心理健康问题研究[J].教学与管理,2003(18).

[6]廖全明.我国中小学生心理健康问题的研究进展[J].保健医学研究与实践,2007(04).

[7]汪霞.对中小学生心理健康及教育问题的思考[J].中国教育学刊,1998(03).

大学生对海外抢购现象的认知调查报告

调研组成员:

国贸142班:张志军、陈维娜、刘赟昊、金萍萍、郝鑫、伦秀玲、宋祖芳、沈俊、焦紫梦、叶宇宁、陆路莹、沈珍妮、周冰倩、刘文涛、丰昊、毛凯翔、欧谦、毛漾琦、张梦丽、杭天昊、方恩琴

指导老师:曹寄奴

摘　要:海外抢购也就是境外抢购,是指国人面对国内商品高昂的售价和良莠不齐的质量,纷纷到港澳、日韩、欧美等地区或国家进行疯狂的扫货,是一种海外代购的现象。调查显示人们选择到海外去购买他们心仪的商品,主要的原因在于在广大国民的深层思想中国外商品质量相较于国内商品更值得信赖、能以较少的钱买到在国内标价很高的商品、国人现今生活水平大幅提升等。为此建议国内生产商应该加大对生产商品质量的监管,生产出令消费者放心的商品。

关键词:海外商品;抢购;原因;建议

商务部的数据显示,在过去的一年中,中国游客境外消费约1.2万亿元,继续保持主要旅游消费群体的势头。1.2万亿元中有不少来自海外抢购,大家耳熟能详的有:①日本马桶盖。2015年春节,外出中国旅客几乎成了"行走的钱包",旅客大量购买日本马桶盖导致断货;②全

球奶粉。前几年国产奶粉质量问题频发，中国乳业陷入公众信任危机，许多中国消费者将奶粉购买的眼光转向全球，香港、澳大利亚、美国等地成为抢购"重灾区"，而国人的猖狂抢购行动也遭受了"全球围堵"；③苹果产品。2014年9月，苹果产品推出的新品尚未在中国内地正式发售，国人迅速掀起了一轮海外抢购苹果手机的热潮，不少中国人彻夜排队购买。海外抢购在生活中已不再是一个新鲜事，而大学生正是消费的主力军，因此我们有必要对大学生对海外抢购的认知做一个调查。

一、调研内容及方法

1.调研内容

本次调研内容主要有大学生海外抢购经历、抢购程度、兴趣所在等，就大学生对海外抢购产生的原因，以及自身抢购经历等方面，进行了分析与研究，尽可能全方位涵盖大学生海外抢购的全部内容。

2.调研方法

本次调研主要采取问卷调查的形式，使用发放调查问卷的定量统计调查以及定性的访问调查，并辅以查阅文献及记录材料等方法。本次调查采取问卷调查法收集资料，采用随机抽样的方法选取调查对象，通过网络和校园共发放问卷230份，回收有效问卷205份，有效回收率为89%。就大学生对海外抢购产生的原因，以及自身抢购经历等方面，进行了分析与研究。

二、调研情况分析

在本次调研回收的有效问卷中,男生108人,女生97人。其中大一学生49人,大二学生137人,大三学生19人。

(1)在此次调研中,同学们对于自己或者是身边人有无海外抢购经历的情况如表1所示,有接近半数的同学本人或身边的人有过海外抢购的经历,占总人数47.31%;20.98%的同学表示自己或身边的人从未有过海外抢购经历;31.71%的同学表示不清楚海外抢购。

表1 海外抢购经历情况表

自己或者身边的人有无海外抢购经历	人数	所占比例
有	97	47.31%
没有	43	20.98%
不清楚	65	31.71%

(2)在众多有过海外抢购经历的同学中,调查发现他们对韩国的商品最感兴趣,占比高达90.47%;其次是日本、美国的商品,占比分别为33.17%、30.16%;德国、澳洲、法国相对占比较低,分别为18.1%、11.6%、8.4%。具体情况如图1所示。

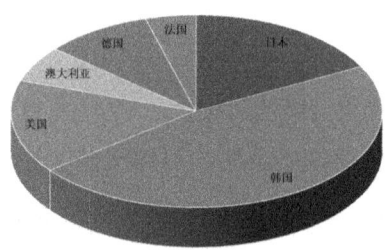

图1 被调查者对各国商品的感兴趣程度

(3)在有过海外抢购经历的同学中,我们对他们平均一次抢购消费的情况也做了了解,500元以下及500元~1 000元的占36.08%,1 000

元～5 000 元占 23.71%，5 000 元以上的占 4.13%，如图 2 所示。

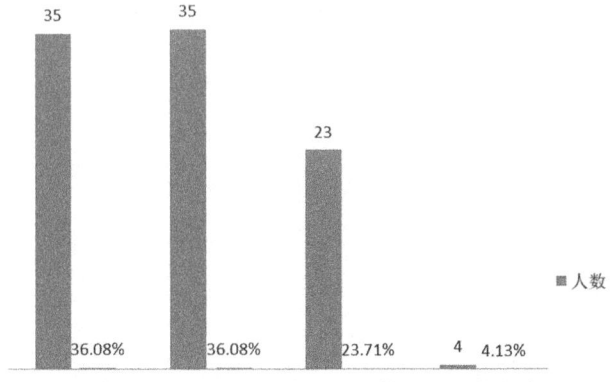

图 2　平均一次海外抢购的消费金额情况

(4)调查中发现,不同人对海外商品的依赖程度也各不相同。大多数人表示很少购买海外商品,即使购买也是偶尔为之,占比为 61%,很少有人全部的生活用品都来自海外,如图 3 所示。

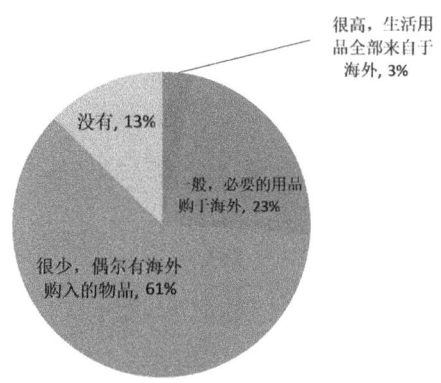

图 3　对海外物品的依赖程度

(5)在众多有过海外抢购经历的同学中,他们的消费心态如图 4 所示,从中我们可以发现,占比例最多的调查人群对海外抢购的认知是有需要就买,接下来的人是理性的,为了选择更好的产品。

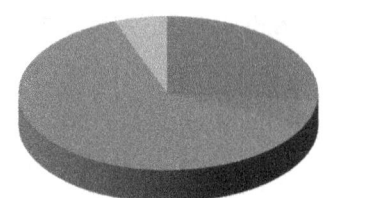

图4 被调查者消费心态分布

(6)有机会去海外抢购的同学中,我们发现倾向于购买电子产品的人数最多,倾向于奢侈品的最少,如图5所示。

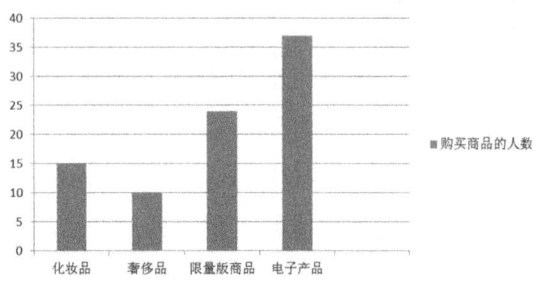

图5 购买各类商品的人数

(7)关于为何产生海外代购,我们此次研究发现大多数人认为国内产品质量不够好,国外产品更值得信赖,也有部分人认为国人思想存在一定的问题,少数人认为海外商品价格更合算,如图6所示。

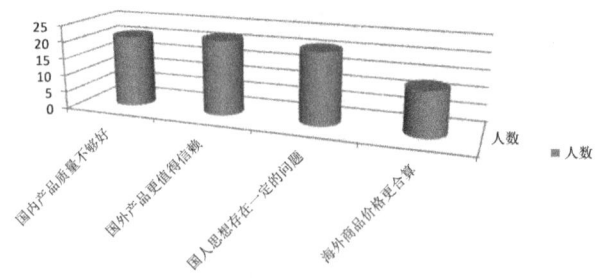

图6 选择海外代购的原因

(8)如图7所示,对不选择本国产品而选择外国产品的购买行为有什么看法的调查结果,最多的调查人数认为国外产品质量过硬才买,而最少的调查人群认为是为了炫耀才买国外产品。

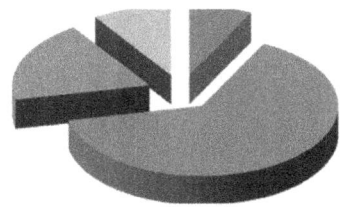

图7 选择国外产品的原因

（9）经调查发现，大多数人认为海外购物是一种多元化现象，无关好坏，也有些人认为这是一种正常现象。随着经济全球化的发展，认为这是一种不好的现象的人几乎为零，如图8所示。

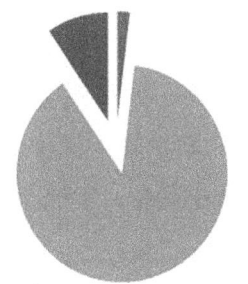

图8 对海外购物现象的看法

（10）经研究发现，大多数人对海外商品呈比较满意态度，其余大部分人呈满意态度，原因在于经济全球化以及外国产品质量更有保证，如图9所示。

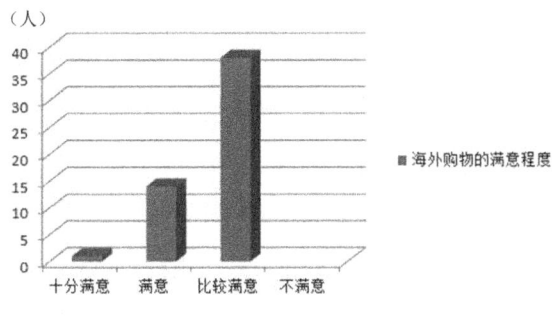

图9 海外购的满意程度

（11）此次通过学生调查发现，通过互联网了解海外购物的人数最多,其次是微信朋友圈,较少的人通过朋友亲戚介绍,报纸等其他途径了解,而通过电视节目了解的人数为零,可见互联网微信在海外购物的传播中起了不可忽视的作用,如图10所示。

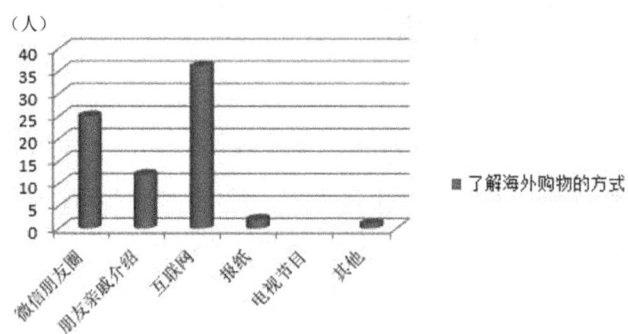

图10 了解海外购物的方式

(12)经调查发现,大多数人对海外抢购呈既不支持也不反对的态度,几乎没有人呈反对态度,海外抢购的普及使大家受益,生活上更加方便,如图11所示。

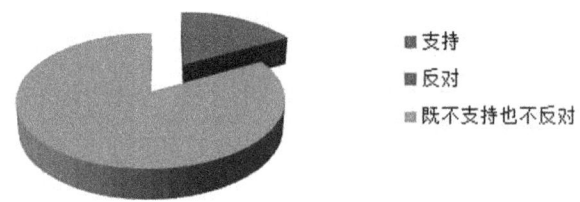

图11 对海外抢购的态度

(13)在被调查的同学当中,一半左右的人之所以不进行海外抢购,是因为他们不是很了解当地的市场情况,所以选择保守行动。另外,一些人是没有机会出国,所以具体情况如表2所示。

表2 不进行海外抢购的原因

不进行海外抢购的原因	人数	所占比例
国外市场鱼龙混杂,害怕买到假货	8	15.09%
没有必要海淘,支持本国商品	4	7.58%
不是很了解当地市场	26	49.06%
没有机会出国	15	28.30%

(14)在对有过海外抢购经历的人,我们了解到他们购买的途径也各不相同,一半左右都是找自己熟悉的人,从国外带回。而另外的人则选择找专业的代购或者是网上购买,如表3所示。

表3 海外购买途径

购买途径	人数	所占比例
找熟人引导	23	46%
寻找职业代购者(非熟人)	13	26%
国外专业门户网站	14	28%

(15)我们了解到,促使一些人去国外买东西的首要原因是国人对于中国国内商品的质量存在疑问,为了追求更好的商品,才会选择去国外购买,如图12所示。

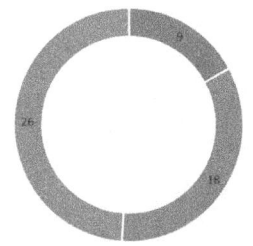

图12 进行海外抢购的原因

(16)你认为为什么国民更信赖外国商品这一问题,结果如下:国民对国外商品质量比较认可,同时对国外品牌也有不小的喜爱,国外商品的品种多样也同样吸引着他们。从图13中可以看出,提高国内商品品质是国内生产商的当务之急。

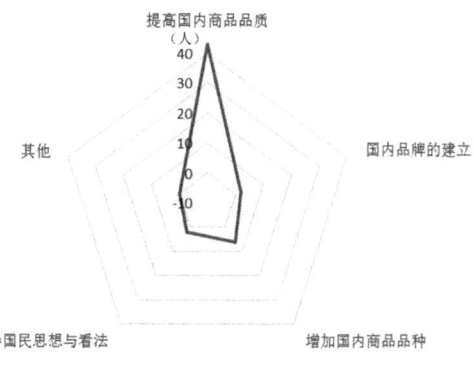

图13 更信赖国外商品的原因

(17)在此次调查当中(见图14),国人购买海外商品主要是因为国外商品的质量好,价格实惠,考虑到进口商品需要缴纳的税费以及一些人工费用,大家认为直接去国外购买,可以买到真正实惠的商品。

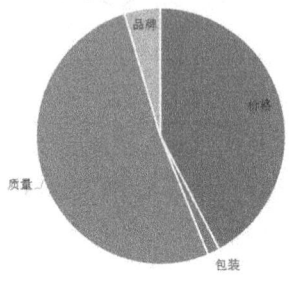

图14 购买海外商品的原因

(18)此次调查数据显示(见图15),多数人认为,我们国家生产的商品,技术含量没有达到标准,这直接影响了商品的质量和使用效果。

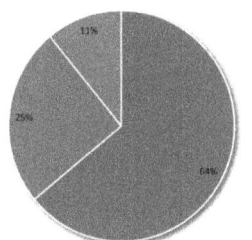

图15 "中国制造"没有达到消费者抢购的根本原因

三、调查思考与建议

近年来,随着国人生活水平的提升,出境游大热,"有钱任性"的中国人逐渐成了外国人眼中的"财神爷"。随之,产生了一股强烈的境外抢购的热潮。究其原因,我们了解到,之所以很多中国人在国外旅游或者说专程去采购商品,总结起来有如下原因:

(1)省钱。据商务部一项调查显示,手表、箱包、服装、电子产品等的20种进口品牌高档消费品,我国大陆市场平均价格比香港地区高出45%左右,比美国高51%,比法国高72%。

不仅仅是那些高端的奢侈品,普通消费品的国际市场价格大都比国内市场便宜不少。对于消费者来说,能在境外买到物美价廉的商品。

(2)质优。质量问题仍然是中国制造的痛点。随着人们生活水平的提高,消费者对于生活品质的追求也随之提升,价廉早已不是选择商品的唯一评判标准,对于品质的追求愈发热衷。

(3)环境。其实,无论是购买相对低价的奢侈品,还是购买高品质的生活用品,境外购物之所以火热,其根本原因还是因为国人现今生活水平大幅提升,可支配资金增多,购物的需求其实并不仅仅止于购物,消费环境、服务质量、交通、旅游等衍生需求都是考量因素。

而我们的课题调查了在校大学生对于这种狂热的境外抢购潮的认知,通过详细的数据分析,对于大学生的认知也得到了具体的了解。

数据显示,将近50%的被调查者身边存在海外抢购这一现象,在有过海外抢购经历的同学中,我们发现他们对韩国的商品最感兴趣,其次是日本、美国等。我们对他们平均一次抢购消费的情况也做了了解,基本集中在1 000人民币以下,也有少数在5 000人民币以上的。调查得知,大多数人的选择是偶尔进行海外代购,很少有人全部的生活用品都来自海外。大多数被调查者认为海外购物是一种多元化现象,无关好坏,也有些人认为这是一种正常现象。在此次调查的当中,通过互联网了解海外购物的人居多。我们发现他们更倾向于购买电子产品,倾向于奢侈品的最少。70%的人认为国外产品质量过硬才买,而较少的调查人群是为了炫富才买国外产品。

上述调查数据,直接反映出当前大学生对于海外产品具有一定的购买力,但都是基于生活需求才去购买,并且,他们大多数认为,随着经济全球化,商品交易的全球化,人们有权利去追求更好的生活质量,有自由去选择自己需要的商品。对于当前大学生海外购物,并未存在严重的抢购现象,在他们的认知当中,海外抢购具有一定的合理性,是建立在理性之上的一种消费观。在此提出如下建议:

(1)国内生产商应该提高产品质量。从统计的数据来看,人们在海外疯狂抢购的原因之一就是国内商品质量不高,满足不了消费者的需要,如国人对国产奶粉质量的不信任而导致国人在海外大量购入奶粉,致使一些国家奶粉供应不足,被外国人民所厌恶,导致我国声誉下降,在国际上抬不起头。导致这些后果的根本原因就是国内奶粉生产商无法生产出令国人感到安全的奶粉,这何尝不是一种悲哀。所以说,要把中国人的钱留在中国,产品质量是国产生产商不得不面对的问题。只有好的质量,才能吸引到消费者,才能让消费者心甘情愿地去消费国内产品。

(2)国内生产商应生产技术含量更高的商品。从数据来看,电子产品、化妆品和奢侈品是国人在外抢购的主要商品。一些电子产品,如苹果手机,由于其出色的性能,同时又不在内地首售,导致了大批国人在海外彻夜排队去抢购。同时一些奢侈品,如爱马仕等奢侈品店里中国人的身影也是随处可见。什么时候国内生产商能够有自己的品牌,能够生产出让全世界人民都争相购买的产品,那么中国产品就会成为被抢购的对象了。

关于丽水市民生态文明意识的调查与研究

调研组成员：

电信152班：张绍元、王箭剑、刘佶忆、田芳、石义、王荣辉、王宋奇、魏晨炜、徐翔宇、叶行诚、叶凌杰、应潮峰、张鹏、郑文斌、周相杰、徐金金、王云、林海丹、陶新成、俞浩俊、曹琪琪（电信142）、代博（电信142）

指导老师： 龚志伟

摘要： 生态文明是以人与自然、人与人、人与社会和谐共生、良性循环、全面发展、持续繁荣为基本宗旨的社会形态。丽水自然资源丰富，生态资源优越，被誉为"浙江绿谷"，在生态文明建设中具有重要的示范作用。目前，丽水正在举全市之力创建全国文明城市，全民参与其中，但部分市民的行为举止也反映出他们的生态文明意识比较薄弱。此次调查研究，意在反映丽水市市民的生态文明意识情况，以便从中分析出存在的问题，提出一些合理化的建议和措施。

关键词： 丽水市民；生态文明；意识

一、调研内容及方法

1.调研内容

本次小型调研主要围绕丽水市市民的生态文明意识情况展开。具体调研内容如下：

（1）丽水市市民日常生活中的生态文明意识情况。主要涉及丽水市民对丽水生态文明建设的认可度、丽水市民眼中丽水市生态文明建设情况、丽水市民在生活中反映的生态文明意识等。

（2）探讨丽水市民生态文明意识强弱程度的原因,从现象中看本质,寻找解决方案。主要涉及丽水市民生活中的细节,例如对于一些生活垃圾的处理、周围人破坏生态时的态度等。

（3）对提高丽水市民生态文明意识的建议及措施。主要涉及对丽水市民自身的建议及措施和对丽水市政府和学校等部门的建议。

2.调研方法

本次调研以丽水市市民为主要调研对象,在形式上主要采取问卷的形式,首先由本组成员对该调研课题进行分析并出提出两个以上相关问题,由组长、副组长和指导老师多次修改,最后形成一份完整的调查问卷,再采用抽样问卷调查方法,以纸质问卷调查为主。本次调研共发放问卷110份,回收有效问卷110份,回收率100%。

二、调研情况分析

通过对此次调研问卷的统计和分析,我们获取了较多的信息,具体情况如下。

1.丽水市民生态文明意识状况分析

(1)接受生态文明意识调查者的年龄分布。如图1所示,可以清楚地看出被调查者的年龄分布,其中年龄为15~25岁的受访者最多,占总受访者的比例为35%。25~35岁的受访者居于第二位,占总受访者的比例为31%。此外,35~45岁、45~55岁的受访者各占有一定的比例。从数据来看,被调查者都是青年和中年。

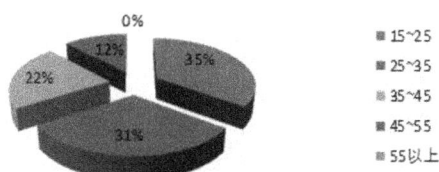

图1 受访者的年龄分布情况

(2)接受调查的市民性别分布。如图2所示,在接受问卷调查的人中,女性51人,占全体受访者的比例为46.4%;男性59人,占全体受访者的比例为53.6%。从上述数据可知,男性的比例略高于女性,但在总体上男女比例还是比较趋向于均衡的。

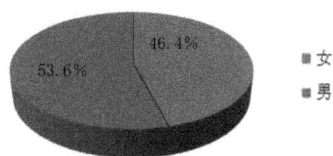

图2 受访者的性别分布

(3)市民对购物袋的处理。如图3所示,大部分的受访者都会将平时购物后的塑料袋留着收集起来,以便以后使用。丽水的市民普遍具备环保意识和可持续发展理念,这和丽水市近几年持续加强生态文明建设宣传有很大关系。

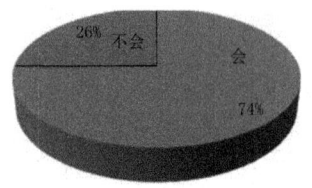

图3 受访者对购物袋的处理

(4)市民"一水多用"的行为统计。如图4所示,有大部分的居民已经有了"一水多用"的意识,而在这些人之中有近一半的人会经常地"一水多用",并且这也渐渐地成为人们的生活习惯,潜移默化地进入人们的生活。这说明虽然改革开放后我们的经济发展了,人民的生活水平不断提高,但勤俭节约的中华美德还是被保留了下来。

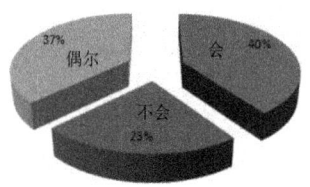

图4 市民"一水多用"的行为统计

(5)市民使用便餐的频率。如图5所示,随着社会经济发展和人民生活水平的提高,有很大一部分人经常性使用便餐。其中15~25岁的人群用餐频率最高,该年龄段的人一部分是在校学生,少数则是刚刚走上工作岗位的青年。此外,年长者则很少或者说从来不使用快餐。大部分年轻人使用快餐是为了方便,可是正因为如此,一次性筷子、一次性餐盒等许多污染环境的垃圾也越来越多,垃圾分类处理不当,使得环境污染问题越来越严重。

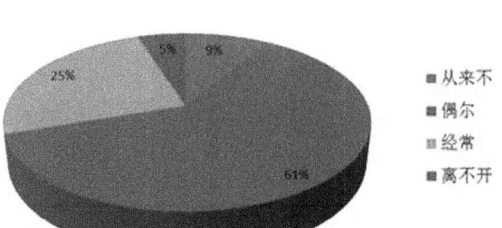

图 5　使用快餐的频率

2.丽水市民对生态文明的态度分析

(1)市民对丽水市水质满意程度。从图6可知,超过半数的受访者对丽水水质满意,表明丽水政府对于水质的保护做得很完善,有28%的人对丽水水质表示很满意。丽水的环境保护并没有随着经济的发展而走向低谷,而是维持在一个很高的水平,多次被评为环境优秀城市,这和丽水市相关部门的努力有较大的关系。但我们也应该看到,在丽水部分地区还存在水污染现象,因此加强水质监控,减少污染排放,依旧任重而道远。

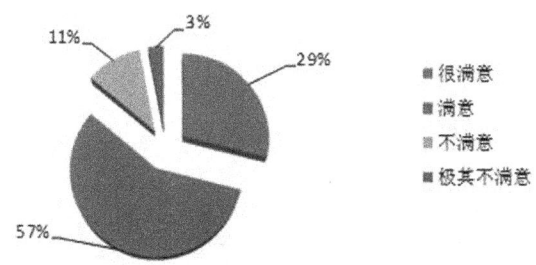

图 6　受访者对丽水市水质满意程度

(2)市民对一次性餐具的使用态度。从图7可知,33%的受访者认为没有使用一次性餐具的必要,有57%的受访者认为可以适当使用一次性餐具,仅有10%的受访者认为应该使用一次性餐具。

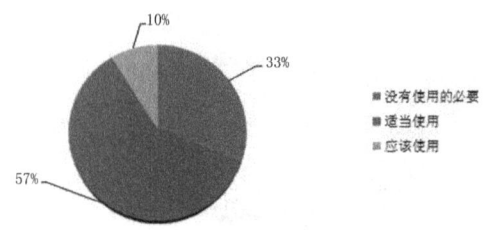

图 7 受访者对一次性餐具的使用态度

认为应该使用一次性餐具的人有以下原因:①使用一次性餐具比较方便;②可以减少清洗的麻烦,能节省时间做更多的事;③也有部分人已经习惯用一次性餐具,仅仅是跟风而已。

认为没有使用必要的人认为:清洗餐具花不了太长的时间,一次性餐具用完即弃,会造成不必要的浪费并且会对周围环境造成严重污染。同时,使用过多,会对人体造成危害。

认为适当使用的人则认为:一次性餐具带来不少便利,但同时意识到一次性餐具的危害性,所以可以适当使用。

(3)市民对推行垃圾分类处理所持的态度。从图 8 中我们可以看出在推行垃圾分类处理方面,有 37% 的市民非常愿意推行,有 51% 的市民比较愿意,表示无所谓的市民只占 12%,从中可以看出绝大多数的人对于垃圾分类所持有的态度是支持和赞同的。

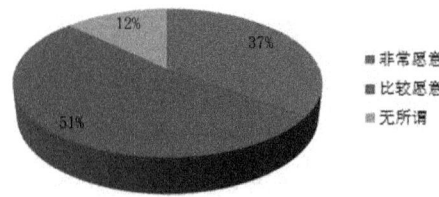

图 8 受访者对推行垃圾分类所持的态度

(4)市民对丽水市开展生态文明建设所持态度。如图 9 所示,对于丽水市开展生态文明建设,44% 的市民的态度是非常赞同,比较赞同的市民有48%,表明无所谓的市民占8%,没有市民表示不赞同。大部分市民赞同丽水市开展生态文明建设,但是还是有无所谓的市民存在。因此相关部门要多进行文明行为的宣传,让更多的市民参与到生态文明活动中,从而提高丽水市的整体面貌。

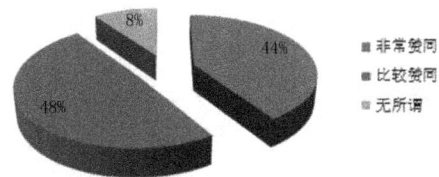

图9 受访者对丽水市开展生态文明建设所持态度

3.影响丽水市民生态文明意识因素分析

(1)市民对政府在关于宣传民众的生态文明意识方面的想法。如图10所示,58%市民认为政府在宣传生态文明意识方面做得一般,29%的市民觉得政府做得很好,还有13%市民压根就没有听说过。可以看出,在生态文明意识的宣传上,政府还有较大的空间。因此,政府应该加大宣传力度,增大宣传面,使信息能够快速地传达到民众心中。

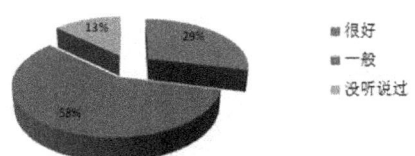

图10 受访者对政府在关于宣传民众的生态文明意识方面的想法

(2)丽水市民愿意为丽水市生态文明做出的贡献。如图11所示,在调查的人当中选不乱扔垃圾的市民占56%,选适当减少汽车出行次数的市民占51%,选保护绿化环境的市民占48%,选自带购物袋的市民占17%。可以看出,有一半以上的人可以做到将垃圾扔到垃圾桶中,而不是随地乱扔;有一半的人会减少开汽车出门的次数,减少汽车尾气对空气的污染;有一半的人会保护绿化环境,增加丽水的美丽程度。由此可见,在生态文明建设方面,从生活中自己身边的小事开始做起的市民占有比较高的比例。

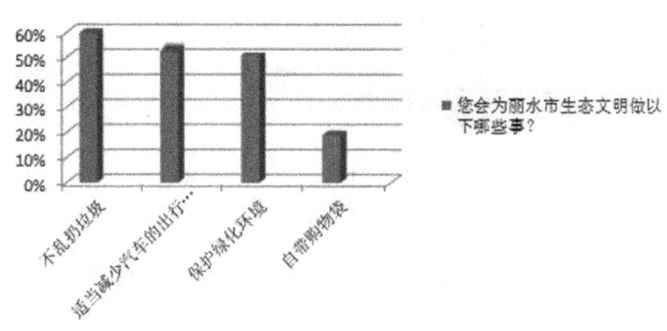

图11 受访者愿意为丽水市生态文明做出的贡献

(3)与生态文明相关的因素。如图12所示,54%的市民认为提高生态文明建设应该重点放在对广大群众的宣传教育上,靠群众树立与自然和谐相处的意识从而提高生态文明建设。34%的市民认为把生态文明教育纳入中小学教育中去,使得生态文明建设能够从娃娃抓起,让孩子从小就意识到生态环境的重要性。15%的市民认为生态文明建设应当靠政府,注重生态效益发展观、政绩观等。

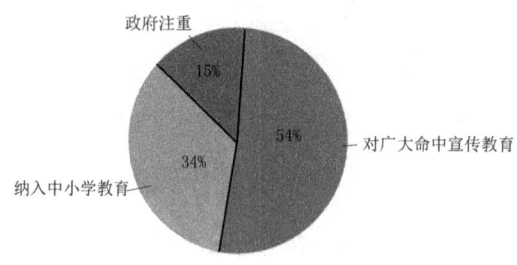

图12 受访者认为与生态文明相关的因素

三、改善丽水市民生态文明意识的建议

1.提高丽水市民生态文明意识措施分析

对于丽水市民在生态文明意识方面存在的一些不足和欠缺,我们认为可以从下列措施着手进行改进。

(1)保护生态文明采取的手段。如图13所示,有22%的人建议应通过学校的教育,33%的人建议应通过发展经济,24%的人建议应通过运用法律,21%觉得应靠人们的自觉。根据这个调查结果,上述四项保护生态文明的手段均受到大家的认可,因此在实际操作上,我们建议可以从这四部分着手,进行生态文明建设。

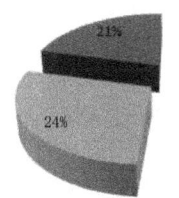
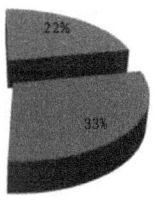

图13 保护生态文明采取的手段

(2)市民认为发展经济和建设生态文明的先后顺序。如图14所示,对于发展经济和建设生态文明的先后顺序,有21%的人反映应先发展经济,40%的人反映先建设生态文明,36%的人反映应同时进行,还有3%的人顺其自然。这个调查结果说明,丽水市民的大多数还是注重生态文明建设的,只有小部分集中于经济发展。

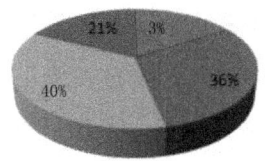

图14 市民认为的先后顺序

(3)市民觉得有利于生态建设的措施。如图15所示,选退耕还林的市民占19%,选加强道德教育的市民占21%,选推行计划生育政策的市民占12%,选发展低碳经济的市民占25%,选使用可再生资源的市民占23%,选大肆使用杀虫剂的市民占0%。由此可以看出,绝大多数市民认为退耕还林,使用可再生资源,加强道德教育,发展低碳经济这些举措有利于生态建设,少数人认为推行计划生育政策有利于生态建设。

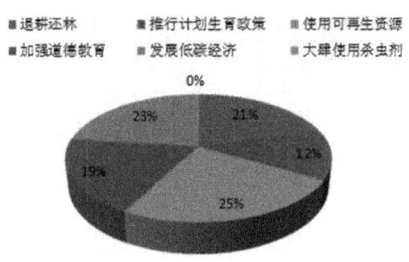

图15　市民认为有利于生态建设的措施

(4)市民了解到生态文明的途径。如图16所示,在信息传播越来越快越来越广的今天,网络和广播电视已经成为大家获取信息的主要途径,但是报刊书籍也是人们获取信息的重要途径之一。因此在生态文明的宣传中,选择广播电视的市民占39%,选择报纸杂志的市民占18%,选择网络的市民占35%,选择其他的市民占8%。

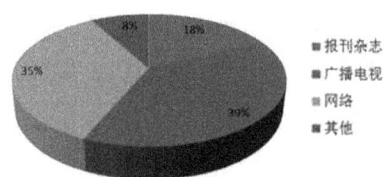

图16　市民了解生态文明的途径

(5)生态文明意识建设起点。如图17所示,丽水市市民有27%认为生态文明与人民生活密不可分,有25%的市民认为经济发展决定着生态文明,有10%的市民认为这与政府政策制定有关系,22%的市民认为生态文明建设要从环境保护做起,16%的市民觉得道德教育也是决定生态文明意识建设的一部分。

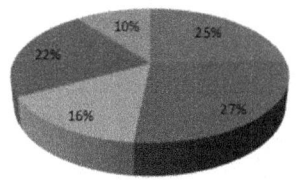

图17 生态文明意识建设的起点

通过调查我们发现,丽水市市民的生态文明意识总体较好,并且对于丽水的生态文明建设也相当支持,但在实践上也存在一些问题。通过对上述问题的分析,我们提出以下建议,希望能够给丽水市民生态文明意识的建设提供有价值的参考。

2.对丽水市民的建议

(1)逐步养成生态化的生活方式和消费方式。所谓生态消费,又称绿色文明消费,是指以维护自然生态环境的平衡为前提,在满足人的基本生存和发展需要基础上的适度、绿色、全面、可持续的消费。生态消费是一种以"绿色、自然、和谐和健康"为宗旨的消费,它排斥过度的物质消费,倡导消费者的循环再利用,抑制人类对自然的过度索取,保护自然资源,减少对环境的污染,缓解生态环境的压力,对生态文明建设具有基础性作用。因此,大力提倡生态化的生活和消费方式,要从生活中的点点滴滴做起,如节约一滴水、一张纸、一粒粮食、随手关灯等;反对自私的享乐观,改变"一次性消费"等不良习惯;拒绝挥霍铺张、浮华摆阔等消费行为,尽可能地节约资源能源,减少或杜绝环境污染与资源浪费等现象。

(2)树立生态文明观念,提升个人的生态文明素养。一是,做到培育忧患意识,认识到人与自然相依、休戚与共的唇齿相依关系,做到尊重自然、善待自然。停止继续有意无意地破坏生态平衡,否则将很难担当未来生态文明建设的重任,甚至变成子孙后代的罪人;二是,做到树立正确的生态观念。它包括生态平衡与经济发展相协调的生态经济观。人与人之间的关系协调和谐,民主参与生态环境建设与保护,促进全球生态系统的健康、持续发展的生态政治观。以协调人与自然之间的关系为最高准则,以不断解决人类发展与自然界和谐演化之间的矛盾为宗旨,以生态保护和生态建设为目标,努力实现人—自然—社会的协同进步的生态科技观。只有牢固树立正确的生态文明观,并把生态文明基本理论和基本观点渗透到自己的一切活动中,才能做到保护环境、改善生态,真正建立资源节约型和生态友好型社会;三是,做生态文明的使者。作为未来生态文明建设的主力军、构建和谐社会的主要责任者和先进文化传承者,要从一点一滴做起,从身边小事做起,身体力行生态文明建设实践。

(3)积极主动吸收生态文明理念。丽水是个生态市,作为一名合格的市民,应当积极主动地去了解和学习有关生态文明的概念、内涵和具体的内容。当我们对生态文明有一定的了解,心中对生态文明的具体的内容比较清晰,那么我们的生态文明意识也就会变得相当好。在了解途径上,我们可以依托电视、广播、互联网、报刊等,通过在这几方面填补自己在生态文明方面的不足。

3.对政府的建议

近几年来,丽水市根据生态文明建设的相关精神,陆续出台了一系列生态保护的政策与措施,为丽水市生态文明建设起到很好的推动作用。但是,在实践中还存在诸多问题,为了更好地促进丽水市的生态文明建设,我们认为相关部门应该做好以下工作:

(1)加强环境立法工作,尽快建立起比较完善的、适合现实情况的环境保护法律体系。应根据经济社会形势发展的需要,及时制定新的法律法规,规范和引导新出现的生态环境破坏问题,防止因环境保护法律法规的缺位而放纵生态环境破坏的行为。同时,还要加大执法力度,依法打击破坏生态环境的行为。

(2)建立健全有利于生态文明建设的生态环境补偿机制和财税制度。丽水地处瓯江源头,又是浙江省重要的生态屏障,因此,应充分发挥生态环境补偿机制的作用,切实处理好经济发展与生态保护的关系。要重视市场机制的重要杠杆作用,以新的税收制度支持环保科技和环保产业的发展,可借鉴美国等西方发达国家使用绿色税收和绿色收费促进经济发展和环境保护的经验,对造成污染的企业征税,以各种税收奖励制度促进清洁技术的开发和应用,为促进企业实行清洁生产和发展循环经济提供制度保证。实现生态环境保护与经济快速发展的良性循环,提高市民的生态文明意识。

4.对学校的建议

(1)发挥学校课堂教学的作用。课堂教育是学生参与的主要场所,发挥课堂教学的作用是培养学生生态文明意识的科学途径。学校要通过采取合理方式,营造出和谐的校园环境。通过丰富多彩的校内教育,不断在日常的教学中强化学生生态文明习惯的教育行为。通过教学环节的设立,潜移默化地提高学生的生态文明意识。

(2)拓宽并加强生态文明的宣传。在调查中,不难发现还有部分市民不了解生态文明,其中有一部分原因是宣传力度不够。校园是一个很好的宣传平台,可以通过邀请相关的人员,对大学生召开专门的讲座等方式来进行生态文明意识宣传。其次要加强宣传力度,充分发挥媒体的力量,对于生态文明的相关事项着重关注,并及时深入解剖分析分享。对此,首先要拓宽宣传渠道,在以往广播、电视渠道为主的基础上,要在网络、报刊、书籍等进行生态文明的宣传。此外,还可以在文化广场、公交车等公共场所进行宣传。

关于丽水市民文明乘坐公交车的调查及分析

调研组成员：

口腔医学 152 班：左方哲、戴婕婷、黄海燕、赵悦伶、黄栩悝、张星星、林巧勇、李欣辉、丁一、胡豪、蒋懿杰、马志远、王展鹏、范佳锋

指导老师：彭兵

摘要：公共交通作为城市的基础设施，其发展现状代表着一个城市的文明程度，因此每个城市都特别重视其公共交通的建设。在公共交通发展的同时，市民素质的同步发展，对于公共交通设施的持久运行至关重要。而市民能否文明乘坐公交车无疑是了解一个城市公共交通建设的窗口之一。在丽水市深入推进全国文明城市创建之际，我们针对丽水市民文明乘坐公交车的情况进行了调研，希望能够较好地反映丽水市民乘坐公交车的状况，为市政相关部门的决策提供一定的帮助。

关键词：丽水市民；公共交通；文明

何为文明？文明是人类社会发展到一定阶段的产物，是社会发展到较高阶段表现出来的状态。文明一般分为物质文明和精神文明，两者相辅相成。

为了推进物质文明和精神文明的协调发展，针对城市建设，我国提出了全国文明城市这一反映城市整体文明水平的综合性荣誉称号。

与此同时,全国各大城市也在为创建全国文明城市而积极努力。

然而城市文明的提升不是人和物的简单叠加,而是人类历史在各个发展阶段上文明成果的积淀,是人类创造城市这种形式本身与其承载的物质载体基础上的综合体。同样,城市文明程度是一个城市全面、协调、可持续发展的衡量指标,而城市的文明程度又和市民这一文明城市创建的主体息息相关,离开市民整体素质的提高,谈文明城市建设是不切实际的。市民素质高低一个很重要的衡量标准就是市民是否具有自律意识。市民自律意识是道德的高级层次,反映了一定社会生活条件下,市民与社会伦理的本质关系。然而现实情况是,文明城市建设过程中,市民自律意识仍需要科学的引导。正是由于这种现实境遇,要求我们在文明城市的创建中要从日常小事开始培养市民的自律意识。

公共交通作为市民集中的一个地方,是集中反映市民自律意识的一个窗口。如果一个城市的公共交通遍布不文明行为,将会极大地影响其形象。相反,如果一个城市的公民在乘坐公共交通工具时普遍遵守文明规则,将会极大地加强人们的好感,从而塑造好城市的名片,提高一个城市的竞争力。基于此,我们开展了本次调研。

一、调查内容及方法

本次调查主要围绕公交车卫生情况、公交让座、上下车排队以及市民对文明乘公交的看法这四个方面进行,具体如下:

(1)公交车卫生情况。主要涉及公交车乱扔垃圾、在车内涂鸦等不良行为。

(2)公交让座。主要涉及公交车上主动给老弱病残孕让座的文明举止。

(3)公交秩序。主要涉及乘客上下车拥挤的危险现状。

(4)市民对文明乘公交的看法。主要涉及市民对公共交通的满意度以及对这方面的宝贵建议。

2.调研方法

本次调研主要采取抽样问卷的方式进行,共发放调研问卷200份,回收有效问卷193份,回收率96.5%,调研对象主要为丽水学院在校生及丽水市民。此外,为了保证调研活动的顺利进行,调研组成员还进行了访谈,查阅了相关文献,进行了调研记录。

二、调查对象的基本情况

本次调研主要集中在丽水市莲都区,通过对调研材料的梳理,我们发现受访者的年龄分布呈现出一定的特点,具体情况如图1所示。

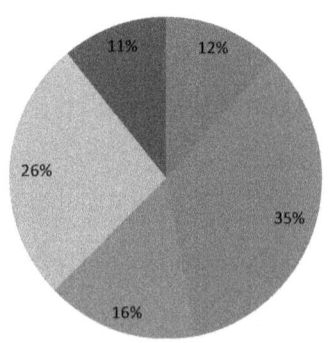

图1 丽水市公交车乘客年龄分布图

在我们的调研中,18周岁以下的受访者占总受访者的12%,18~35周岁的受访者占总受访者的35%,35~50周岁的受访者占总受访者的16%,50~65周岁的受访者占总受访者的26%,65周岁以上的受访者占总受访者的11%。从上述数据可知,丽水市公交车乘客多集中在18~35周岁以及50~65周岁的人群中,这和他们正处于事业上升期和退休状态有很大关系,相反,35~50周岁的人处于事业稳固期,多数人有私家车,因此乘坐公交车的人数相对会少一点。此外,未成年人和老年人因为其职业及年龄特点,在实际生活中乘坐公交车的比例也相对较低。面对这种年龄分布状况,我们认为相关部门应在上下班高峰期适当加开公交班次,以缓解上下班高峰期公交车拥挤状况。

三、调查情况分析

(1)关于公交车卫生情况。良好而温馨的乘车环境能给乘客带来愉快的心情。针对"乘公交时你见到哪些破坏公共卫生的行为"的调研中,受访者积极配合了调研并提出了自己的意见和建议。我们对这一问题进行了统计,如图2所示。

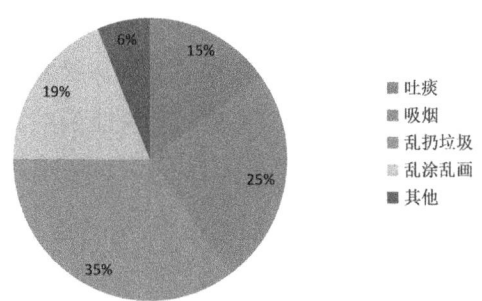

图2 公交车不良卫生情况

①乱扔垃圾问题。乘客最反感的乘车不文明行为就是乱扔垃圾。乱扔垃圾和乘车人素质低下以及公交车内基础设施被破坏有很大关

系。针对此种不文明行为,我们建议增加垃圾筒的设置数量、合理设置垃圾筒的位置,每个座位旁可添置垃圾袋等环保清洁工具。此外,对于公共卫生意识较差的乘客,我们认为相关部门还应该制定适当的处罚措施。

②吸烟问题。在公交车内吸烟也是让受访者深恶痛绝的问题。据世界卫生组织统计,全球每消费3支香烟,就有1支发生在中国。目前,虽然我国相关部门通过各种措施禁止在公共场合吸烟,但由于民众的法制意识淡薄,相关措施存在落实不到位的问题。

那么公民为什么要吸烟呢?调查表明:尝试、解除压力、时髦、社交、消遣是多数公民开始吸烟的重要原因。烟民往往都有烟瘾,这主要是尼古丁长期作用的结果。吸烟时间久了,血液中的尼古丁达到一定浓度,反复刺激大脑并使各器官产生对尼古丁的依赖性,此时烟瘾就缠身了。此外,很多吸烟者对烟草有一种心理上的依赖,认为吸烟可以提神、解闷、消除疲劳等,所以烟瘾越来越大,欲罢不能。

对于吸烟的危害,无论是青少年还是中老年人,均有着不同程度的认识。那么为什么还有许多人不听劝阻,在公共场合吸烟呢?我们认为这和他们的认识及素质有很大的关系。因此,为了杜绝在公共场合吸烟的现象,我们要持续不断地进行教育宣传,并把其与社会奖惩机制挂钩。在公交站点、公交车内要张贴醒目的温馨提示,同时司机和不吸烟乘客要做好文明劝导,努力形成一种文明的乘车氛围。

③乱涂乱画问题。公交车上乱涂乱画问题也是受访者极为反感的。总会有一些人在公交车厢里乱涂乱画,有些地方甚至涂画得已经看不到车身的本来面目,完全忽视了公交车上的文明提示标语。公交车是一个城市的名片,公交形象也体现着城市的形象,文明乘坐公交车是市民素养的体现。因此,公交公司可大力宣传文明乘车,也可联合政府部门对此现象做出相应的惩罚措施。作为广大市民我们也应自

觉维护公交形象,做到文明乘坐公交车,并勇于抵制乱涂乱画行为。

④乱吐痰问题。痰含有大量细菌、病毒等病原体。呼吸道传染病,如流行性感冒、肺结核、气管炎、肺炎、麻疹、百日咳及白喉等的病原体,均通过痰液进行传播。有人将公共场所的痰迹进行化验检查,发现有4%~6%的痰中带有结核菌,危害性很大。因此,公交车上可安装广播宣传、提醒,广大乘客如发现此行为也可当面制止。

(2)关于公交让座。在文明乘车的调查中最突出的问题是给老弱病残孕等弱势群体让座。公交让座最能体现一个人的道德素养,这个问题也广受社会的关注。在问卷及访谈中,当问及公交车让座问题时,有94%的人表示会主动给老弱病残孕等弱势群体让座,有90%的人表示已经"让过"。可见,丽水市民的整体道德素质比较高。也有少数市民的素质有待提高,当让座成为我们每个人的共同习惯,大家有了共同的道德认识,在行为中产生情感共鸣,才会遵守公交车的乘车规则,做一位文明乘车的好市民。

(3)关于公交秩序问题。公交车的秩序对于市容市貌有很大的影响,它直接反映了整个城市的市民素质。如图3所示,公交车超载、拥挤、乘客插队是市民比较反感的行为。根据我们对采访对象的访谈,上午7:00~8:00和下午4:30~5:30是上下班高峰期,也是公交最为拥挤的时候。拥挤是影响公交车乘车文明的一个重要因素,很多不文明现象都是由于拥挤导致的。调查中发现市区部分路线公交车有超载现象,这样是很危险的,所以公交车的数量还有待增加。在访谈中市民也提出一些建设性的建议,如增加公交车站点、增加公交车的次数、提高老年卡的办卡年龄、设置老年人专车(到公园、菜市场等场所)等用来缓解上下班高峰期公交车的运输压力。

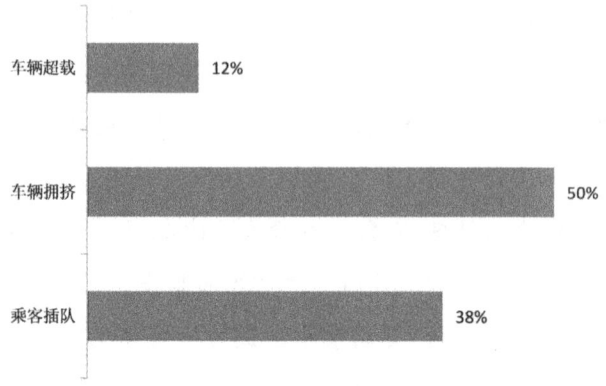

图 3　市民对公交车秩序评价情况

（4）通过图 4 可以看出大多数市民对丽水市公交还是比较满意的，也有少数人表示公交车服务整体一般，基本认可。公交管理服务部门在以后的工作中应根据市民的意见改善服务质量，提高老百姓对丽水市区公交的满意度。

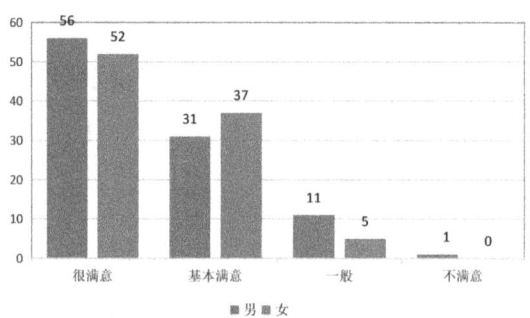

图 4　市民对公交的满意程度及人数

四、建议及对策

文明城市是反映一个城市整体文明、和谐程度、市民幸福的综合性标志。公共交通领域只是其中的一部分，但如果我们每个市民都能够文明出行,将会极大地提升城市的整体面貌。为了让公交能够更好地服务市民,成为展现丽水市精神面貌的窗口,我们针对公共交通提出如下建议:

(1)公交车设立"学雷锋座椅"。公交车是城市精神文明建设的窗口,我们建议可设立和推广"学雷锋座椅",可以通过车厢这一流动服务窗口,弘扬雷锋精神,推动全社会文明和谐建设。

(2)每个月让座日举办签名活动,发放"文明乘车公民"徽章或者给每一位让座者给予鼓励,并奖励小礼物。希望通过这种方式传递一种信息:你做好事的时候,别人很在乎。做好事受到全社会的肯定,做好事的人才会越来越多。从个人角度,我相信绝大多数人做好事是出于善心而不想得到什么回报;但是从社会的角度,我们的社会要以某种方式对好人好事给予肯定,只有这样才有更多的人乐意向他人和社会表达自己的善意。

(3)举行文明乘车知识竞答活动。通过这种竞答活动丰富市民的日常生活,引起市民的注意,从而参与到文明乘车的队伍里去。同一辆公交车,同一个梦想,养成文明乘车的好习惯,成就伟大的自我,创建文明的城市。

五、结语

公共场合讲文明是社会意识的一种体现,而公共文明又建立在个人的道德修养之上,个人文明礼仪是根、是本。良好的公共文明必须先从自身做起,从身边做起。

完善个人修养,首先离不开读书求学,完善自身的认知水平,因为认知到达一定水平,就有了明辨是非的能力,有了分辨是非善恶的能力。其次,完善个人修养,离不开个人修炼,修身就要端正自身的心态,不违背自己的良知,努力使自己的一言一行都符合道德的标准,只有这样自己才能在各方面更加完善。

通过此次对丽水市民文明乘公交车的调查及分析,我们掌握了一定的调研技巧,明白了团队合作的重要性,接受了一次社会历练。但由于各方面原因限制,本次调研还有许多不完善的地方,在以后的工作和学习中,我们还需不断地完善自己,开阔自己的视野。

丽水市城区环卫工人社会关怀的现状调查及对策研究

调研组成员：

生态学 15 班：吴雪宁、雷炳双、邓静静、丁良长、倪梦萍、吴婕、亓洪泽、胡洲铭、曹佳、任雨若、林友福、杨琪、徐佳、夏芮

指导老师：蒋跃波

摘要：城市环卫工人为了城市的发展做出了重要贡献，然而目前他们在许多方面却缺少关怀。为此我们组织了此次调研，旨在了解丽水市城区环卫工人的社会关怀的现状，分析其中存在的问题，提出切实可行的解决方案，并及时反馈给相关部门，提高环卫工人的社会关怀度。

关键词：丽水市；环卫工人；社会关怀；对策研究

环卫工是城市的美容师，如果没有了环卫工，城市会变成什么样？他们对社会的贡献是不容忽视的，但人们对于环卫工的认知却停留在工资水平低下、待遇差、福利差、缺乏社交等层面，不被尊重已经成了他们的代名词。在倡导和谐社会的今天，环卫工人受欺凌事件仍然频繁发生，如 2011 年长沙市共发生 142 起侮辱殴打环卫工人事件，涉及职工 135 人；2016 年 4 月，天津市南开区鼓楼街文庙附近发生了一起环卫工人被殴打事件，引发了社会的广泛关注；2015 年 12 月，湖北黄石 3 名清洗路面的环卫工因弄脏路边车，被车主打伤；2015 年 11 月，山东

临沂七旬环卫工被打骨折并遭拖行百余米。上述种种数据表明,环卫工人的工作状况亟待改善。作为当代有社会责任感的大学生,我们做了此项调研,希望引导大众正确地认识环卫工。

一、调研内容及方法

1.调研内容

本次调研主要围绕环卫工的个人基本信息、工作现状、生活现状、社会关怀情况等方面进行,具体如下:

(1)个人基本信息方面。调研内容涉及性别及年龄、文化程度、户口和工作性质方面的内容。

(2)工作现状方面。调研内容涉及合同的签订及保险金,工作时长及工资,休息时间,单位进行安全培训的方式,公司慰问及福利等。

(3)生活现状方面。主要调研环卫工的住房情况,居住环境,还有同居人员的情况。

(4)社会关怀方面。主要调研环卫工的诉求是否有向上层反应的机会,以及医疗保险社会福利情况,组织团体对他们的关注和帮助,社会对他们的态度以及给他们提供的温暖和帮助等。

2.调研方法

本次调研主要采取问卷、访谈、查阅文献,视频图片拍摄,音频录制及材料记录等方法。

二、调研情况分析

此次调研我们共对莲都区 70 位环卫工进行了走访调研,其中男 36 位,女 34 位,年龄跨度从 30 岁左右至 65 岁。

1.个人基本信息

问卷调查中环卫工个人基本信息主要涉及调查对象的性别及年龄、文化程度、户口和工作性质相关指标,主要调查统计结果如表 1 所示(由于计算百分比时有误差采用四舍五入的办法)。

表 1 受访环卫工人基本特征描述

特征	选项	比例
性别	男	51.4%
	女	48.6%
年龄	30 岁及以下	1.4%
	31—40 岁	4.3%
	41—50 岁	47.1%
	51—60 岁	30%
	61 岁及以上	17.2%
学历	没读过书	50%
	小学	31.4%
	初中	11.4%
	高中及以上学历	7.2%
户口	本地非农户	8.6%
	外地非农户	30%
	本地农户	17.1%
	外地农户	44.3%

通过对上表调查结果进行整理发现,丽水市城区男性女性环卫工人所占比例差别不大,年龄主要集中在 41~50 岁之间,该年龄段所占比例为 47.1%。在学历方面,学历在小学或者几乎没有读过书的环卫

工人占绝大多数,达到了81.4%,而学历在高中及以上的环卫工人则寥寥无几。在户口性质上,我们可以从中很清楚地看出,环卫工人的户口中外地农户占大多数,高达44.3%。值得注意的是:61岁以上的环卫工占有一定比例,这一年龄段的环卫工人的生活状况尤其值得关注。

如图1所示,我们还发现在丽水市莲都区的环卫工中,临时工占了68.6%,正式工只有31.4%。这和编制有限但环卫工实际需求较大存在着一定的关系。

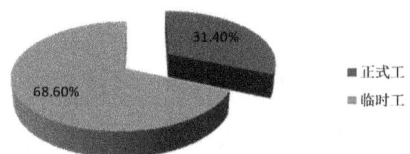

图1 受访环卫工人的工作性质

2.工作现状

在走访调研环卫工时,我们和他们进行了广泛交流,力求了解到对本次调研有用的信息。通过调研,我们对他们的工作现状有了一定的了解。对于从事环卫工作的原因,如图2所示。

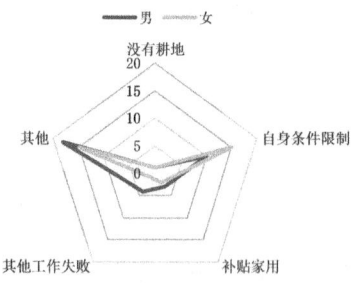

图2 从事环卫工作的主要原因

丽水市环卫工人从事环卫工作的主要原因是:家乡收入低,外出打工挣钱补贴家用;其他工作失败,自身条件不能从事其他工作(文化程度低、年龄大,只能从事这份工作);其他原因有暂时找不到工作等,在女性环卫工中自身条件不能从事其他工作比男性环卫工占的比例大。

对于是否签订劳动合同,我们也进行了调研,具体情况如图 3 所示。

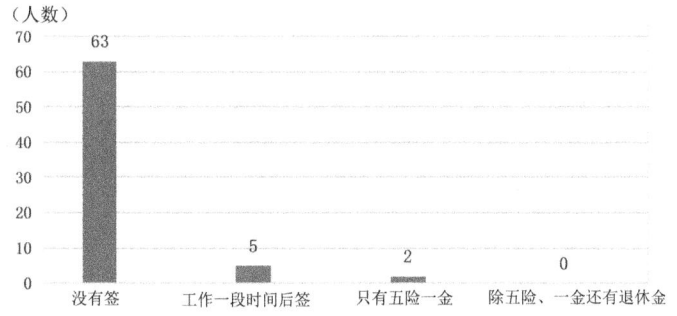

图 3　劳动合同的签订状况

我们采访了 70 位环卫工(主要是莲都区),其中有 63 位没签订劳动合同,有 5 位工作一段时间后签,有五险一金的只有 2 位。由上述数据可知,城区环卫部门只同很少的环卫工人签订劳动合同,这表明环卫部门不够重视环卫工人的权益,环卫工人的待遇还有待提高。

对于工作时长,我们也进行了调研,具体情况如图 4 所示。

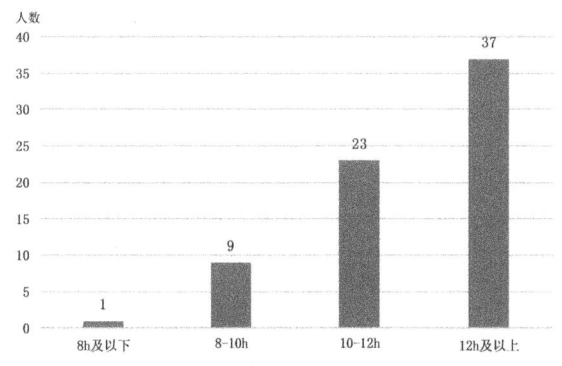

图 4　环卫工人的工作时长状况

莲都区环卫工人的工作时间大部分在 12 个小时及以上,比例高达 52.9%。其次占比重较大的有 10～12 个小时,8 小时及以下的所占比重较小。总体来说,莲都区大部分环卫工人的工作时长较长。

对于月工资状况,我们也进行了调研,具体情况如图5所示。

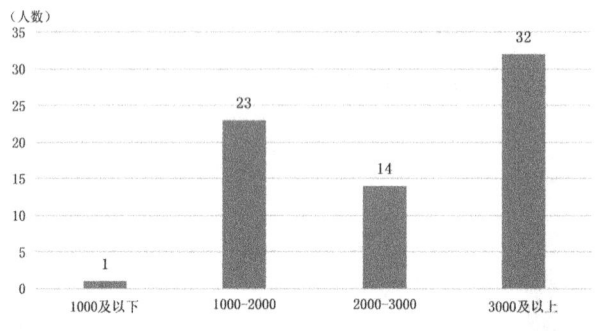

图5 环卫工人月工资状况

通过调查我们发现,城区环卫工的收入在3 000元左右接近一半,一半以上的收入在3 000元以下,通过采访我们得知他们的工作分为早班晚班,只干一班工资为1 000~2 000元,做两班3 000元及以上。上述工资差异应该和上班班次安排有很大的关系。另外,通过交流,我们发现大部分环卫工人几乎没有假期,遇到恶劣天气,如暴雨、下雪、台风仍旧需要上班。在安全培训方面,环保部门一般不对环卫工进行安全培训。

3.生活状况

日渐衰老的身躯付出较重的劳动,然而收入却相对微薄,那么这些环卫工人的生活状况如何呢?我们试着从住房状况及一起居住的人员进行着手,来了解他们的生活情况。

如图6所示,莲都区环卫工人的住房面积基本都在$11\sim20m^2$,这一比例达到了61%。环卫工人生活空间非常狭小,住房条件差,这和他们经济拮据,对于生活质量要求不高有较大关系。在调查中我们还发现,许多环卫工人居住的房屋是租住的,为了尽可能地省下一些资金,他们大都在住宿方面持将就态度。

丽水市城区环卫工人社会关怀的现状调查及对策研究

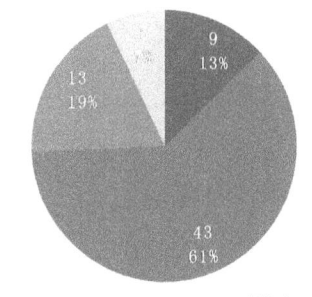

图 6 环卫工人的住房面积情况

如图 7 所示,大部分环卫工人的同居人员是亲属,这表明大部分环卫工人即便身处外乡,也更希望和家人生活在一起。

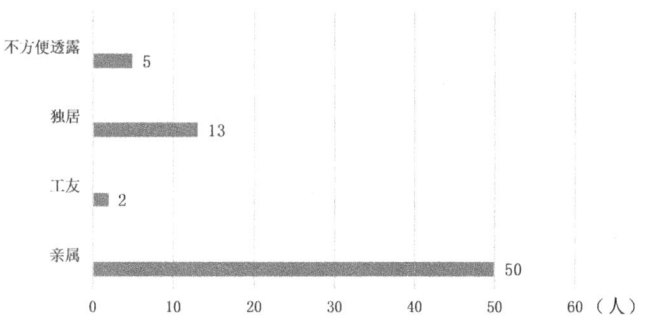

图 7 和环卫工人一起居住的人员情况

4.社会关怀情况

环卫工人为城市的美丽做出了重要贡献,极大地方便了我们的生活。夜深人静,当很多人已经熟睡的时候,环卫工却仍在努力劳作,并夜以继日、风雨无阻。那么社会对他们的关怀如何呢?

那么环卫工人有哪些社会福利上的需求呢？针对这一问题,我们也进行了调研。如图 8 所示,环卫工最希望得到的福利待遇集中在住房、社会保险、休息日三个方面尤为突出。

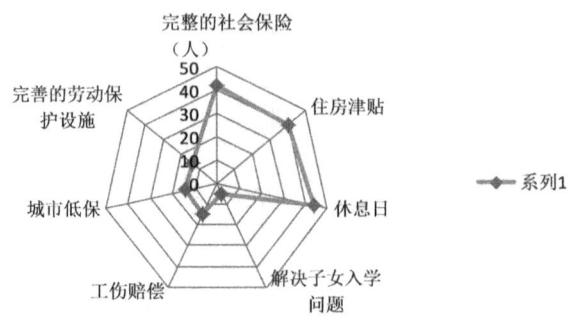

图8 环卫工人最希望的福利待遇

路人在环卫工人工作时从他们身边走过时有何态度,从一定层面上能够反映社会大众对环卫工的态度。如图9所示,70人中有24人会点头微笑致意,有5人打招呼问候,不过大多数是装作没看见地走过。

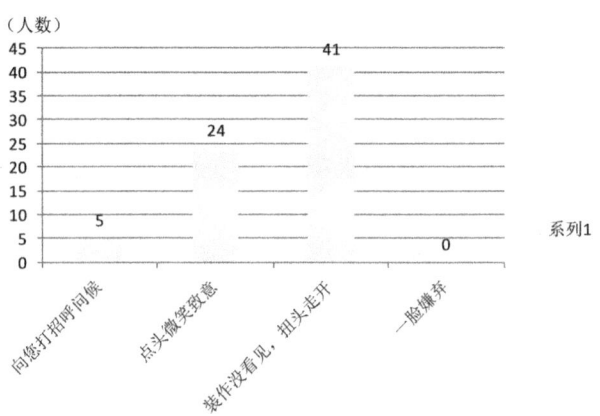

图9 路人从环卫工人身边经过时的行为

如图10所示,我们发现城区环卫工人群体希望社区提供的帮助最主要的集中在经济上的援助,生活上的照顾,基本还停留在最基础的生存方面,这和他们的生活状况较差有很大的关系。

丽水市城区环卫工人社会关怀的现状调查及对策研究

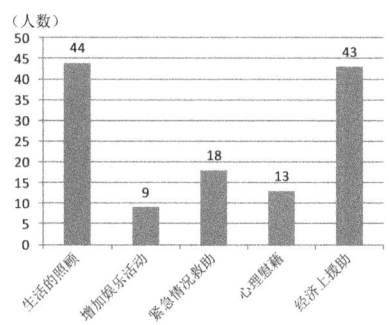

图 10　环卫工希望所在的社区提供的关怀和帮助

如图 11 所示，环卫工群体关注最多的还是社会保障问题，这和环卫工群体没有完善的社会保障体系有较大关系。

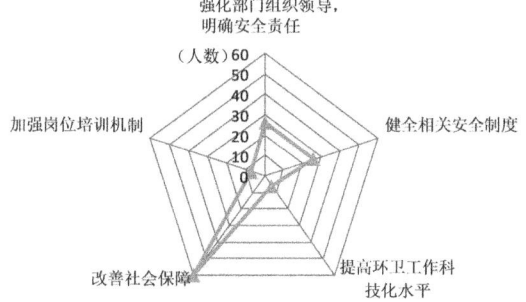

图 11　环卫工人希望所在的工作提供的关怀和帮助

如图 12 所示，政府改善住房条件，建立环卫工人月基础工资最低标准，提供必要的安全保障，增加环卫工人休息地点等均是环卫工人比较关心的热点问题。此外，我们还了解到为环卫工人提供免费热水的地点并不是很多，因此政府相关职能部门可以联合相关社会组织在这一方面加大投入力度。

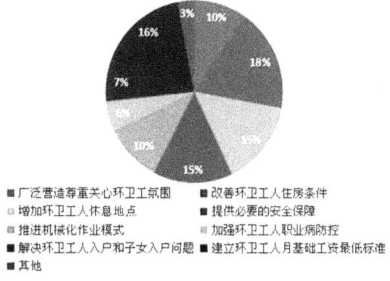

图 12　受访者认为现阶段政府需要制定哪些相关政策来改善环卫工人的状况

三、调查过程中存在的问题

1.调查问卷设计中出现的问题

由于缺少和环卫工面对面交流的经验,所以调研问卷上的问题术语较多,没能很好地让环卫工人看明白,在设计时有些问题也不太符合他们的实际。

2.实地发放问卷中出现的问题

(1)问卷里提出有假设性的问题,环卫工人存在无法回答的情况。总结起来,拒绝回答的原因是回答了也不会有实际效果,与其这样还不如不去奢望。因此造成了问卷中的假设性问题,存在没有环卫工人回答的情况。

(2)有些环卫工人是外来打工者,加之调研组同学有许多其他省份的,和环卫工人在沟通上存在一定的障碍。

(3)有些环卫工人不识字,降低了调研的可操作性。

3.环卫工人群体存在的问题

(1)环卫工人群体普遍存在职业信心弱、自我认同感低的问题。环卫工人的自我认同感显得岌岌可危,他们认为自己作为一个环卫工人是处于社会的最底层,遭受社会大众的排斥和不尊重,没有社会地位可言。很多环卫工人表示即使是在作业期间也不敢劝诫行人不要乱扔垃圾。对于社会大众或政府给予的帮助,环卫工人由于自身原因多不接受或不好意思接受。

(2)环卫工人的文化素质普遍偏低,对政府出台的相关政策的理解过于死板,导致他们很容易钻牛角尖,且遇到问题时喜欢独自解决,不懂得求助于他人,求助渠道过于狭窄。

(3)职业限制。环卫工人在工作要求上和工作环境上都具有一定的特殊性,他们每天必须长时间不间断地工作,并且只能在某个特定区域来回打扫以保证这个区域内的环境整洁,同时收入微薄迫使大部分人都有从事另一项兼职工作或者打两份工,闲暇时间有限,较少主动结交新朋友。由于这一特殊的职业限制,环卫工人与外界接触的机会少,途径狭路,社交圈相对封闭,社会支持网络功能不足。

(4)社交资源贫乏。环卫工人的社会交往少、社交圈子封闭,闲暇时间多用于休息而较少结识新朋友,接受我们调查的环卫工人多数来自外地农村,且学历多为小学或者没有接受过教育,部分人不会普通话,日常交流困难。加之环卫工人工作之余不愿参与一些文娱活动,因此也没有机会去认识一些其他行业的人员,使得其社会支持网络总是显得单一、薄弱。

4.政府及相关单位存在的问题

(1)对环卫工人的正面形象宣传力度较小,不少人对环卫工人的形象仍停留在脏、臭上。

(2)垃圾分类的政策没有落到实处,对随手扔垃圾的不文明行为处罚力度较小,使得社会大众进行不文明行为的成本过低,环卫工人的工作负担加重。

(3)没有制定合理的奖励惩处制度,处罚过于严苛,一定程度加重了环卫工人的经济负担与心理负担。

(4)对于承包环保业务的私营企业,政府没有做到有力的监管,绝大多数环卫工人所在的工作单位因其年纪大、不熟悉政策等原因,不愿为其购买社会保险,很多在私营企业的环卫工人无法得到相应的社会保障,甚至没有签订劳动合同,环卫工人与工作范围所确立起来的劳动关系不能得到法律的有效保障。

(5)岗前培训情况不理想。大多数环卫工人表示,自己所在的工作单位有举行入职培训,但是内容只是简单的作业要求,如上班时间、清洁程度要求等些基本的情况,及作业时必须穿具有反光条纹的衣服使车辆及时发现避让,而缺乏系统的安全知识教育和培训。

四、国内外经验

1.国内经验

(1)从2013年1月1日起陕西省榆林城区3 000多名环卫工人可以免费乘坐公交。环卫工人只要身着环卫工人服装,就可以不限线路、不限车次、不限次数地上下班乘坐公交车。

(2)北京市成立时传祥环卫工人专项温暖基金于2010年12月1日在时传祥纪念馆启动,此项基金由北京市总工会、市政市容管理委员会、东城区人民政府和爱心企业共同发起。初始资金为1 020万元,将主要用于北京市环卫工人及其家庭成员重大疾病医疗和因突发事件或意外灾害造成生活困难的临时应急救助。与此同时,专项基金还将为办理职工互助保险的环卫工人,再赠送一份职工重大疾病互助保险。

(3)为了减轻环卫工人的劳动强度,杭州市近几年加大资金投入提高机械化清扫率,大大降低了一些主要干道的劳动强度。为了解决环卫工人收入低问题,2002年后,环卫部门逐步向市场化转变,杭州市环卫部门分批、分区块给杭城无编制的环卫工人签了合同,工人的年平均收入按照城市最低收入标准以上增加10%~15%核发。目前,杭州非事业编制环卫工百分百都签订了劳动合同,很多以前的临时工都有了身份。杭州市环卫部门已经从2009年开始将逐步解决环卫工人住房问题作为减轻环卫工人负担的一项工作,利用原有房舍,为外来员工提供部分住房及部分街道、社区也尽所能地提供部分房舍以供使用。

(4)为解决工人住宿难题,三年来,台州市椒江区建造了10所"环卫工人之家",分布在椒江城区的四周。在安排工人入住时,椒江环卫处不仅考虑工人们的家庭情况,先安排夫妻,再安排单身员工,同时还遵循就近原则。从2007年开始,椒江环卫处就对员工宿舍进行大改造。每个"环卫工人之家"均配有活动室、会议室、阅览室,生活设施非常齐全。住在这里的工人,每个月除了上缴一点水电费之外,基本不需要支付其他任何费用。

(5)深圳市在这几年的城市环卫设施规划工作中也遇到了诸多困难,许多环卫工人道班房(歇脚点)、公共厕所、垃圾处理场等设施都经历过一波三折、反复选址的过程。借深圳市环卫设施专项规划修编之际,唐圣钧所在的项目组提出了以"环境园"的形式解决了环卫设施建设用地、将大型环卫设施集中布局的环卫工设施规划新方法,力图避免出现环卫设施已经选址却建不起来的乱象。

(6)2011年,上海市正式发布《道路清扫保洁作业道班房设置和设计要求》(DB31/T560-2011),本标准规定了上海市道路清扫保洁作业道班房术语和定义、设置要求和设计要求,对道班房的分布密度要求、面积控制指标、功能分区、室内热舒适环境等要求以及配套设施设备等做了详尽的说明。该标准虽然只是地方标准,但对全国城市环卫工人道班房的推广与发展产生了积极的影响。

2.国外经验

(1)在国外,有的国家或地区环卫工人薪水非常高。比如在英国,他们是体力劳动者中收入最高的阶层,而且他们也很有尊严,如果哪家的垃圾分类,或者垃圾袋没弄好漏出来,他们就有权不予清理。美国的清洁工,每年的工资收入可以达到四至五万美金。当前,韩国环卫工年薪18万元人民币,而且退休之后还有保障。

(2)在城市环卫设施建设上,日本的市政基础设施完善世界闻名,而在20个世纪80年代之前,它的公共厕所也是脏乱差的典型。当时日本各地行政机构开始将"公厕革命"列为重要事务,积极开展厕所文明宣传,极大地提升了公共环卫水平。目前,日本的环卫基础设施以高科技、人性化设计闻名世界。

五、意见及建议

1.对政府相关部门的意见及建议

(1)加强教育和舆论宣传力度,提高公众的环保意识,保障环卫工人劳动成果及合法权益。加大宣传教育力度,提升市民素质,营造尊重环卫工人及其劳动成果的社会氛围。同时,组织开展一些活动,多宣传报道环卫等一线岗位上爱岗奉献的先进人物,让人们了解环卫行业,让环卫工人多一些归属感和自豪感。同时,积极开展对环卫工人的送温暖活动,为环卫工人排忧解难,切实关心环卫工人的生活。

(2)建立健全社会保障制度,提高环卫工人社会地位和待遇。社会保障权也是我国法律赋予工人的一项基本权利。环卫工人依法享有劳动社会保障权,应逐步提高环卫工人的工资水平,严格按照工资的60%来确定环卫工人工资额度,加班加点应依法发放加班工资,逐步提高其福利待遇。合理安排休息休假的时间,定期对环卫工人的身体健康进行检查。提供必要的生活卫生设施,加大环卫工人休息点以及集体宿舍建设,对环卫工人进行住房补贴。

2.对保洁公司的建议

(1)依法合理安排环卫工人工作时间、作业方式和工作量。依照我国《劳动法》规定我国实行8小时工作制,加班加点应依法支付加班工资。国家法定节假日加班应支付300%的工资。环卫工人作为城市的建设者理应享受我国《宪法》和《劳动法》所赋予的基本权利。特殊情况如果需要加班,应依法支付环卫工人相应的加班工资。同时尽量减少环卫工人的工作量,可考虑以多人承担、轮班等方法来分散作业压力,减轻工作负担。

(2)加大资金投入,为环卫工人配备安全作业设备,提高道路机械化作业率。环卫工人在工作过程中具备优良的安全工作服和环卫警示牌相当重要。为此,环卫部门应该想环卫工人之所想,为一线工作的环卫工人配备优良的安全工作服和环卫警示牌,让环卫工人安全放心工作,为广大市民营造一个良好的生活环境,打造美丽城市。尽可能为环卫工人购买工伤保险、意外伤害保险和医疗保险，有条件的情况下将其纳入城市最低生活保障体系。

(3)对环卫工人进行系统性的安全知识教育和安全作业培训，提高环卫工人自身安全意识和安全作业能力。环卫工人自身具备一定的安全知识和作业技能对环卫工人有效避免交通安全事故会起到很大的作用。环卫部门及其他部门应该对环卫工人进行经常性的、系统性的安全知识教育，进行自身和安全作业方法培训，增强环卫工人的交通安全意识、自我保护意识，提高环卫工人的安全作业能力。这样将有效地提高环卫工人的整体素质以及工作效率，也将大大降低作业中发生事故的概率。

3.对社区的建议

(1)在环卫工人居住较集中的社区中，应该注重发展社区社会工作，丰富社区资源并加以利用，推动环卫工人积极参与社区的活动，增强环卫工人的社区归属感。在运用社区社会工作完善环卫工人的支持网络时，可采取社区行动的模式。社区行动模式假定了社区中存在着一部分弱势群体，需要被组织起来对其增加资源的支持，合理对待，总体而言，就是要结合社区的力量，寻求权利和资源的再分配，使弱势群体能够改变落魄的处境。社会工作者要在社区行动的模式中扮演社区行动的倡导者和行动者，组织和引导弱势群众去争取其应有的权益。

(2)在小区里设置旧物捐赠站点，使经济较为困难的环卫工人能够从中获得一些生活上的帮助。

(3)社区可与各大高校、公益中心、社会志愿者联系，形成一种合作关系，给环卫工人一些力所能及的社会支持，如可以通过专业的心理咨询师(志愿者)为压力较大的环卫工人提供心理上的疏导;公益组织可为生活贫困的环卫工人提供直接的物质援助;高校大学生可以为环卫工人的子女提供课业辅导;社会志愿者可以与环卫工人一起工作、聊天,给予环卫工人更多精神上的支持和关心等。城市市民要不断提升自身素质,形成尊重环卫工人的良好氛围。

4.对媒体的建议

(1)媒体要加大对环卫工人工作与生活的宣传力度,呼吁社会尊重及帮助关怀环卫工人。

(2)对环卫工人的正面形象多加以宣传,多报道环卫工人的感人事迹、英雄事迹,以此来逐步提升环卫工人的社会地位和形象。

5.对市民的建议

(1)养成良好的卫生习惯,做到不乱扔垃圾,尊重环卫工人的劳动成果。

(2)提高自身素养,树立人人平等的意识,消除行业歧视,尊重环卫工人。

六、结 语

这份报告是由分析回收的70份有效问卷的数据而得出的。环卫工人是我们日常生活经常能够看到的群体,然而我们对他们却知之甚少。他们的辛勤工作换来了城市的整洁美丽,却没有得到社会的关怀和支持,反而受到一些人的歧视甚至侮辱、打骂。环卫工人作为我们城市的"美容师",他们的生存状况与城市的发展、社会的稳定息息相关。

他们身上存在的问题,可能最终会演变为城市停滞发展的主要因素。

此次调研给了我们一次机会让我们能够深入了解环卫工人目前的生活状况。作为社会的底层工作者,他们干着最辛苦的工作,拿着与付出不相匹配的工资,时不时还要忍受他人的辱骂,冒着生命危险在车流中穿行清扫。他们承受着工作的重压,忍受着他人歧视的目光,为不定的居所操尽心力,却无处诉说他们心中的苦闷。对改善生活的渴望驱使他们从外地来到丽水市,可近乎退休的年龄以及贫乏的知识储备让他们不得不接受环卫工人这一职业。本来就身处异乡,能接触的人就只有亲人和同乡,外加一部分人对他们的歧视,使他们的社交网络越发狭窄,精神越发空虚。

作为一个生活在城市边缘的弱势群体,他们十分需要他人的关怀,然而从我们收集到的数据可以分析得出,不论是市民还是社会团体,抑或是他们的领导部门对他们的关怀都十分不足,有些人不但没有对环卫工提供社会关怀,恰恰是迈入了相反的方向。

对环卫工人提出的希望,我们试想从各个层次的人群共同组织起来,以政府为核心,以社区、爱心企业和个人为辅全方位解决环卫工人的工作、住房等问题,改善环卫工人的生活,拓宽他们的人际交往,消除自卑感。

但是我们的调研并不完善,由于时间、人群上的限制以及各种主客观因素的影响,我们的调查范围还很狭小,并不能很客观地得出较为普遍的结论,而且我们的问卷设计也并没有涵盖环卫工人社会关怀的所有方面,所做的报告仅能反映丽水市部分地区环卫工人的情况。

最后,我们真心地希望,自己所做的调研能够在相关部门里产生一些影响,真真正正地为环卫工人解决实际问题,改善他们的生存状况。

丽水市创建全国文明城市的交通环境调查报告

调研组成员：

环境设计 15 班：吕哲、王凡、高大耀、林锦裕、李善谊、周帮杰、李涛、王步超、朱喜红、莫钢明、莫少辉、梁智翔、漫亮亮、陈红雨、陈熊雄、高明峰、后罡、黄伟程、李明杰、罗志强、刘凯、容理林、王杨泽、夏磊、肖子奕、张遇先、周祖杰、孙万江、韦志文

指导老师： 曹寄奴

摘　要： 交通是人类进行生产、生活的重要需求之一,凡是有人的活动就离不开交通。交通的问题关系一个国家、一个城市的发展。俗话说:"要想富,先修路。"随着经济的飞速发展,人民的生活水平不断提高,私家车的数量在急剧增加,这意味着道路承受的压力越来越大,因此在北京、上海等一些大城市的交通堵塞严重,影响居民日常生活,从而制约一个城市的未来发展。本次调研,我们集中在丽水市,试图了解丽水市的交通状况,为相关部门在创建全国文明城市时提供决策咨询。

关键词： 丽水市；交通环境；问题；建议

居民的出行,和城市交通息息相关。城市交通文明程度,受多方面因素的制约,改善交通状况,仅靠一两项管理手段是不可能取得良好

效果的,必须立足长效,多措并举,把宣、管、罚、治有机结合。丽水市莲都区总面积 1502.10 平方千米,常住人口约有 50 万,由于莲都区的主要生活场所相对集中,因此交通问题在某些时段表现得较为明显。为了更好地了解丽水市的交通状况,我们组织了本次调研。

一、调研内容及方法

1.调研内容

本次调研主要围绕以下三个方面进行:

(1)市民对交通环境的影响,如出行方式的选择、是否会让座等。

(2)现在丽水市的交通存在的问题有哪些,以及存在这些问题的原因是什么。

(3)市民对丽水市当前交通环境的看法如何,如对公交出行是否满意、对交通部门的管理是否满意等。

2.调研方法

本次调查采取问卷的方法进行,随机选取调查对象,进行问卷调查。发放问卷 232 份,回收有效问卷 232 份,有效回收率为 100%。在调研过程中,我们还进行了统计,查阅了相关文献资料,记录了调研过程。

二、调研情况分析

此次调研,我们采访了232人,其中男性143人,占全体受访者的61.6%,女性89人,占全体受访者的38.4%。此外,受访者的年龄基本集中在18～35岁,受教育程度集中在本科。

1.丽水市民对丽水市当前交通状况的看法

市民对交通环境的看法对创建全国文明城市具有重要意义。如图1所示,我们发现有60位受访者觉得丽水市交通状况优秀,有105位受访者认为丽水市交通状况良好,55位受访者认为丽水市交通状况还行,12位受访者认为交通状况差。

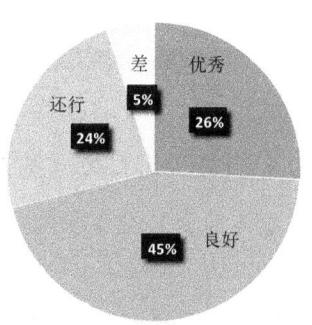

图1 受访者对丽水市交通状况的认识

据数据显示,有70%以上的人认为丽水市交通状况水平良好,24%左右的人认为交通状况还行,少部分人觉得交通状况不尽如人意。

2.丽水市民对于平时出行方式的选择情况

市民出行方式的选择对交通状况有直接影响,如图2所示,我们发现在出行方式的选择上有89位受访者选择公交车出行,76位受访者选择出租车出行,65位受访者选择电瓶车出行,55位受访者选择步行,31位受访者选择自行车出行,27位受访者选择私家车出行,5位受访者选择摩托车出行。

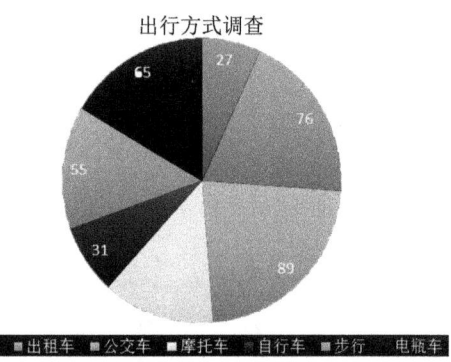

图2 受访者的出行方式

据上述数据可知,市民们对于出行方式的选择各不相同,对出行方式选择具有多样性,但整体而言公交车是最受欢迎的交通工具。

3.丽水市交通拥堵原因调查

相比北上广深等一线城市,丽水市人口较少,但为何丽水市区也存在交通拥堵的现象呢?如图3所示,我们发现市民们对于丽水的交通拥堵原因有着多种看法,在众多的调研对象中有79人认为是私家车太多、停车难的原因,有53人觉得是司机违规行驶导致的,63人觉得交通拥堵其实是地摊阻碍了交通,47人认为是行人素质不高,34人认为是道路建设不完善,44人认为高峰时段人流量过大,4人认为交通事故频繁,34人认为管理力度不够,39人觉得电瓶车肆虐导致交通拥堵。

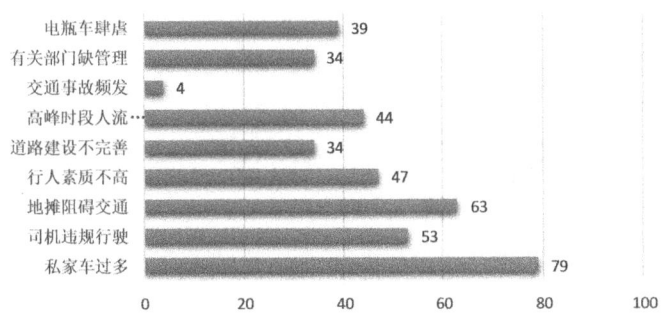

图3 受访者认为的交通拥堵原因

大部分人认为私家车过多是交通拥堵的主要原因,此外司机违规行驶、地摊随意摆放、行人素质不高、道路建设不完善、电瓶车过多、缺乏管理等占有一定比例。

4.丽水市主要存在的不文明的交通行为

不文明的交通行为在很大程度上阻碍了丽水市创建全国文明城市的步伐。如图4所示,市民对丽水市交通不文明行为的看法中,有80人认为是闯红灯现象,有78人认为是道路两旁摆摊现象,有75人认为是违法掉头现象,有70人认为是超速行驶现象,有44人认为是机动车不礼让行人现象,有38人认为是违法停车现象,有28人认为是行人不走斑马线现象,有25人认为是酒后驾驶现象。

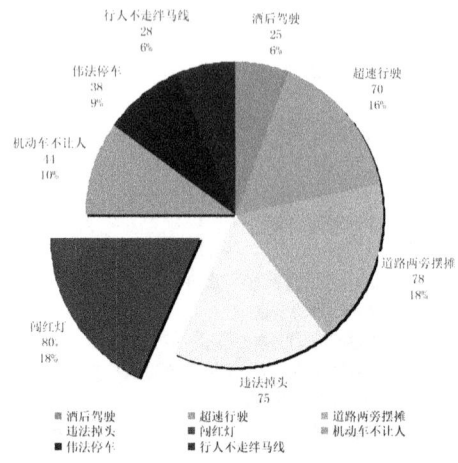

图4 受访者认为的不文明交通行为表现

5.违法行为突出的交通工具

不文明交通行为的发生,大多伴随着使用交通工具,那么对于违法行为突出的交通工具,丽水市民是怎么看的呢?如图5所示,在接受调研的232人中,有89人认为电瓶车的违法行为比较突出,74人认为私家车的违法行为比较突出,其次是摩托车、出租车、自行车、公交车、货车,分别有70人次、56人次、41人次、40人次和22人次。

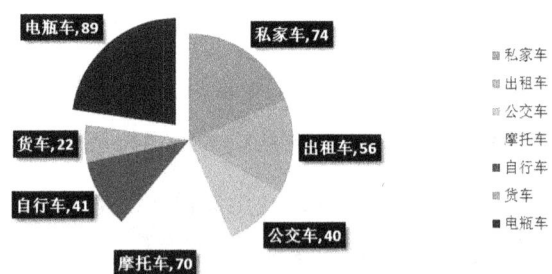

图5 受访者对交通工具违法情况的认识

电瓶车的违法行为最为突出,这和电瓶车是短距离的便捷出行工具,交通部门对电瓶车的监管力度不够,有很大关系。同时货车的违法行为最少,和主城区对货车通行管理较严格有很大关系。

6.丽水市民对公交的需求情况

公交车作为最受欢迎的交通工具,市民对它的需求也最大。若公交车数量可以满足所有市民的需求,就能提高市民出行的满意度。如图6所示,在所有受访者中,有66人认为公交车够用,117人认为公交车勉强够用,38人认为不够用,11人认为公交车实在太少了,太拥挤了。

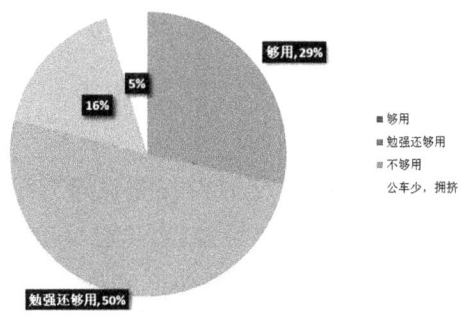

图6 受访者对公交车是否够用的认识

受访者中有一半的人认为公交车勉强够用,有29%的人认为够用,而同时也有16%的人认为不够用,还有5%的人觉得公交车辆较少拥挤。由此可见,丽水市的公交车能够满足大部分人的需求,但在部分高峰时段、还需要加大公交投入力度。

7.丽水市公交存在的问题

在调研过程中,我们对公交车存在的问题也进行了分析。如图7所示,有93人认为公交车站点设置不合理,有78人认为公交车较少,而且陈旧,有47人认为行程线路不合理,42人认为存在安全问题,38人认为票价不合理,27人认为公交服务态度不好。上述数据说明丽水市的公交系统还有较大的提升空间。站点设置不合理是丽水市公交车目前存在的最大问题。

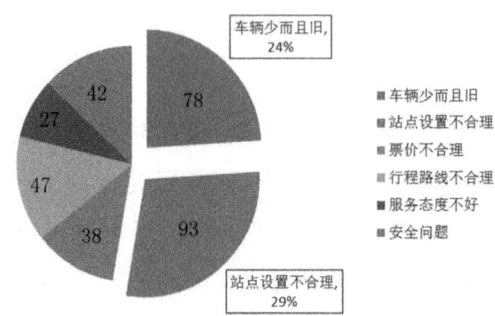

图7 受访者认为丽水市公交存在的问题

8.丽水市交通道路建设情况

丽水市城市建设起步较晚,交通设施建设参差不齐,老城区的道路比较陈旧,老城区之外的道路经过规划,比较宽敞,设施完善。如图8所示,针对丽水市道路建设情况我们进行了调研,发现有110人认为丽水市的交通道路部分比较陈旧,47人认为交通道路略少,16%即认为交通道路建设完善的39人,36人认为交通道路建设不完善。仅16.8%的人认为丽水是交通道路建设完善,有近一半的市民认为交通道路比较陈旧,说明丽水市的道路建设仍需加强。

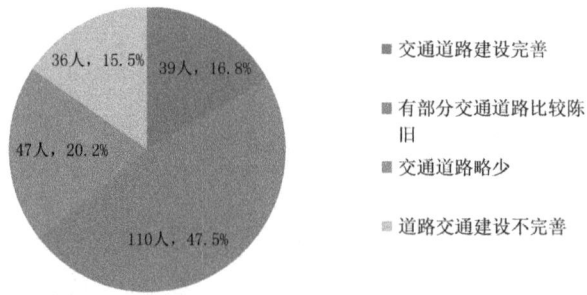

图8 受访者对丽水市交通道路建设情况的认识

9.市民对违反交通规则的行为态度如何

违反交通规则的行为是不文明的,市民对违反交通规则的行为态度,也从侧面反映了市民的文明程度。如图9所示,有107人对违反交通规则的行为表示很反感,主张严惩不贷;有61人认为可以理解,但自己不会违反交通规则;有20人表示,在无车辆通行时自己也会闯红灯不走人行横道;有44人表示自己不会违反同时也劝告他人不要违反交通规则。大部分人都反感违法交通规则的行为并且自己不会违反交通规则,但也有小部分人有违反交通规则的行为。

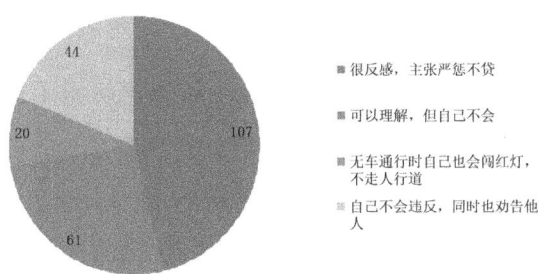

图9 丽水市民对违反交通规则的行为态度

10.丽水市民对丽水市交通部门管理的满意度情况

政府的管理对创建全国文明城市起引导作用,市民对丽水市交通部门管理的满意度反映了政府管理是否合理到位。在丽水市民对交管部门的满意度调查中我们发现,有53人对丽水市交通部门的管理表示非常满意,有73人对丽水市交通部门的管理表示满意;有79人对丽水市交通部门的管理表示不满意;有27人对丽水市交通部门的管理表示非常不满意。如图10所示,我们能看出丽水市民对丽水市交通部门管理的满意度并不高,对丽水交通部门的管理表示不满意的人数较多,因此丽水市交通部门在管理方面还有较大的改进空间。

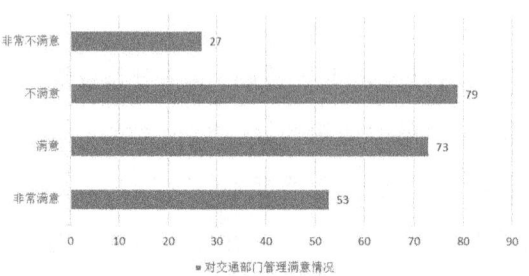

图 10 丽水市民对交管部门的满意情况

11.丽水市民对丽水市公共交通建设满意度情况

市民对公共交通建设满意度的情况从侧面反映了丽水市在争创全国文明城市中,对交通方面所做的努力得到的成效。在调研中我们发现,对丽水市公共交通建设非常满意的有 38 人,对丽水市公共交通建设满意的有 95 人,对丽水市公共交通建设不满意的有 64 人,对丽水市公共交通建设非常不满意的有 35 人。如图 11 所示,将近一半以上的人对丽水市的交通建设表示满意,说明丽水市交通建设情况还是不错的,但还是有一部分市民认为交通建设还需要改善。

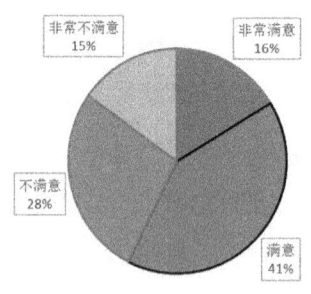

图 11 丽水市民对公共交通建设满意情况

12.丽水市民对于"机动车礼让行人"满意程度

礼让行人是丽水市在交通方面的一大特色,斑马线前踩一下刹车,传递的是一种精神、风度和涵养,司机的一个礼让手势,行人感受到的是丽水这座城市的温暖、幸福。这和丽水市创建全国文明城市息息相关。对于丽水机动车礼让行人这一问题,通过调研我们发现,有69人表示非常满意,91人表示满意,对丽水19人表示不满意,53人表示非常不满意。如图12所示,有三分之一的市民对"机动车礼让行人"这一问题表示不满意;而大部分丽水市民对"机动车礼让行人"这一问题表示满意,主要原因也是因为现在社会的市民普遍受教育程度较高,有着高尚的品德,希望能继续保持。

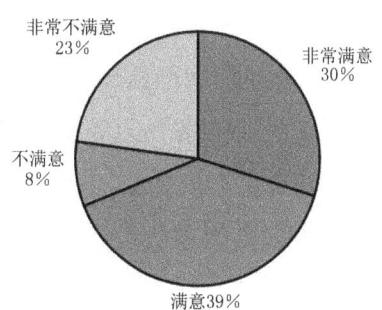

图12 丽水市民对于"机动车礼让行人"的看法

三、调查思考与建议

城市交通是城市文明程度的直接反映,是建设文明城市的重要内容之一。从"丽水市创建全国文明城市的交通环境调查问卷"的调查情况分析中我们可以看出,多数市民认为目前丽水市交通状况理想,仅有小部分市民对丽水市交通状况不满意。在出行方式的选择上,公交车仍然是最受欢迎的,有近八成的市民认为丽水市的公交车数量适宜,但仍然有两成的市民认为公交车不够用,甚至有些过于拥挤。虽然公交车是最受市民欢迎的出行方式,但丽水市的公交车存在一些问题。其中最为突出的是站点设置不合理,车辆比较少,而且陈旧,还存在部分行车线路设置不合理的情况。

交通拥堵问题是当前丽水市交通最急需解决的问题。造成交通拥堵的主要问题有私家车多、停车难、地摊阻碍交通、司机违规行驶和行人素质不高等。本次调查中有近五成的人认为丽水市有部分交通道路比较陈旧,交通建设不够完善,所以道路建设问题也是丽水市当前急需解决的问题。当然丽水市也存在不文明的交通行为,其中最突出的是闯红灯。有45％的人对丽水市交通部门的管理并不满意。在"礼让行人"这一问题的看法上,有近七成的人感到满意,也有两成的人感到非常不满意。针对上述情况,我们提出如下建议:

(1)增加公交车的数量,合理设置站点和行车线路。作为最受欢迎的交通工具,若能适当增加公交车的数量,满足人们对公交车的需求,更改不合理的站点设置,修改不合理的行车线路,人们的满意度会有大提升。

(2)完善交通道路建设。若条件允许,对比较陈旧的交通道路进行维修和翻新,开通新的道路或建设立交桥,以此来改善出行体验,增加出行道路的选择,缓解道路压力。

(3)加大对电瓶车的管理力度。作为第三位的交通工具,由于电瓶车上路无须驾照,违规不受处罚,部分驾驶人未接受过系统的学习和培训,交通安全意识淡薄,违规违法行为突出,很多交通事故都与电瓶车的肆意行驶有关,所以对电瓶车的管理力度急需加强。具体方法有:组织学习交通规则,对违规行为采取一次提醒、二次处罚的方式,监督电瓶车的规范行驶等。

(4)对阻碍交通的地摊进行集中管理与整治。对于违规占用交通道路人行道的摊位,采取一次提醒,两次处罚的方式进行管理。

(5)加大对文明交通环境建设的宣传力度。可以组织志愿者在路口进行劝导同时进行宣传,拉横幅,画墙画等。

(6)交通部门要调整管理方法,加大管理力度。交通部门需要不断调整管理方法来适应不断变化的交通环境,需要找到造成交通问题的根本原因,对症下药,才能从根本上解决交通环境存在的问题。

大学生课余时间问卷调查结果分析

调研组成员：

生物制药152班：蔡宛君、邹署优、叶雅萍、管杨洋、陈佳露、黄思思、陈圣春、汤琦、潘云庆、杨燕红、訾双双、钟茂程、王荣、雷佳佳、王俊、黄志市

指导老师： 杨乐平

摘　要：大学是人生最美好的阶段，是过渡到成人的关键时刻，也是实现自我价值的理想的场所。如今大学生们自由支配的时间多了，我们不禁要问：大学生在课余时间都在干什么？他们是如何丰富自己的课余生活的？大学生是校园文化建设的主体，营造一个活跃、积极、向上、丰富的文化气氛，不仅可以提高大学生学习的情趣，还有利于大学生健康发展。并非每位大学生都能处理好学习、生活、社会活动中的矛盾，合理安排课余生活时间。为了进一步了解大学生如何处理协调学习、生活、社会活动间的矛盾，帮助大学生合理有序地安排自己的课余生活，使学习与实践的时间分配达到最佳化。通过对课余生活情况的描述分析，为广大师生提供一个客观结果，希望能对大学生有所启迪。

关键词： 大学生；课余时间；生活；矛盾

一、调研内容及方法

1.调研方法

为了调查的全面性和准确性,我们对120名在校大学生进行问卷调查,实际问卷数为120份,收回问卷数120份,收回率100%。调查问卷内容分为33题选择题,7题简答题。调查对象女性为70名,男性为50名。调查对象年级大一人数为55人,大二人数为35人,大三人数为22人,大四人数为8人。

2.调研内容

大学生对课余时间的认识态度是我们全面了解大学生课余时间利用状况的基础,也是我们采取相应对策的前提。我们对学院在校120名学生进行了调查。在调查中,我们了解到有15%的学生认为课余时间过多,有73%的学生认为课余时间适中,认为课余时间较少的学生只有12%。由此可见,大多数学生认为课余生活时间是较充裕的。大学生的课余时间在忙什么?他们课余时间的活动内容与分配结构怎样?这些指标是反映学生课余生活是否健康的重要因素,也是表征学生课余生活质量状况的重要依据,更是我们有针对性地开展教育工作的基础和条件。

大学生中认为学习重要的有51人,占总人数的43%,其中男性占45.52%,女性为54.48%。有考研、出国计划的同学90%以上都在认真学习。大学生中积极参加锻炼的有10人,占总人数的8%,其中有70.07%的男生、29.93%的女生积极参加体育锻炼,目前大学生的主要生活方式以静态为主,虽然他们课余时间活动内容丰富多彩,但总体上参加体育锻炼的时间偏少,尤其是女生,喜静不喜动,相当一部分女生缺乏课余健身意识。大学生中去做兼职的有15人,占总人数的13%,其中男生有80.50%,女生有19.50%。大学生是一个特殊的群体,他们的身心都趋于成熟,所以,大学生谈恋爱很正常也很普遍,从2005年起,教育部新颁布的《普通高等学校管理规定》正式实施,高校里开始解除婚禁,大学生都允许结婚了,谈恋爱就更不受什么限制了,谈恋爱的学生占30%左右。随着整个社会物质生活水平的提高,科技的进步,在校大学生课余时间上网情况约占24%左右,现在这个问题已经引起了校方关注。3%的大学生可以根据自身的特点、兴趣爱好及个人发展需要选择适合自己的课余活动。

在大学生业余实践活动安排调查表中,选择学习的同学是所有选项中选择人数最多的。但是每个人在大学学习的目的都不相同。我们粗略地对选择学习的同学进行了简答的调查。

二、调研情况分析

为什么要认真学习?如图1所示,有46名同学的原因是为自己以后的工作打下基础,有1名同学的原因是为了应付考试,同样有2名同学的原因是为了爸妈,还有2名同学的原因是要参加考研,提高自己的自身技能。

大学生课余时间问卷调查结果分析

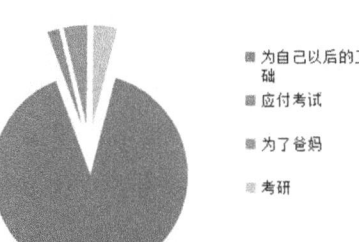

图 1　大学生学习原因情况调查

你现在所在班级的氛围怎么样?如表 1 所示,有 43 名同学认为班级氛围很好,有 5 名同学认为班级氛围非常好,3 人认为班级氛围很差。是否满意现在班级的学习氛围?如表 1 所示,有 5 名同学非常满意,43 名同学满意,3 名同学不满意。

表 1　班级氛围调查情况学习氛围满意度

班机学习氛围情况	选择人数	学习氛围满意度	选择人数
非常好	5	非常满意	5
很好	43	满意	43
很差	3	不满意	3

从上面三个问题的回答结果我们可以看出,大多数的同学对自己的学习环境和自己班级的学习氛围还是相对较满意的,从第一个问题的回答结果中我们可以看出,很多同学在大学里学习的原因与目的都是为自己以后的工作打下基础,能学习到更多的专业知识技能,能够在以后工作的时候派上更大的用场,由此可以得出,大学的学习更多的是为将来的生活和工作做铺垫,大学是与社会最接近的小社会,因此在大学的课余生活中,同学们也更愿意花费时间去学习一些知识。大部分大学生对于大学生活的学习氛围都满意,但仍然有小部分同学不满意现状,希望学校领导加强管理校园的学习氛围。

关于大学生上课的认真程度。如图 2 所示,选择经常打瞌睡的有 1 人,占 2%,他的理由是无聊;选择偶尔上课打瞌睡的有 20 人,占 39%;选择一般没有打瞌睡的有 30 人,占 59%。专业课是大学最主要摄取知识的途径,只有专业课认真听讲,课后才能更好地理解,所以一般没有打瞌睡的所占比例最高,而选经常上课打瞌睡的极有可能是这个专业是他所不喜欢或者他无法进入这个氛围而导致的无聊。我认为大学生晚上不应该熬夜,上课打瞌睡除了对这节课不感兴趣外很多原因是因为晚上没有休息好,充足的睡眠是一天元气充分的必要条件。经常上课打瞌睡的人需要课前认真预习,上课时跟上老师讲课步伐就不会感到无聊了。大学老师也应该改变自己的上课方式,不要用单一的教学方式,应该采用多样化教学方式,激起大学生的兴趣。

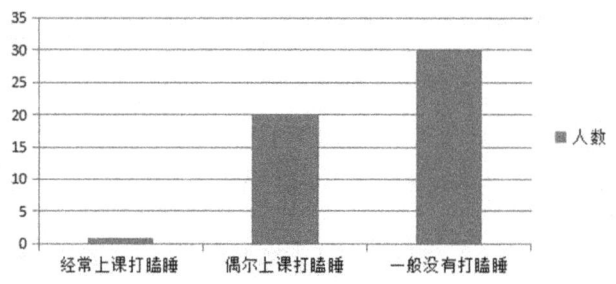

图 2　学生学习认真程度

课后大学生是否有复习?如表 2 所示,选择没有的有 17 人,占 33%;选择有的有 34 人,占 67%;大学主要的学习方式就是自主学习,一星期一到两次的专业课课时很难将书上的知识完全传授给我们,所以课后实操是一个很重要的学习环节,所以选择有的人的比例最大,而选没有的人大多是没有时间与动力去翻开课本。建议同学课后一定要进行实操,这样才能巩固老师上课所讲的知识,不然经过一个星期的时间,上节课所讲的内容早就被你遗忘,这样接下去的课程就会跟不上。

表 2　课后复习情况调查

是否有课后复习	选择人数
有	34
没有	17

大学生作业完成方式,如图3所示。选择自己做,从不问别人的有31人,占61%;选择全拷贝别人的应付任务的有2人,占4%;选择简单的自己做,难的就拷贝别人的有18人,占35%。老师布置的作业的原因是用来巩固上课内容的,大多数人都会依靠自己完成,所以选择自己做的人占的比例最大,而那些把学习当游戏的人就会选择全部拷贝别人的来应付任务,所以全拷贝别人占的比例低。课后作业是我们在课下学习知识的重要途径,完成课后作业能很有效地检验我们上课对老师所讲的内容理解的程度,因此我希望大家尽量自己去完成老师布置的作业。

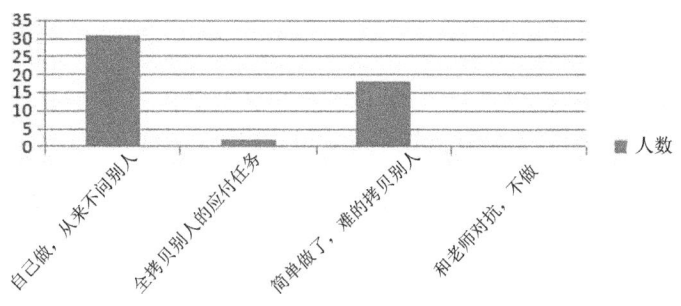

图3 作业完成方式调查

大学生是否养成良好学习习惯?如图4所示。选择项有养成良好的学习习惯的有22人,占总数的43%,选择没有养成良好的学习习惯的有29人,占总数的57%。从小学开始直至高中毕业,在应试教育的驱使下,学校的高压,家庭的期望和家长的看管,学生学习非常被动。到了大学,一旦失去看管,大学生很容易产生无所适事的感觉,时间大把荒废在了玩游戏上面。所以根据调查显示有超过半数的学生没有养成良好的学习习惯。可以从学风抓起,狠抓学风工作,比如严查旷课人数,抓课堂纪律,要求学生自习并完成作业,学工部门可以开展优良学风宿舍评比、文明宿舍评比等活动,提高宿舍的学习氛围。

图 4　良好学习习惯调查

大学生校内兼职情况？如表3所示，选择偶尔一两次校内兼职的有3人，占20%，选择一学期几次校内兼职的有5人，占30%，选择一学期经常校内兼职的有7人，占50%。大学生进行兼职不仅可以锻炼自己，提高自己的能力，还多多少少能减轻家里的负担，更能体会到父母的辛苦与不易，对学生将来毕业找工作也是非常有帮助的，有一半的人有这个意识，所以有一半的人认为应该经常校内兼职。但在进行兼职的时候不要耽误学习，要合理地安排时间，找兼职的时候要找适合自己的，尽力而为，通过正当的途径去寻找兼职，不要太过贪图利益，导致上当受骗。

表 3　校内兼职情况调查

兼职次数	选择人数
偶尔一两次	3
一学期几次	5
经常	7

学生兼职方式如图5所示，选择主要做的兼职是家教的有8人，占53%，选择发传单的有4人，占26%，选当服务员的为1人，占6%，选择当微商(基于移动互联网空间，借助社交软件为工具，以人为中心，社交为纽带的新商业。)的为0人，占0%，选择主持的为0人，占0%，选择学校勤工助学的有2人，占13%。调查的人当中有53%选择家教兼职，做家教可以使以前学到的知识在升入大学后还能得到应用，而且家教相比其他兼职来说，家教的收入还是挺可观的，因此大部分人选

择做家教兼职,而调查的人当中做微商的为0人,说明大家也意识到微商的缺点,做微商的人每天需要在QQ、微信等发布各种广告,而且会招人嫌,现如今的微商大多发布的广告都比较虚假。在选择兼职时要找适合自己的,大学生做家教做兼职是很好的选择,选择轻松点的兼职,课余时间本来就是该休息放松,别让兼职占用你的大部分休息时间,大学期间,尝试着做各种兼职可以体会步入社会的感觉,对将来真正步入社会有很大的帮助。

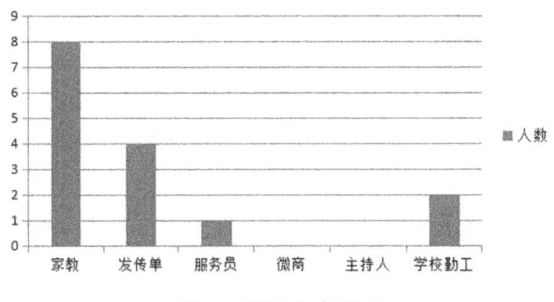

图5 兼职方式调查

对于大家做兼职的目的,如图6所示。有67%的同学都选择了赚取收入,13%的同学选择充实大学生活,剩下20%的同学目的是提高社会能力,增强社会地位。由此可知,大部分的人都是为了赚取收入而去兼职,其次是为了提高自身能力,增强社会地位。原因可能是大部分同学离开父母来到异地上大学,独自一人生活,生活学习娱乐方面的花销自己不能控制好,且大学的花销也比高中多,比如谈恋爱,就需要多花费一笔钱一起吃饭看电影,女生买化妆品衣服,都是很大一笔开销,有时还要跟同学朋友出去聚会旅游等。加上没有父母的管制,花钱可能大手大脚,钱就会不够用,又不想伸手再向父母要钱,于是选择兼职赚钱。而为了充实大学生活去兼职的人最少,兼职需要消耗时间和精力,缺乏赚钱的动力,人都有惰性,不缺钱的情况下,大多数人会选择参加社团,学习技能,比如学乐器、跳舞等来充实大学生活。兼职也是锻炼自己的一个机会，可以让我们提前接触社会，让我们更加了解这个社会，有利于我们以后的工作。当然，兼职也要在不影响学习的前提下，毕竟上学还是要以学习为主，现在需学到更多的理论知识，所以要合理安排自己的时间。

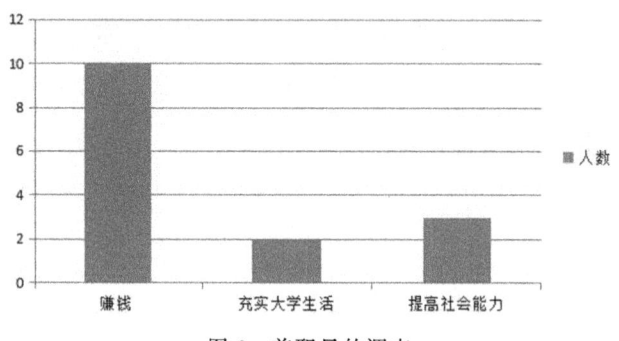

图6　兼职目的调查

关于做的兼职是否与专业有关，如图7所示。67％的人表示无关，只有13％的表示相关，而剩下20％的表示相关性很少。之所以大多数无关，可能是因为需要兼职的比较少，且兼职的时间短，一般都是家教服务员发传单之类的较多。因为地点距离等原因，大多数会选择离校近的地点兼职，考虑到时间地点工资等，很难选到跟自己专业相关的兼职。但是又因为缺钱，多数人会选择不与自己专业相关的兼职。其次，有很多专业根本不会需要兼职，比如制药化工等偏理科专业。去兼职是锻炼自己的机会，可以各方面的兼职都尝试尝试，增长自己的见识，也可以找到自己感兴趣的职业。或者可以根据自己的兴趣或者专业，尽可能找到相近的职业，这样更容易发挥自己的优势。而对于兼职带来的收获，67％的人觉得自己经济独立，能够支付部分或者全部生活费，很有成就感，13％的人觉得自己的生活更充实了，7％的人觉得使自己更大胆与人交流，能够认识更多的人，最后13％的人认为增加了工作经验，社会阅历，为今后的工作奠定基础。认为没有收获，浪费时间耽误学习的则为零。不论做的兼职是否与自己的专业相关，多多少少都是有收获的。选择与专业无关的人,跟做兼职的目的是直接相关的,也是成正比的,赚取收入让自己经济独立,不再太过于依靠父母,在大学里,都基本上是成年人,都不再好意思一直向父母伸手要钱,能自己赚钱自己花,没有那么多顾虑。在自己空闲时间多的情况下,去兼职是一个不错的选择,兼职赚到的不仅仅只是钱,更多的是丰富了自己的阅历,而不是一直待在学校,成为只会学习,不会动手的人。

图 7 兼职内容与专业相关性调查

大多数大学生对待兼职工作的态度是认真的,有 27% 的大学生是时而认真,时而随意,有 13% 的大学生是比较随意的。而从有兼职经验的学生中调查发现,有 40% 的大学生曾经获得的最高的待遇是每个月的工资 1 000 元,33% 的大学生每月工资是 500 元,27% 的大学生每月工资是 800 元。

由此可知,大学生做兼职每月的工资多少取决于自己对兼职工作的态度的认真与否。对待工作越认真,所获得的回报就越多,"一分耕耘,一分收获"。

做兼职有很多益处(见表 4),可以帮助我们更好地认清自我,也可以丰富阅历。做兼职可以培养我们的交际能力,增加社会经验不断成熟。兼职相对于全职而言,它不需要终日都工作,而只要在空闲的时间里进行。那么这就既可以获得工作的经验,又可以保障不延误理论学习。但同时也有些许的弊端,如会影响学业、有一定的安全隐患、兼职与专业的相关度较低等。所以说大学生兼职是一把双刃剑,对大学生的生活和学习既有帮助促进作用,在某种程度上也制约着大学生活和学习。所以大学生应当合理安排好时间并明确兼职目的,提升自我保护能力。我们应本着一个积极向上和认真的态度,看待兼职工作,用平和的心态去面对。

表4 兼职带来的收获调查

兼职带来的收获	经济独立	生活更充实	工作经验	与人交流
占比	67%	13%	13%	7%

如图8所示,选择和父母交流的有3人,占30%。选择尽量隐瞒父母的为0。选择绝对不会告诉父母的有7人,占70%,选择试探父母态度再告诉的也为0。比例最高的人都不想跟父母之间分享自己的恋爱,只有3人愿意告诉父母,这说明的现在大学生与父母之间还是存在一点隔阂与间隙,在涉及自己的私事的时候,毫不犹豫地选择了回避父母,说明大学生的自主意识在增强,想要摆脱父母,自己独立的意识也很明显。

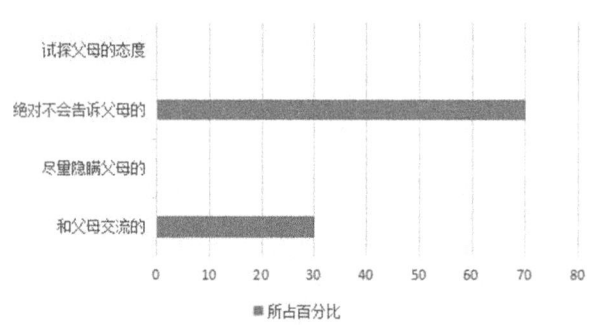

图8 与父母交流情况调查

关于大学生的爱情观的调查,如图9所示。选择爱情至高无上的人有1人,选择爱情很重要,但仍有更美好的事情的人有5人,选择爱情可有可无的人有1人,选择爱情是不可靠的有3人。盲目崇拜爱情的人很少,轻视爱情的人很少,均是一人,还有三人认为爱情不可靠。从这些人数所占的比例可以看出,很多大学生要么是对爱情没有一个正确的认识和想法,要么是太早地对社会的现实所迷惑,导致了对爱情的不信任,不过多数同学对爱情还是有正确的认识的。爱情虽然是虚无的一种情感,但是,它却是人类最美好的情感之一,爱情也是真实存在的,我们每个人都应该充满对美好爱情的向往,爱情是美好的,只有你真正体验过才知道,所以爱情对大学生来说非常重要,非常需要我们去寻找、守护、信任和付出的美好事情。

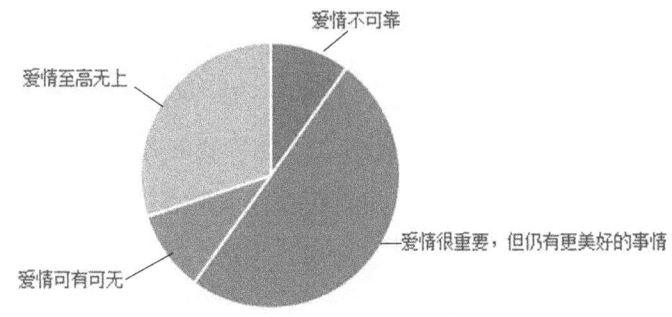

图 9 大学生爱情观调查

影响大学生爱情关的因素,选择父母、朋友、媒体的均有三人,师长为零人,其他为一人。由人数比例可以看出,大多数的人对青爱情的认知,小时候通过父母,再大些通过电视,最后是通过朋友的亲身经历,所以说,良好的爱情观都是由身边环境和各种因素造成的,缺乏良好的爱情观的人可能是成长过程中很少见到爱情美好和现实的一面,从而对它感到陌生甚至是不在乎和不信任,所以,爱情也是需要从小建立起良好的观念。

有人说大学是人生最美好的阶段,应该谈一场轰轰烈烈的爱情。在大学生每天所花谈恋爱的时间调查问卷中,有 60% 的大学生每天花 4~8 小时谈恋爱,有 30% 的大学生每天花 12 小时以上的时间来谈恋爱,只有 10% 的大学生花 4 小时以下的时间谈恋爱,没有人花 8~12 小时的时间来谈恋爱。

通过以上数据,可以知道大学生对谈恋爱时间的把控还是比较好的,并没有花大量的时间来谈恋爱。人一天的时间是很宝贵的,不应该被谈恋爱这一件事耽误太多的时间,影响学习和正常生活。

如图10所示,对于大学期间恋爱能否成功,近70%的人选择不确定。也有少部分人认为在大学期间谈恋爱是不成熟的表现。我们刚进入大学不久,内心思想行为方面还在从青少年向成人过渡,很多目标并没有很明确,而是处于摸索阶段,所以这就导致了我们对于未知或未经历的事报以不确定态度,模棱两可。其次,恋爱能否成功并不是单靠个人就可以决定的,这是双方互相作用的结果,所以就单个个体来说这种事情本来就很难确定。我们必须理智地去考虑谈恋爱这件事,摆正它的位置。恋爱能否成功,建立在双方之上,与其你在这里纠结于能否成功,还不如下点功夫去了解对方,求同存异。在谈恋爱前,首先得考虑自己是否能承担谈恋爱的风险,对于自己来说是否是利大于弊,不要盲目地去追求成功,可能最后这个结果并不是自己真正想要的。恋爱能否成功说到底取决于自己的自信程度,如果觉得自己可以坚持这段恋爱,那就不妨自信点去对待,给自己一个最不留遗憾的答案。谈恋爱有时候会变成一件好事,给了你学习的动力,那么这种时候增加对恋爱成功的自信,或许对你的学习也会带来帮助。谈恋爱会占据你的一部分时间,你要学会去平衡它与其他事物的关系。为自己定下个明确的目标,先做到目标明确,不再迷茫,再去看待这件事情。

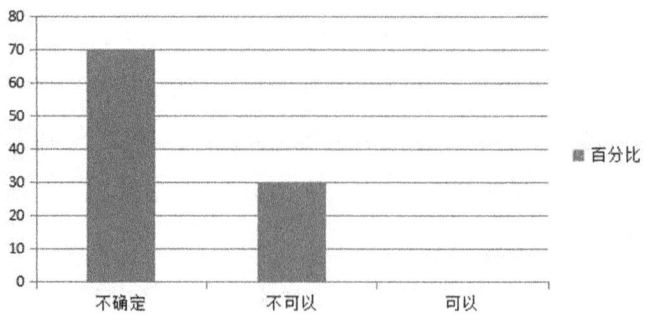

图 10　是否坚持现在的爱情调查

如图 11 所示,半数人(50%)认为恋人在恋爱时应该 AA 制,也有近 40% 的人选择了男方花费较女生多,只有 10% 的人认为女方花费较男生多。按照以往的角度来说,40% 的人是奉行传统观念的人,认为男生应比女生花的多,50% 的 AA 制人群是近年来西方文化普及于中国并为人所接受的具体表现之一,毕竟 AA 制来源于西方,这是一种变相的人人平等的体现。也有 10% 的人认为女生花费比男生多。AA 制其实是一种很好的处理方式,减轻了恋爱双方在经济开销上的负担,适合没有经济基础的大学生。学会理智看待恋爱开销,男生义务为女士买单是绅士的行为其实是个错误的观念,同时这并不是借机表现的最好方式。

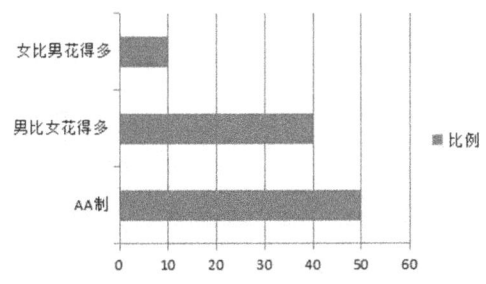

图 11　恋爱时男女花钱比例调查

约 80% 的大学生认为恋爱开销不应高于 800 元也不应低于 200 元,应在 200～800 元之间。尽管在大学,学生们可以做兼职获取收入,但学生的月消费金额是有限的。在没有独立稳定的收入前,生活消费支出大部分是由家里承担,读大学时候,家里给的生活费也有增加,这就使同学们花钱开始有点大手大脚,这就是为什么绝大部分人选择 200～800 元这个区间的原因。应意识到这时候自己的经济并没有完全独立,谈恋爱的开销多半由父母承担,所以除非是自己赚的钱,否则在用之前先好好考虑一下,值不值得。明确对金钱的概念。体会赚钱的不易。学会计划,每次花销前先对自己的花费做个预估计,然后进行再思考。分清主次,花钱花在刀刃上,不要主次不分,盲目为博对方开心而花钱。

如表5所示,认为自己身体素质很好的有3人占30%,自己身体素质一般的有5人占50%,为认为自己身体素质较差的有2人占20%。在这些调查者中身体素质位于中等档次的人居多,因为现在大学生普遍营养较好但是缺乏锻炼,因此身体素质位于中等档次的较多;能保持营养较好且同时能保持锻炼维持好的身体素质的比上述的会少一些;营养不好也不保持锻炼的身体素质较差的人会更少。建议大学生多去锻炼一下身体,保持较好的身体素质,做什么事情都需要一个好的身体去支持,减少不良嗜好如吸烟酗酒,坚持多去健身房慢跑或者做其他有氧运动。

表5 身体素质状况调查

身体素质很好	30%
身体素质一般	50%
身体素质较差	20%

如图12所示,选择每周1到2次锻炼的有2人占20%,选择每周3到4次锻炼的有7人占70%,选择每周几乎不锻炼的有1人占10%。每周几乎不锻炼的人还是少数,多数人注重保养身体。建议大家都去锻炼身体,每周3到4次为佳,要有意识地增加锻炼的次数,以便维持锻炼的效果。

选择早上锻炼的有2人占20%,选择中午锻炼的有1人占10%,选择晚上锻炼的有7人占70%。多数大学生喜欢睡懒觉,早起锻炼的人较少,中午锻炼没什么特殊的功效,因此大多数人选择睡午觉,晚上锻炼的人占比多是因为晚上空闲时间多,而且睡前锻炼有助于良好睡眠。建议早晚锻炼,一日之计在于晨,早起锻炼可以更早地唤醒自己,使自己尽快适应一天的行程,保持更良好的精神状态,晚上锻炼有助于睡眠,利于瘦身保持体型。

图12 大学生运动量调查

如图13所示,对于大学生的业余生活时间安排,在体育锻炼方面,我们调查了一些同学的体育锻炼情况。就"你喜欢的体育锻炼是什么"问题中,有7个同学喜欢跑步,2个同学喜欢打篮球,有1个同学喜欢瑜伽;而对于"你参加体育锻炼的目的是什么"的问题中,有2个同学为了减肥,3个同学是形成了一种兴趣习惯了,有2个同学是为了锻炼身体;在问到"你对学校体育设备和设施满意程度"时,有2个同学是觉得满意,6个同学觉得满意度一般,有2个同学觉得不满意。

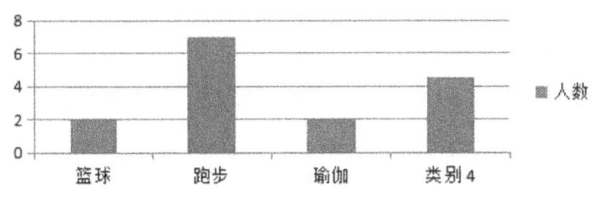

图13 大学生运动方式调查

就这几个问题而言,大学生在课余生活中锻炼主要以跑步为主,很可能是因为跑步是一种普遍、简单而方便的运动,对于技巧、器材和场地没有很大的要求,同学们可以到学校的田径场跑步,且田径场可以容纳足够多的同学,使得同学们更为喜欢跑步;而篮球、瑜伽这类运动对于器材和场地的要求比较多,且篮球更多是男生比较喜欢,瑜伽是女生较为擅长,这造成了调查中对于这两种运动喜欢程度较低。

在学校中,女生的数量比男生多,有许多女生为了维持身材而进行体育锻炼,也就是减肥成了许多同学锻炼的目的,部分同学则是长期的体育运动而逐渐形成了锻炼的习惯。由于同学们是对于跑步更为喜欢,造就同学们对于学校的运动器材需求并不大,故对于学校的运动器材设施的满意度一般,而在篮球、瑜伽这类需要器材的运动,不满意可能是因为运动场距离宿舍有点远,运动场地较小等。

从这个调查来看,同学们的锻炼方式有些单一。除了是因为这些运动是比较容易,不需要费太多精力之外,更多的是同学们懒得去学习一些新的锻炼方式,比如太极拳、五禽戏等。这些不仅需要学习,还要在内心上认可这些运动,否则极有可能因为害羞而不会去做这些运动。而对于那些需要大体力的运动,则是因为怕流太多汗,弄得身上都是汗臭味,招人不喜,以及太累,太费劲。所以锻炼方式都是选择简单为主,只有那些兴趣浓厚的人才会主动去学习一些新的锻炼方式。

如图14所示,业余时间主要上网的学生平均每周上网次数为七次的人数有13人,选择一周三次左右的为6人,根据调查结果可以看出,大部分同学每天都会将时间用在上网上,而剩下的同学一周也会有三次左右将时间花费在上网上,上网已成为同学们生活中不可或缺的一部分。而这样的情况不得不引起我们的深思,网络带给了我们便利,但同时也花费了我们太多时间,而且大部分学生每天都会上网,这已经是有网瘾的表现,学生如此频繁的上网是为什么呢?网上的信息良莠不齐,学生的网瘾可能是受到了不良信息的影响。

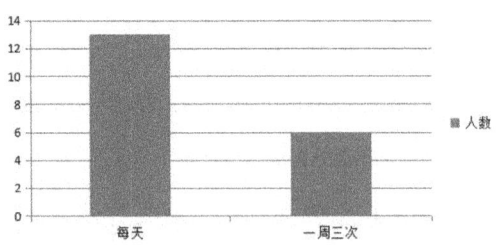

图14 大学生上网频率调查

这是关于学生每次上网时间的调查结果:调查中有10人的每次上网时间是2小时,剩下的9人是每次上网时间不等,互联网是个五彩缤纷的虚幻世界,学生喜欢的原因有:①可以很方便快捷地获取信息;②在网络上能找到和自己志趣相投的朋友,通信交流也很方便;③不用戴面具,自由自在,畅所欲言;④收发电子邮件、玩游戏、查阅资料、交友聊天、看新闻是学生上网的主要目的;⑤开阔视野,及时了解时事新闻,获取各种最新的知识和信息等。然而,网上的信息良莠不齐,经常上网获取那些零散和不系统的知识,不但不会提高学生的能力,反而会比以往退化,而且还有不少学生,因为无法处理过量的信息而患上"信息焦虑"等精神疾病。此外,据英国的米德塞克斯大学的蒂姆莱贝教授统计,网上非学习信息有47%与色情暴力有关,一旦学生接触到这些信息,那后果将不堪设想。而且由于网络对学生具有无限吸引力,所以导致很大一部分学生沉溺于网络,从而患上"网络上瘾症""网络疏离症"等新型的精神性疾病,这些网虫们不要家人不要同学,脱离现实生活,完全是一群有着程序化思维的类机器人。而网络传播也诱发中学生人生观、价值观的冲突,由于网上传播的大多是以西方发达国家的信息为主,这往往与接触这些信息的中学生脑中积淀的中国文化产生冲击。

大学生是否熬夜上网?如图15所示,经常通宵上网的同学人数有7人,偶尔通宵的有5人,从不通宵的有7人。这个现象不得不让人深思,通宵上网对身体有很大的坏处,然而很多同学们为了上网经常通宵,同学们若长时间与电脑相处,不仅眼睛超负荷运转,危害视力;也会使得脊椎变形,身体的健康也受到威胁。

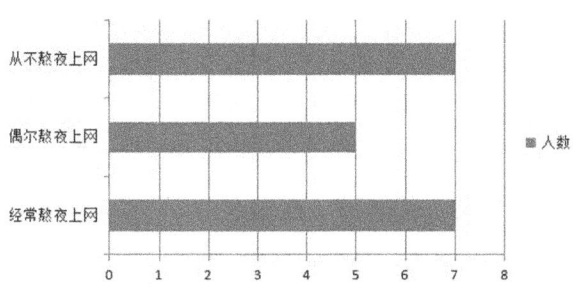

图15 大学生熬夜上网调查

大学生选择在网吧上网的同学有1人,占1.9%。选在宿舍上网的同学有18人,占35%。选在其他地方上网的同学0人,占0%。选择在宿舍上网的同学有18人,占总数最多、比例最高。选择在其他地区上网的人人数为零,所比例最少。因为宿舍有无线联网,在宿舍上网比较方便,如果有什么突发事件也方便处理。而且宿舍有室友,上网的时候有个伴。玩游戏的话可以组队提高胜率,看视频的话有人分享,增加乐趣。而且在宿舍上网环境安全舒适。因此大部分同学选择在宿舍上网。有部分同学会选择在网吧上网,这个是不推荐的。在网吧上网首先要出钱,而且环境不安全,毕竟去网吧的有各种各样的人。所以如果要上网还是在宿舍上网比较好,比较安全。虽然宿舍的网速没有网吧快,但是一般的游戏和网页浏览还是足够的。

　　如表6所示,选择上网聊天的同学有3人,占5.8%。选择上网打游戏的同学10人,占19%。选择上网看视频的同学有5人,占9.8%。选择上网查资料的同学有1人,占1.9%。选择上网打游戏的同学占人数最多,而选择上网查资料的同学所占比例最少。由于网络游戏的开发和推广,现在男生上网基本就是在打游戏,而且现在很多女生也开始打游戏了。在课余时间,想放松娱乐的时候如果没有课外活动,就会选择在宿舍上网打打游戏,看看视频缓解心情。由于图书馆设备齐全,网络百科的不确定性,大部分同学更愿意选择去图书馆查阅资料,因此上网查资料的人数就很少。所以建议上网的时候除了打游戏,还应该做点别的事情。毕竟玩一两把游戏可以放松心情,但是长时间打游戏会使心情浮躁,大量的辐射损害身体健康,而且浪费时间。因此玩游戏也要注意时间。图书馆虽然有大量藏书,但是网络上的知识也许更加齐全,但是要自己筛选信息的可信程度,不可以盲目相信。如果有时间还是建议多参加课外活动,减少上网时间。

大学生课余时间问卷调查结果分析

表6　上网内容调查

聊天	3人
打游戏	10人
看视频	5人
查资料	1人

在课余时间上网的原因，有11人是因为觉得上网不耽误学习，占21%；有3人是因为时间充裕所以上网，占5.8%；有5人是为了缓解压力所以上网，占9.8%。因为上网不耽误学习，所以上网的同学人数所占比例最大，而因为时间充裕选择上网的同学人数所占比例最少。主要因为大二课程比较多，可能上网时间就相对较少。而且大学生有一定的自制性，懂得大学生主要的任务是学习，所以会选择在不耽误学习的时间里上网。而且除了上网，我们还有更多的选择性，可以去参加社团活动，去出门逛街，去运动等。所以，上网的时间就减少了。我们在上网的时候还是要注意，作为学生要以学习为主。如果有时间还是建议多参加课外活动，减少上网时间。

如表7所示，从总体上看我校大学生课余时间使用基本合理，能较好利用课余时间。但是，也有部分学生课余时间缺乏合理的安排，沉迷于电脑娱乐漩涡之中或者在无聊中徘徊，浪费了大量的时间，对身心造成了不利的影响。课余时间仅是大学生活中的一部小插曲，但却充分体现了当代大学生的生活观念。他们以什么样的生活方式来填充和丰富他们的课余时间，展示了他们以怎么样的态度对待生活。

表7　大学生如何安排业余时间结果统计表

休息	业余爱好	社团活动	志愿者	其他
15%	44%	10%	26%	5%

科学大师爱因斯坦说过这样一句话："人的差异在于业余时间"。业余时间安排能成就一个人。一个人的失败也可能是因为他不会合理利用业余时间。我们可以利用业余时间来看一些能提升自己的书籍，学习一些有用的课程，与一些比自己优秀的朋友交流学习。如果我们能坚持，这些都会对我们的未来生活有所帮助。大家应该尽快确定自己的人生规划，做一个长远的打算，从而根据这个长远的打算，立个同

样长远的目标。在休息时多思考自己是否充分利用了时间,自己过得是否有意义。总之,希望大家不断反思,争取过一个充实的大学生活。

身为21世纪的当代大学生,更应该通过积极参与大学的课余生活,在获得知识的同时,增强自主创新意识,提高社会应变能力以及心理承受能力,培养健康的审美情趣,陶冶情操,完善素质,掌握一定的劳动技能,增强实际动手能力,做一名21世纪合格的接班人。

大学生课余生活内容广泛、种类繁多、丰富多彩。内容涉及专业知识的学习、其他知识的学习、校园文化活动、体育锻炼、勤工俭学、社会实践、恋爱、上网及其他形式的休闲娱乐等。丰富的课余生活有助于大学生减轻压力,在大学阶段,虽然没有中学时候抓得紧,但是毕竟还是应试教育,还是要靠成绩说话,奖学金和推优等奖励都与成绩直接挂钩。况且大学的内容比中学的跨度大得多,对于学生理解能力的要求更大,这对大学生是一个很大的挑战,大部分大学生都曾感到过学习的压力,但如学不会释放压力,精神就会长期处于高度紧张的状态下,极可能导致强迫、焦虑甚至是精神分裂等心理疾病的出现。

作为学生课余生活重要形式的学生社团活动,也融入了许多社会"情结",无论是学术科技类社团、文学艺术类社团,都日益注重加强与社会的横向联系,使大学生在服务社会的过程中提高自身的社会活动能力与交际能力。大学生群体也有意根据社会对人才素质的要求完善自身能力结构,利用课余时间给自己"充电",参加社团提高能力、扩大求知、广交朋友的学生比例达到50%,在各种活动中我们也可以交到好多朋友,接触不同的人,有助于我们今后的发展,当然我们可以从中学习到很多经验。

通过对大学生课余生活的现状及目前大学生课余时间所存在的问题和原因进行了分析,借鉴了其他学者的观点提出一些仅供参考的解决建议。随着大学生的课余时间的增多,课余时间将会逐渐成为大家大学生活的中心内容。因此,在不久的将来更多人意识到课余时间对于大学生发展的积极意义,以及提高大学生课余时间质量的必要。

关于大学生网络文明道德的调查研究

调研组成员：

电信151班：林佳娴、崔晨、陈佳瑶、陈建飞、陈鑫悦、胡秀婷、李庆庆、柴白凌、陈晨曦、陈军良、崔高伟、黄洪刚、黄振民、江锋、金东方、李杰、刘祥

指导老师：龚志伟

摘要：网络在成为人们社会生活的重要组成部分和社会成员互动的主要方式的同时，也带来了各种道德行为失范和社会伦理问题。大学生网络道德缺失的根源极为复杂，涉及网络自身、行为主体、教育环境等诸多方面。网络行为失范给社会和个人造成了极为消极的影响，探讨有效的对策刻不容缓。

关键词：大学生；行为示范；网络道德

一、调研内容及方法

1.调研内容

本次小型调研主要围绕丽水大学生的网络道德文明,大学生平时

的上网习惯与他们对现在网络的看法及建议,具体如下:

(1)大学生自身的网络文明情况。

(2)对现在网络上的关于网络文明现象的看法。

(3)对于加强网络道德文明的四大方面建议:大学生、教师、学校、国家。

2.调研方法

本次调研以丽水大学生为主要调研对象,主要是以丽水学院和丽水职业技术学院学生为对象。调研主要采取问卷的形式,首先由本组成员对该调研课题进行分析并提出两个以上相关问题,由组长、副组长和指导老师多次修改,最后形成一份完整的调查问卷。再采用抽样问卷调查方法,以纸质问卷调查为主。共发放问卷 85 份,回收有效问卷 85 份。

二、调研情况分析

我们共发放问卷 85 份,有效问卷 85 份。调研具体情况如下:

(1)如图 1 所示,有 9% 的大学生经常会使用不文明用语,35% 的会在情绪不好时使用,28% 会在一些关系好的人中使用,只有 28% 不使用不文明用语。总的来说,大学生在网上交流时,大多数会使用不文明用语的口头禅。其中占大多数的是在情绪不好的情况下。较少部分也用来表现亲密的关系。导致这个现象的最主要原因应该是为了发泄一时的较为激烈的情绪。四分之一的人使用不文明用语的口头禅是由于从众现象。另外四分之一的人是觉得有意思,认为这种不文明用语的表现可以增加对话的趣味性。

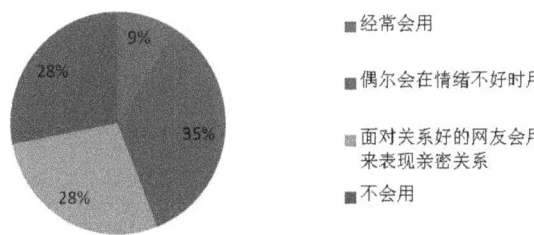

图1 大学生网上交流时是否用不文明用语

(2)如图2所示,经常遭遇不文明事件的人有14%,偶尔遭遇的有43%,没有遭遇过的有43%。遭遇过网络不文明事件的人群偏少,可能是因为调查人群为青年在校大学生。一方面,该人群属于知识分子,道德素质水平偏高,交往人群大多为同龄青年,所以少有不文明行为,随着时代的变化,思想也越来越开放,大多数社交通过网络,偶尔遇到不文明事件也算正常。另一方面,调查人群为90后,他们接触网络的时间长内容广,接触的多,遇见的不文明现象也会更多。

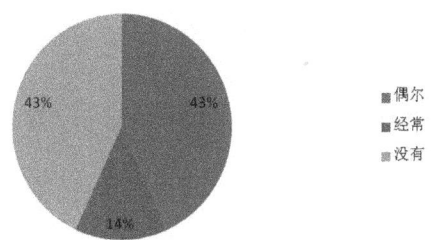

图2 是否遭遇过网络不文明事件

(3)如图3所示,64%的大学生听过但并不了解网络道德,有15%的大学生根本没听过网络道德,只有21%的人听过并十分了解此概念。其实大部分人都知道网络伦理概念,我们的调查对象是在校大学生,他们网络接收信息的能力都十分的快。大事小事都会接触到,所以听到过网络伦理这个概念是意料之中的,然而,在听过的大部分人里面,大部分人只是浮于表面,只是知道这个词,却不知道它的意义,也反映出了现代大学生对网络文明道德建设并不是十分在意与关注这一问题。

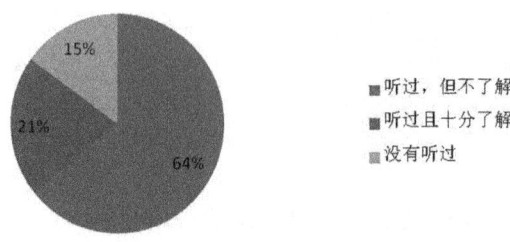

图 3　是否听说过道德伦理概念

(4)如图 4 所示,在网络上举报过不文明现象的有 55%,从来没有举报过的占 45%。从数据可以看出大学生大多都举报过网上的不文明现象,一方面,在网络高速发展的信息时代,虚拟化世界的法制与规范的漏洞与不完善,导致网络成为一些不法分子散播淫秽、暴力乃至色情信息等不良信息的工具,不文明现象更是层出不穷,而大学生这个网络普及程度非常高的社会群体,更是相当容易遇上网络上种种不文明的现象。另一方面,还是有很多人没有在网络上维护自身利益的意识。

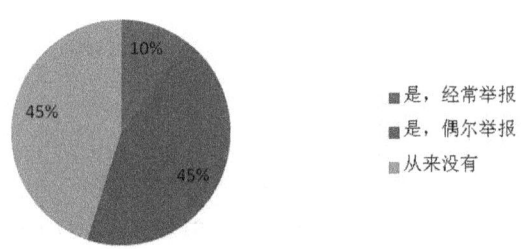

图 4　是否在网络上举报不文明现象

(5)如图 5 所示,12%的大学生经常会浏览黄色网站,21%的大学生偶尔会,13%的大学生绝对不会,而有 54%的大学身表示不小心点到过。大多数大学生对于不良网站,都是持中立态度。这可能是出于对大学生青春期的理解。从这个调查中看出对于不良网站,大学生都难免有过接触,中立的态度也反映出一种当前青春期的迷茫。这需要老师或者社会一定的引导。其中不小心点到黄色网页的占半数以上,这个跟国家在网络上的安全健康维护有关,由于网络的不严谨管理,可能会产生很严重的后果。

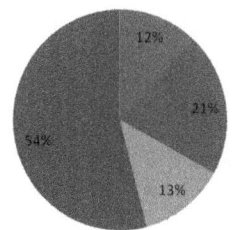

图 5　是否浏览过黄色网页

(6)如图 6 所示,13%的大学生对网上的不文明现象表示无所谓,42%的表示当时有点生气,13%表示很气愤,32%表示应该受到严惩。表示近些年来,有些中国人的不文明行为在国际上屡遭吐槽,已然成为不文明行为的代言人,似乎中国已经从一个文明领先世界的国家沦落到现在因文明程度低而不断被嘲笑和厌恶的地步。与此同时,网络上的不文明现象也在滋生,通过调查发现,当代大学生对于这些不文明现象大部分是持抵制态度的。

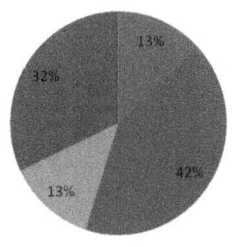

图 6　对网上不文明现象的看法

(7)如图 7 所示,77%的同学认为网上语言冷暴力会对别人造成伤害,还有 23%的同学认为没什么太大影响。网络语言冷暴力就是打着所谓正义的旗号,以道德的名义捆绑着某些自由人,加上通过网络媒介等渠道,肆意地发表偏激的言论,已达到宣泄自己内心的目的。现在有很多言论,都是一种"人云亦云"的结果。在还没弄清事实真相之前就跟着大众,可以说这是被人当枪使还乐在其中的做法。自以为是伸张正义,实际上只不过是盲目的从众行为而已。现代的大部分莘莘学子都懂得网络语言冷暴力的危害,我们更应该一起抵制这种现象。

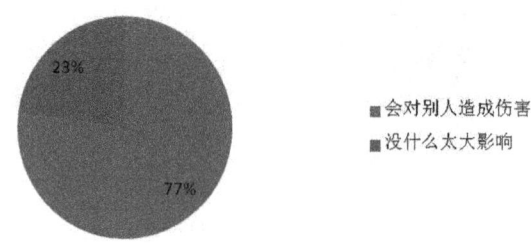

图 7　对网络语言暴力的看法

(8)如图 8 所示,65%的大学生赞同网络实名制,16%的大学生不赞同,还有 19%的大学生无所谓。从回答中可以看出大学生网络道德自律意识淡薄,这就说明了对网络实名制的必要性,有了网络实名制在一定程度上能加强大学生的网络道德自律意识。大部分人赞同实行网络实名制,表明大学生虽然网络道德自律意识淡薄,但是他们希望有某种措施或者规范来加强自己的网络道德意识,这就是大部分人赞同实行网络实名制的原因。

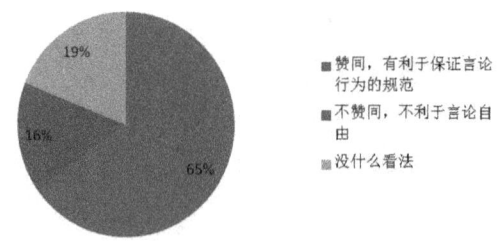

图 8　对网络实名制的看法

(9)如图 9 所示,对于网络上的键盘侠,78%的人认为是没事找事,22%的人表示没想法,与我无关。由于互联网本身把不同地域不同文化的人联系起来,导致我们在网上见到的人比在我们生活中遇到人要多得多,产生的冲突自然就会变多。网络上的键盘侠大都是在现实中不如意,想要在网络上宣泄自己的情绪,对于这种情况,最好的办法就是无视,你不能改变一个没有思想的键盘侠,与其费力气去和他争辩,不如避而远之,坚守自己的底线,做一个文明的网络人。

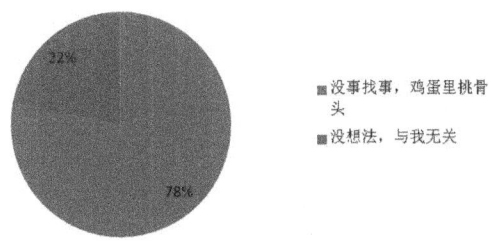

图9　对网络上的键盘侠的看法

(10)如图10所示,有69%的大学生认为浏览不健康网站算道德败坏,还有31%的大学生则认为不算道德败坏。互联网浩瀚无边,色情网站更是难以计数,如今的大部分大学生拥有分辨和抵抗不健康网站的能力,能正确看待事物的合理性。

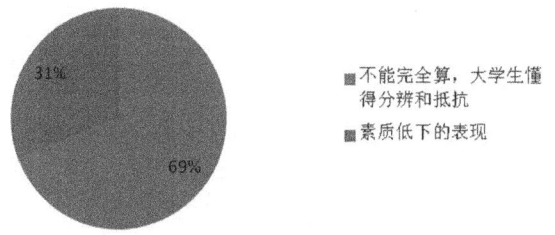

图10　对浏览不健康网站的看法

三、大学生网络文明道德欠缺的原因

(1)如图11所示,对于"大学生网络道德的失范是否与家庭教育有关?"这一问题73%的大学生都是持与家庭教育有关的态度,只有27%

的大学生认为与家庭教育没什么太大关系。这就从学生方面肯定了家庭教育的重要性。高校是培养高素质人才的基地,大学生的健康成长,需要家庭、学校、社会形成教育合力,所以家庭教育对大学生网络道德有着不可忽略的重要性。此外,家长对孩子上网的态度直接决定了孩子对上网的看法与态度,家庭对着孩子在网上的文明道德有着直接的影响。

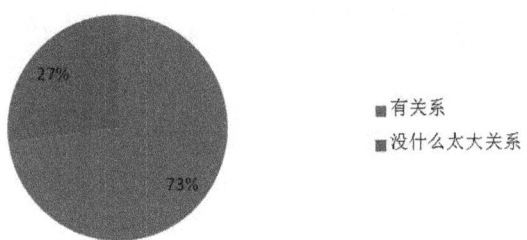

图 11　大学生网络失范与家庭教育的关系

(2)如图 12 所示,58%的人接受过网络文明规则的知识普及,还有 42%的人并未接受过相关知识的普及。从小到大,多多少少会接受有关网络文明规则的知识普及,或来自课堂,或来自书本、家庭教育、学校教育、社会教育。之所以很多人没接受过相关普及,主要原因可能是:第一,确实是相关宣传没有做到位;第二,是大学生并未在意内容而忽略相关的普及,所以现在大学生对于网络文明道德的意识急需加强。

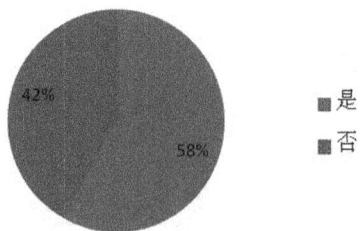

图 12　大学生接受有关网络文明规则普及情况

(3)如图 13 所示,有 45%的大学生认为大学生出现网络失范是由于大学生网络道德自律意识淡薄,有 23%的大学生认为是因为国家网络立法不完善,有18%的大学生认为是大学生自身心理发展不当造成的,有14%的大学生认为出现这种问题是因为高校网络道德教育脱节。我们在采访过程中,其实还有很多别的原因,但是大家提到这几方面的比较多,其中认为大学生网络道德自律意识淡薄的被采访者占了差不多半数,说明大家会从自身寻找问题,而且自己已经注意到这个问题了,也希望大学生能通过一些途径提升自身相关方面的能力。

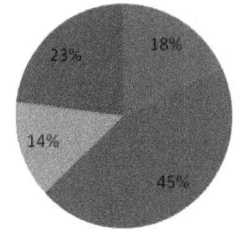

■ 大学生自身心理发展问题
■ 大学生网络道德自律意识淡薄
■ 高校网络道德教育脱节
■ 国家网络立法不完善

图13 当前大学生网络失范的原因

四、加强网络道德文明建设的建议

网络道德是维持网络秩序、保障网络社会有序运行的必要行为规范。网络的迅速发展,一方面改变着社会、人类生活的方方面面,极大地促进了社会的发展,同时也给人们带来许多道德伦理问题,对大学生道德观念和行为也带来一定的消极影响。由于网络具有数字化虚拟化的特点,大学生以字符为中介进行网上交流,所表现出的是难以控制的虚拟人格,容易使其忘记现实社会的责任与道德。任何社会道德包括网络道德都是一定社会背景下的凝结物。网络道德的基本原则只有转化为每个个体自身内在的道德品质,才能发挥其洁净网络环境的功能。

1.对于当代大学生的建议与要求

(1)加强大学生对网络文明道德的关注度。从报告中我们可以看出,有相当一部分的大学生在网络文明道德建设上的关注不够,比如说新闻报道中的由于网络带来的一些负面影响事件。大部分人可能只是看个标题,并不会花时间去了解相关事情,这就直接导致了很多大学生对网络的双面性只是知其然而不知其所以然。对于该事件带来的一系列的悲惨的后果也并无任何感觉,并不去深究与深思。所以大学生们在接收和传递信息如此便捷的时代,应该多关注一些关于网络文明道德建设的消息。其实这并不会花很长时间,但能提高自己对这类相关事件的分析和解决能力。

(2)加强大学生对网络法律法规的了解度。我们发现很多大学生并不遵守在虚拟世界中的相关法规。其实这个问题的最大的原因应该是大学生对于相关的法律法规所知甚少。然而对于当代大学生,了解国家关于互联网的相关法规这是基本要求,只有知道了相关的制度,大学生们才能知道自己该做什么不该做什么,能做什么不能做什么,如若在网络上发现了一些不合法的做法行为,还可以向相关部门举报,也相当于行使一个公民的权力,为建设更好的网络文明做出贡献,在网上受到攻击和伤害时懂得用法律武装自己且维护自身利益。

(3)加强大学生对网络道德的意识和自控能力。现代大学生正处于一个科技飞速发展的时代,各种信息,不论好坏,总是能通过各个平台在我们面前出现,然而很多自制自律能力较差的大学生,很容易受到不好的网络信息所侵蚀,在网上对他人进行人身攻击,浏览黄色网页和看不该看的视频等。所以这就要求大学生必须要加强对网络信息的辨别和选择性接受能力,更需要就算不小心点进相关不良网页还能控制住自己的自制自觉性,还需要有良好的自律能力和分辨能力。在此之前,大学生更应该去重视网络道德建设,如果对于一件事,都没有相关的意识,持着"事不关己,高高挂起"的态度,那就完全没什么意义了。所以加强大学生对于网络建设的意识和对网上相关网站及信息的控制能力迫在眉睫。

2.对于大学教师的建议与要求

(1)教师要引导学生文明上网。对于大学生而言,教育自己最多的就是老师了,所以老师的教育对大学生的影响可以说是举足轻重的,老师在平时要多关注学生的日常生活,包括学生的网上道德文明情况。在平时及时对学生进行疏导对于学生的影响是不一般的。老师也可以多给学生们讲讲实例,告诉他们面对如此高效而危险的网络,大学生们应该怎样更好地去利用网络。

(2)给学生灌输正确的"三观"。大学生对网上信息的辨别很大程度上依然取决于在现实生活中所受到的思想观念、价值取向的影响。道德信念等的教育以及个人经验的积累。所以,教师应该通过教育给大学生传输正确的思想观念和价值取向,让学生们树立正确的人生观、价值观、世界观。在树立正确的价值观念后,其实很多关于道德的问题就会得到解决了。老师不该只是给学生们讲书本上的内容,更重要地是对他们人格品质的塑造。而在网上的道德文明与否就能充分展示一个人的道德素养,教师应该在这方面多教导学生们。

3.对学校的建议与要求

(1)学校可以做好相关的宣传活动。其实,对于现在的大学生,身处校园的日子绝对多于在家里,所以校园对于大学生网络文明道德的建设更是起着关键作用。学校是学生的另一个家,所以学校要做的就是做好宣传,可以在平时的空余时间开设一些相关网络道德建设的课程,也可以在每学期组织几次相关的活动做好宣传,使得网络文明深入学生之心,深深地烙印在大学生的脑子中。

(2)学校可以采取相关措施。调查结果显示,其中有一题:"你觉得大学是否有必要开设网络道德文明课程?"大部分的人都觉得有必要,他们认为学校应该丰富和拓展"两课"教育教学的内容,增强网络教育,使大学生们能正确认识网络的先进性和危害性,正确处理网络行为的道德与非道德、文明与非文明等关系。学校可以积极开展丰富多彩的网络活动,如网页设计大赛、网络知识竞赛等,组织网络知识讲座、利用广播、报刊等媒体开展宣传,倡导大学生文明上网,促使大学生道德素质不断提高、道德境界不断升华。

4.对政府的建议与要求

(1)政府应该制定好网络规章制度。由于科技的快速发展,计算机也发展迅速,这直接导致了一个严重问题:国家在互联网方面的相关法律法规不完善且出现较大漏洞。对于当代大学生而言,国家更是起着不可忽视的作用。计算机网络的快速发展让我国的许多相关规定措施没有及时出台和实行,然而国家要保证大学生上网的环境质量,对于一些不健康不合法的网站网页要采取相应措施。国家还要完善相关的法律法规的建立,使得那些心思不纯的人心有余悸,不能无所欲为。

(2)各级政府要做好相应的宣传。除了在校园里可以做宣传之外,在社会上的宣传也起着至关重要的作用。在调查问卷中有一题:"从小到大是否接受过有关网络文明规则的知识普及?"其中有半数以上的大学生表示并没有,说明国家在这一方面的宣传很不到位。现在的人,出了家就是校园和社会。国家也可以要求城市和农村开展一些网络文明道德建设的活动,增强每个人对网络道德的了解。

丽水市民对流动商贩的态度调研报告

调研组成员:

机械设计制造及其自动化 152 班:赵霄凤、俞祺、王世雄、徐嘉瑾、徐鸿超等

指导老师:朱宗侠

摘要:城市化是一个国家通往现代化的必由之路,流动商贩作为城市化的伴生之物,占道经营也绝不是个别城市存在的问题,可以说流动商贩经营是全世界普遍存在的社会现象。在丽水创建全国文明城市的大背景下,本报告通过市民对流动商贩经营现状的看法问题进行调查,讨论研究如何更好地协调流动商贩的治理规划,整理商贩对城市建设和环境保护的影响,在保留城市特色的同时,使这些商贩成为装点城市的一道风景线,为城市环境美化做出贡献。

关键词:全国文明城市建设;流动商贩;调查

流动商贩,是指无固定经营场所、无营业执照、无注册资金,也没有合法摊位证且流动性大的摊位。因此,流动摊贩被认为是脱离政府行政管制,逃脱税收责任,是食品问题和环境问题的主要问题源,因此其经营活动与城市管理之间存在难以调和的矛盾。而随着城市化的不断

推进,城市中的流动商贩数量也在迅速扩大,漫步大街小巷,不时有流动商贩的身影出现在眼前。由于流动摊贩为无证经营,并且占道经营阻碍交通,成为城市治理中的重点和难点问题。众所周知,流动摊贩多为农民、下岗工人或者一些非就业弱势群体,他们要么学历偏低,要么身无一技之长,要么毫无资本,面对高额的办证、评估费用,他们于是选择了无证流动经营这条路。据调查,无证商贩中75%是非城市人口,他们住着廉价出租屋、流动频繁、成分复杂;25%是无其他经济来源收入的乡村困难家庭和失业人员。为了逃避各种赋税,降低经营成本,谋取最大利润,扩大生存空间,他们多在街头就地设摊,流动经营。而且,他们的流动适应性较强,不仅能巧妙灵活躲避城管,还能根据市场需求来变换经营内容,以迎合消费者的需要。由此可见,流动商贩生存权利和城市管理秩序间的矛盾及其职业转换动力不足是影响城市文明的重要原因。而要形成有效的流动商贩治理,城市管理者必须转变对流动商贩的认知,流动商贩也应形成正确的自我认知,并通过加强二者的互动交流、促进政务协同和增进社会组织参与,在共同协商和监督下,形成流动商贩综合治理的整体性力量。总之,对流动商贩的治理,应注重以"商贩"为本、因地制宜,在法制化、规范化、人性化并存的管理制度中,不断探索有效的治理方式。

一、调研内容及研究类型与方式方法

1.调研内容

(1)调查对象的身份确定。

(2)市民对流动摊贩的了解度和信任度。

(3)市民光顾流动摊贩的频率与原因。

(4)市民对路边食品商贩的看法及所受影响。

(5)市民对流动摊贩的主观看法及建议。

2.研究类型

解释性研究、抽样调查。

3.研究方式

统计调查为主,结合实地观察法。

4.研究方法

问卷法为主,结合访问法、观察法。

二、调查情况分析

本次调研共对138位市民进行了采访,其中82位男性,56位女性。年龄跨度从十六岁到七十岁不等。其中了解丽水在争创全国文明城市的有97人,仍有41人并不了解。而流动商贩所造成的问题有以下几个方面:

(1)流动商贩是否该被取缔。有近56%的市民认为流动商贩影响了丽水市的市容,而其他市民则认为这是一种体现生活特色的方式。因此就流动商贩是否应被取缔这个问题,大部分人还是偏向"否"这个选项,如图1所示。由此可以看出,相比较来说,女性比男性更在意流动商贩的合法性,也更希望流动商贩能被正式商店所代替。按比例来说,市民呼吁流动商贩被取代的呼声更高一些。

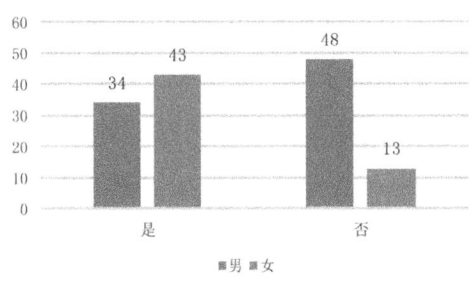

图1 流动商贩是否该被取缔统计图

(2)流动商贩是否会吸引市民消费。在流动商贩是否会吸引市民消费问题上,职业的不同也影响了市民对这个问题的看法。对于上班族和学生来说,流动商贩似乎能给他们带来更大的便利,而且也能节省更多的时间与体力。因此流动商贩的针对人群大多为企业工作人员和学生,流动商贩的商品对于老一辈的爷爷奶奶们并不是很受欢迎,追究其原因:①因为爷爷奶奶们思想保守,不需要追求时尚的物品,相对来说没有较大购买力;②像待业一族生活节奏较慢,注重养生思想,自然不喜欢小摊贩的廉价但却无保障的产品;③个体户或机关事业单位人员生活质量较高或社会地位较高的群体,身份的不同以及对较高物质要求对流动摊贩的物品基本不感兴趣。因此造成了图2所显示的数据特点。

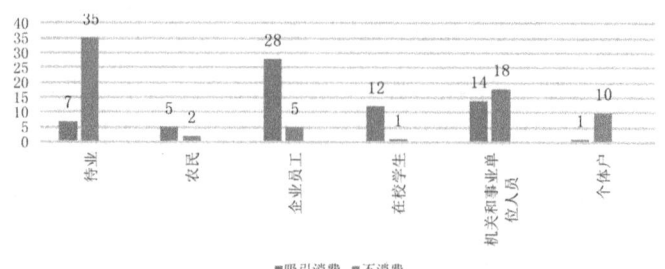

图 2 流动商贩物品是否会吸引市民消费

(3)流动商贩中的食品安全。如图 3 所示,在此次调查中,市民最关注的问题莫过于流动商贩食品安全问题。民以食为天,伴随着我国接连不断发生的恶性食品安全事故,食品安全必然引发人们的高度关注。但问起小吃摊的制作来源或加工程序是否卫生时,绝大多数市民的回答都是不了解。而且在调查中,有 67% 的市民是觉得路边小吃摊并不安全,但据另一数据反映,由于路边小吃而造成过身体不适的市民只占调查对象总数的 23%。对于出现这类食品安全问题有意向向有关部门举报的调查人数只占到 25%。这就说明市民虽然有意识想去关心食品问题,但并不知道途径与了解方法,而对于路边的食品商贩卫生问题,丽水的情况还未达到十分严重的状态。

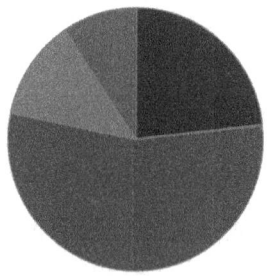

■不了解,并不关心 ■不了解,但关心 ■了解,但不影响购买 ■了解,不卫生不会购买

图 3 市民对食品商贩的卫生状况的态度比例图

(4)政府对流动摊贩的治理成效。在所调查的对象中 37 名人员反应并未觉得政府对此事做出有成效的努力。因此政府要进一步统筹

规划新的格局建设,使市民生活得到便利保障的同时,加快建设全国文明化城市。在调研中,有不少市民提出政府监管的力度一定要加强,天天管,年年管,不能三天打鱼两天晒网,如若那样,监管无异于扬汤止沸,治标不治本,丽水市只会与创建全国文明城市的道路背道而驰。

三、流动商贩现状

1.流动商贩主要构成

在我国主要包括五种人:
(1)无业、下岗、或待业人员;
(2)外来流动人员(由于其文化素质低,技术水平不高,就业比较困难);
(3)部分"两劳"(劳动教养、劳动改造释放人员);
(4)部分退休人员及残疾人员;
(5)本地农民(自产自销)。

2.流动商贩经营内容

流动摊贩的经营内容品种多,门类齐全,以日常生活用品、水果蔬菜、早点、熟食、油炸食品为主。流动摊贩对市场的需求变化有极强的应变性,能根据市场的变化及时快速地调整自己的经营内容,以迎合消费者的需求。流动商贩主要由非城市人口、困难家庭和失业人员组成(见图4)。

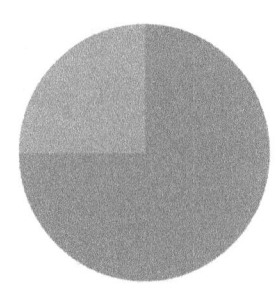

■非城市人口 ■困难家庭和失业人员

图4 流动商贩组成人员

3.流动商贩存在的原因

(1)基础设施相对缺乏。随着城市不断发展,部分居民小区配套设施不完善的问题越来越突出,如一些新建小区就缺乏就近购买农副产品和日用商品的市场,给居民的正常生活带来诸多不便,为流动摊点、自发市场提供了需求空间。

(2)进场经营成本较高。由于农贸市场摊位费超出部分经营者的承受能力,同时市场内人流量不大,如果蔬等部分商品保鲜期有限,难以满足经营者需求,尤其是大多数农民自产商品售卖期限不固定,造成部分经营者不愿入市经营。

(3)价格便宜购买便利。流动摊贩经营的商品种类齐全,价格低廉,购买方便,因而居民不用绕远路到专业市场或超市购买,即可满足一般家居生活需求。因此,清理取缔流动摊点,当地居民也不理解,不予支持,有的甚至持敌对态度。

(4)审批管理衔接不够。在对沿街经营户的审批上,存在着审多管少甚至只批不管的现象,没有紧密结合申请人的实际情况,一些店面根本不具备基本的经营条件,如部分业主在很狭小的店面里从事餐饮、铝合金加工等。

(5)管理力量配备不足。随着城市化进程的不断加快,管理要求日益提高,城管执法力量配备不足,已经不适应当前形势,执法力量捉襟见肘,人均管控区域不断扩大,现有力量已难以满足工作需要,影响了城市管理和行政执法工作的有效开展。

4.流动商贩的利弊分析

(1)流动商贩存在的合理性。第一,有利于中国文化的传承,丰富城市人民的生活,为城市增添色彩。流动摊贩在我国历史悠久,古代繁华街市的形成有流动摊贩的贡献,百姓生活起居的方便也离不开流动商贩的作用。由于流动商贩供应的商品种类丰富、价格低廉、经营方式便捷,为我们的日常生活提供了方便。第二,城市流动商贩的存在增加了就业,解决了很大一部分人的生存问题,减少了社会不安定因素。在我国从事城市摊贩经营的主要是下岗人员、进城农民工、离退休人员和其他社会闲散人员。他们自谋职业、自力更生减轻了政府安置就业的压力,据估计全国约有流动商贩上千万,这一庞大的人群如果不自谋生路,政府要解决他们的就业问题需要提供上千万个岗位,其难度可想而知。

(2)流动商贩存在的负面效应。第一,侵占道路,影响交通安全。近年城市道路建设发展很快,但仍不能满足日益增多的机动车辆的需要,城区一般道路平均宽度 8 米左右,车载商品车辆(以轻卡为例)一般宽度 2 米左右,在出行高峰期,若占道售卖商品,车周最少围绕群众 1.5 米,加一侧停放车辆宽度 1.6 米,道路通行宽度不足 3 米。城市道路不断被流动摊点蚕食,极大妨碍了城市道路交通,给市民出行带来极大的不便,而且流动摊点聚集的场所也是交通事故频发区域。第二,污染环境,扰乱居民生活。流动摊点经营严重的地方,噪音超标,乱堆乱倒垃圾者甚多,尤其早夜市排放的油烟油污、遗留的餐厨垃圾、果皮纸屑、塑料袋等对环境造成了污染,特别是居民区周边的露天夜市经营时长,严重影响周边居民的休息,居民反响很大。第三,破坏秩序,存在安全隐患。流动摊点经营的商品、食品,多数是非合法正常渠道进货,"三无"产品、假冒伪劣商品随处可见,而出售的食品往往未经检疫,其卫生状况之差不言而喻,质量安全、卫生安全得不到保障,而且极难查获;这些商贩既无营业执照、又不能定点经营,随意定价无序经营,破坏了正常的经济秩序。第四,影响形象,破坏城市品位。随着城市建设的发展,城市的基础设施越来越完善,城区环境越来越优美,道路越来越宽广,正以崭新的面貌向人们展现她的靓丽风姿,但占道经营行为使原本宽敞、整洁的街道拥挤不堪,肮脏不堪,景区的流动商贩更加让丽水迷人的自然环境魅力大打折扣,不利于丽水文明城市的创建。

四、流动摊点管理的对策建议

1. 加快专业市场的规划建设

建议在城市建设和城中村改造等工作中,将综合性专业市场纳入整体建设规划,预留发展空间,合理储备土地,改变市场布局不合理的现状。根据城市地段、人口密度、分布特点和居民购买力水平情况分别设立适应不同群体的消费市场。对宜于市场建设的土地,及早规划,准确定位,争取尽快开发,或在物业小区或小区建设中将市场建设考虑进去,科学合理布局,从根本上解决占道摊点问题。

2.设置限时经营的便民市场

以"不影响交通秩序,不影响市容环境,不影响居民生活、不影响卫生安全"为原则,充分利用城市现有的公共空地和具备条件的背街小巷,按照合理选址,专业销售,限时经营的要求,设立美食一条街、小商品限时经营市场等,为买卖双方提供交易场所和平台。通过规划设置相应的便民市场,聚集消费人气,逐步疏导和取缔流动摊点。

3.强化部门联动的管理合力

流动摊点、占道经营管理问题涉及公安、工商、卫生、食药监、城管等多个部门。要建立健全城市管理执法联动机制,通过条块联动、部门互动,形成管理合力。特别是对严重影响交通秩序的流动摊点、马路市场,实行联合执法,依法予以清理取缔。同时,对一些长期店外经营的经营户,建议有关部门在证照审验中采取相应措施,对不具备经营条件的不予审验、续发。对一些车载流动摊点公安交警部门按照相关法规加大处罚力度。

4.努力营造良好的舆论氛围

采取多种形式、多种方式,在落实"门前五包"责任制的同时,争取新闻媒体积极支持配合,重点加强对市民文明经营、守法经营和理性消费、文明消费的宣传引导,加强城市管理法律法规和规章的宣传,全面提高对占道经营违法性、危害性的认识,创造一个和谐的社会管理环境。增强专业市场的竞争力,建立科学的专业市场经营机制,适应市民生活需求和大众生活习惯,合理控制专业市场物价水平的波动,吸引周围消费人群。

莲都区公共厕所卫生问题的研究

调研组成员：

化工 15 班：刘天留、宋志坚、宁海侠、檀静、周栩彬、赵金燕、张乾钧、余逸斌、陈庆专、刘煜、胡磊磊、沈嘉骏、孙义群、魏向阳

指导老师：裘莉

摘　要：全国文明城市是反映城市整体文明、和谐程度的综合性荣誉称号，也是一个城市最有价值的战略资源和品牌。2016 年 3 月，丽水获得"全国文明城市提名城市"称号。同年 9 月，市委、市政府召开部署全国文明城市创建工作动员大会，根据会议要求，我市将力争在保持全国文明城市提名城市的基础上，到 2020 年建成全国文明城市。公共厕所的环境在反映一个城市的文明方面有着重要的地位。居民的个人素质是影响公共厕所环境的重要因素。目前莲都区公共厕所的使用情况还存在一些问题，在公共厕所的分布和不文明如厕等方面还有待改善。本文将通过对莲都区各地公共厕所的环境问题的调查及研究来展现丽水市创建文明城市的其中一环。

关键词：莲都区；文明城市；公共厕所；卫生环境

公共厕所一直以来都是"用水大户",所以在五水共治开展以来,丽水市莲都区环卫局一直在研究如何在保证公厕内整洁卫生、减少异味的情况下实现节约用水。近日,莲都区环卫局结合自身工作职责,从公共基础设施改造入手,开展节能节水活动,解决了过去长期困扰节水工作的一大难题。

按照国家卫生县城测评标准及《城市公共厕所设计标准》等规范性文件,市建设局组织人员对公厕的建设标准、内外环境、设施配置、管理服务等情况进行全面摸排调查,进一步完善公厕基础数据。同时,根据摸排情况,现场制定公厕改造实施计划,逐项明确提档改造、用材用料等细节要求,并认真落实牵头单位责任,确保改造工作有序推进,完善内部环境,规范标准的管理服务等元素综合在一起,把公厕做成景观。

由于大部分的公共厕所都是免费使用的,所以这也是体现了政府公益性事业的支持,我们不仅仅需要保洁工人,更重要的是自己的实际行动,居民的个人素质是影响公共厕所环境的重要因素。

那么,现在莲都区公共厕所的分布情况如何?使用公共厕所是否需要排队?公共厕所的卫生状况如何?公共厕所是否还存在不文明现象?市民在使用公共厕所时更看重那些事情?市民对莲都区公共厕所的综合评价如何?对于这些问题我们自己设计问卷,查阅资料对莲都区各种不同年龄段的人进行调查,研究并分析出莲都区公共厕所卫生情况的不足之处。

一、调研内容及方法

1.调查对象

莲都区各地居民、在校学生。

2.调查方法和情况汇总

以丽水学院为中心,分成7组向各个方向沿途调查公共厕所以及进行问卷调查,每组负责16份问卷,共112份,回收有效问卷共110份。

(1)莲都区公共厕所的分布情况。如图1所示,我们可以统计出:几乎每条主马路都有公厕,非常容易找到的占22%;数量不多,但易找到的占41%;很少,几乎找不到的占27%;没有的占10%。莲都区公共厕所的分布不是很均匀,有一些地方的公共厕所分布非常密集,每一条主马路都会有,但是,有的地方公共厕所数量很少,甚至没有。这样的分布,使得一些地区太多,但并不需要,而白白浪费了人力物力,另外一些地区公共厕所数量紧张,这样会使仅有的公共厕所内的设施由于使用频率太高而容易损坏。不过,大部分区域的分布还是合理的。

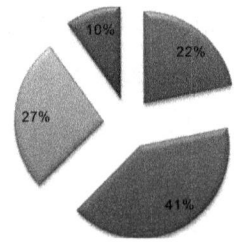

图1 莲都区公共厕所的分布

(2)莲都区公共厕所的环境状况。一个公共厕所的环境状况如何主要取决于它的卫生情况。厕所给人的印象大概就是肮脏,或者说这种脏的形象已经深入人心,尤其是公共厕所,脏兮兮的地面和围墙,空气中充满着异味,每次从门口路过,即使并没有味道,也会下意识地认为应该要屏住呼吸了。如图2所示,在我们调查的这些人中有11%的人认为公共厕所的地面瓷砖清洁;12%的人认为厕所内基本没有臭味;14%的人感觉地面有些许垃圾;8%的人认为地面有较多垃圾;11%的人认为公共厕所的地面瓷砖等都很脏;23%的人认为公共厕所有一些异味;11%的人认为公共厕所里非常臭;10%的人看到公共厕所的墙上贴的满满的广告。根据我们的问卷结果可以看出,莲都区公共厕所卫生状况存在的最大问题就是有异味,其次就是地面有垃圾。但是这只是一部分的公共厕所存在的问题,由问卷的数据可以看出,莲都区一些地方的公共厕所的卫生情况非常好,地面瓷砖整洁且无异味。还有一小部分的公共厕所成了商家免费的广告牌,贴满了广告。

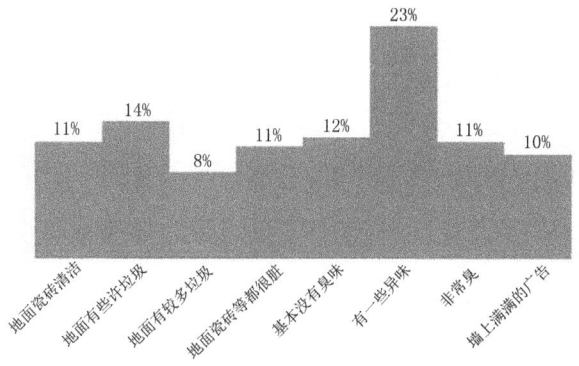

图2 公共厕所卫生状况

公共厕所卫生存在问题的主要原因是因为公民素质不高,由于公民的自身素质低而无法意识到公共设施和环境需要大家一同保护,这样就使得公共厕所的卫生环境差;次要原因是有关部门的管理力度不够,由于管理松懈,使得厕所无法得到及时的维护,而造成环境差;还有很少的一部分原因是因为设施不齐全和其他的原因。

(3)莲都区公共厕所不文明现象。公共厕所的卫生环境与公民的素质是息息相关的,作为公共场所,想要保持它的整洁就必须要靠大家一起努力。如果去公共厕所的人都无法自觉地保持卫生,那么保洁工人无论多勤劳都是于事无补。根据图3可以看出造成公共厕所环境卫生的不文明现象,最明显的是上完厕所不冲,由调查结果可以看出有32%的人遇到过上完厕所没有冲的情况。其次是随意拉撒的现象,大概有22%的人见到过这种情况。随意拉撒和上完厕所不冲,这两种现象是导致公共厕所内异味大和不卫生的重要原因。这种现象会使公共厕所的保洁人员工作量加大,工作难度也会加强,还会使去公共厕所的人无法正常使用厕所而造成需要排队的现象。

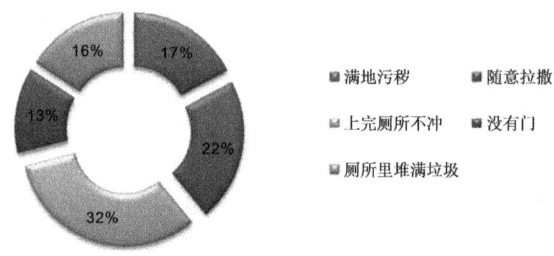

图3 公共厕所的不文明现象

不文明如厕的现象并不普遍,但是也不少见。对于这种情况也不是没有原因的。由图4可知,有66%的人认为造成不文明如厕的原因是因为个人素质习惯,是由于个人的想法而不对公共厕所的卫生环境考虑;有10%的人认为不文明如厕的原因是厕所的硬件设施有问题,是因为厕所的条件有限,无法满足需求,所以才发生的不文明如厕现象;有18%的人认为不文明如厕的人只是因为自己无意识,并没有故意的不冲厕所,只是没有意识到不冲厕所会怎样,只是忘记而已;有5%的人认为不文明如厕只是因为意外,如上厕所的时候突发什么事情了,而弄脏了厕所;还有1%的人认为是其他的什么原因造成了不文明如厕。不文明如厕的人也许真的只是因为没办法才会那样做,但是有一些人就是因为个人素质不高。面对这种情况,我们能做的也就是以身作则,用自身的行动去引导。

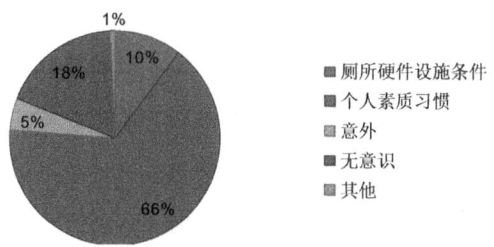

图 4　不文明如厕的原因

我们在说起不文明如厕的人的时候都会很厌恶,但是在真正面对不文明如厕的人的时候并不是每个人都会去制止,如图 5 所示,只有 16％的人会做到出面制止;有 36％的人会视情况自己处理;有 22％的人会用其他的方法来解决这个问题;还有 26％的人会认为别人不文明如厕与我无关。

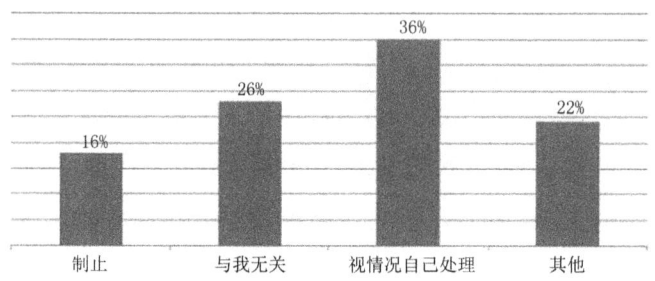

图 5　面对不文明如厕你会怎样做

从上面结果可以看出大多数人的回答还是非常保守的,针对不文明如厕现象我认为想要根治,还是要通过教育宣传,自控为主,监督为辅。形成一种良好的行为习惯就能使这种现象尽可能不出现。

(4)通过调查问卷发现,现在莲都区公共厕所主要存在以下几个问题:第一,数量不足、分布不合理;第二,导向路牌不清晰,各个城市导向路牌不统一,部分甚至不清晰,造成指示错误而无法找到公共厕所;第三,配套设施不完善。第四,公共厕所环境脏乱差;第五,部门管理力度不够;第六,公民素质有待提高,环保意识还需加强。

"小公厕,大形象",细节管理反映一座城市的人文理念和发展水平。一座城市在大规模建设完成后,可能基本的形态和轮廓已经大致确定了,但是如果需要进一步改善城市的面貌、丰富和增进城市的功能,则应该更加注重城市的细节,公厕就是城市中较为细节的部分。但是细节不代表小事,它往往决定了一座城市的品位和气质,公厕建设得好不好,管理得行不行,直接影响到了公众的生活质量。

城市公厕在城市运行、保障社会活动、方便公众生活及丰富城市文化中起着非常重要的作用,毋庸置疑它是现代城市中必不可少的重要基础设施。

关于公共厕所卫生设施方面,我觉得要提高居民的卫生参与意识和公德意识。通过宣传、教育、监督等多种方式约束居民不文明如厕的行为,使得居民能做到便后及时冲水,不在厕所中随地吐痰,不乱扔垃圾,爱护公厕设施,不在公厕的墙壁、设施上乱涂乱画,不随意张贴。从自己做起,从小事做起,一点一滴为城市的建设做努力。

在此次实践课程中,我们发现的很重要的一个问题就是在城区的公共厕所普遍干净,而那些在农村周围的厕所很久都没有清洗,我们认为这种现象产生的很重要的一点就是居民素质不高和有关部门的管理力度不够大。

我们去白云山走访了一番,在步云岭的那条路上我们就看到了两个公共厕所,我们一致认为,在白云山顶也可以修建一个公共厕所。这样对于公厕分布更加合理。白云山的公厕可能经常有人打扫,所以相对来说还是比较干净。

我们要做是打造出一种"厕所文化",厕所能够反映出人类进步的历程。从我们调查问卷中大家反映的意见大多认为公共厕所数量需要增多,对于卫生方面要勤加清洗,对于硬件设施可以增加一些,比如增加一些纸巾、吹手机等。对于公共厕所大家认为这是城市文明的一部分,不能小视。

莲都区公共厕所在网上能够搜索到的地点有 86 个,但是大部分集中在大型商场、医院和公园内。我们认为可以在不影响市容的条件下,在一些十字路口和一些菜市场人流量大的地方加盖一些小型厕所,使莲都区的公共厕所分布更加均匀,也更加完善。

二、改善措施

对于政府来说,可以组织人员对公厕的建设标准、内外环境、设施配置、管理服务等情况进行全面摸排调查,进一步完善公厕基础数据。同时,根据摸排情况,现场制定公厕改造实施计划,逐项明确提档改造、用材用料等细节要求,并认真落实牵头单位责任。对于一些不合格的公共厕所进行改造,变得更加实用美观。

对于工作人员来说坚持实行"一人一厕"或"一人多厕"的管理模式,逐步完善公厕管理各项制度,落实公厕管理日巡查、周考评、月排名等考核办法,着力提升公厕管理水平。按规范标准制作统一的公厕标识牌、制度信息牌,设置温馨提示、公益宣传标语等,打造公厕文化。

对于居民来说,大力进行宣传教育,对于在校的中小学生也积极去引导他们,文明如厕,从娃娃抓起。这样社会形成一种良好的风气之后,那些不良行为也将被大家鄙夷。

通过此次政治实践课程我们学到了好多东西,对于团队合作,组织协作能力有很大的提高。我们之所以选这个课题,是因为丽水正在创建全国文明城市,厕所卫生问题很能体现出一个城市的文明程度。

首先，因为公共厕所比较隐蔽，大家有时候就可能认为没人监督，就随手扔纸巾，扔烟头。其次，大家对公共厕所的普遍认识可能就是脏乱差，所以认为多扔一些垃圾也无所谓。最后，公共厕所人流量大，不易管理。这样个人素质就在公共厕所暴露无遗。

  我们认为选题切合实际，在创国家卫生城市的过程中我们也希望能够献出我们的一份力。在践行社会主义核心价值观中最具体现了文明的含义。我们走访了很多人其中有医生、超市老板娘、小学生、丽水职业学院的学生等，大家对于我们的问卷也很配合，相信通过这次实践能够对于我们以后在与人沟通方面会有很大的帮助的，这次实践过程比较短暂，可能还有很多细节问题没有显示出来。所以会有一些不足吧！

志愿者参与丽水市创建全国文明城市的调查报告

调研组成员:

视觉传达设计15班:黄蓉双、周望婷、李晓、张晓禾、张丹妮、高家宁、罗越、葛唱、秦海云、孔听听、李璐、卢巧莉、马敏、戚雨苗、沈耀军、盛泽、汤林涛、滕雪花、王倩、卫雨虹、徐嘉敏、叶文杰、潘瑶、何变弟

指导老师: 曹寄奴

摘　要: 志愿者是一个特殊的群体,他们致力于免费、无偿地为社会进步贡献自己的力量。志愿工作是指一种具有组织性的助人及基于社会公益责任的参与行为。志愿者作为"自愿进行社会公共利益服务而不获取任何利益、金钱、名利的活动者",具体指在不为任何物质报酬的情况下,能够主动承担社会责任而不获取报酬,奉献个人时间和行动的人。本课题的主要任务是探究目前志愿者参与丽水市创建文明城市的情况,利用社会调查方法和法律基础知识来收集数据,发现和解决问题,并采用书籍网络查阅、问卷调查、深入访谈等途径来了解志愿者参与丽水市创建文明城市的动机、遇到的问题以及解决方法等,进而分析志愿者参与丽水市创建文明城市的原因以及出现的一系列问题,提出解决这些问题的合理化建议,维护志愿者参与创建全国文明城市的权益。

关键词: 志愿者;全国文明城市;创建;丽水市

据统计，2016年丽水全市注册志愿者人数已经超过27万人。现在，志愿者服务已成为一个非常普遍的现象。志愿者服务可以获得宝贵的社会经验，在服务过程中可以锻炼自己的交际和应变等能力，也是社会"新人"体验社会的途径之一。志愿服务工作是社会公共文明的重要标志，也是创建全国文明城市的一项重要组成部分。丽水市创建全国文明城市离不开志愿者的服务，但志愿者在服务期间会遇到各种问题，需要正确的应对办法。

一、调研内容及方法

1. 调研内容

本次调查采取问卷调查法收集资料，采用随机抽样的方法选取调查对象，进行问卷调查。走访发放问卷220份，回收有效问卷220份，有效回收率为100%。就志愿者参与丽水市全国文明城市的类型、途径、目的、与学习的关系等方面，对志愿者参与丽水市全国文明城市状况进行了分析与研究。

2. 调研方法

本次调研我们主要采取问卷调查的方式，使用发放调查问卷的定量统计调查以及定性的访问调查，并采用查阅文献及记录材料等方法。

二、调研情况分析

在本次调研过程中,我们对 220 位市民进行了问卷调查,男生 119 人,女生 101 人,其中高中及以下 35 人,大专 47 人,本科 108 人,硕士及以上 30 人。

1.志愿者参与全国文明城市的关系

众所周知,一个城市的文明和美好离不开每位市民,而志愿者更是有着重大存在和贡献意义。志愿者对我们城市的创建起着重要的作用,一直有着紧密的联系。我们此次的问卷调查中(见图1),市民认为关系密切的占 119 人,关系一般的占 53 人,毫无关系的占 11 人,不清楚二者之间的关系占 37 人。

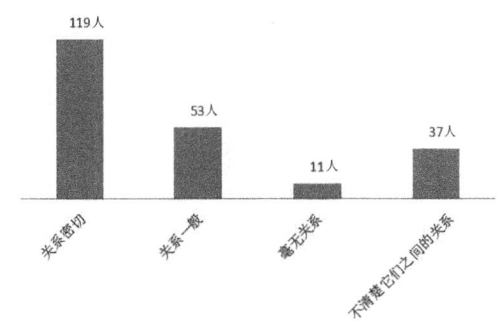

图 1　志愿者与文明城市创建的关系

据统计,市民认为关系密切的占 53.9%,关系一般的占 24.1%,毫无关系的占 5.1%,不清楚二者之间的关系占 16.4%。从数据中可以看出认为关系一般到不清楚二者之间关系的比例占了高达 46.1%,这说明了市民对志愿者的认知还不够,也不了解志愿者的重要性。我们小组认为丽水市应该大力宣传关于志愿者的相关事宜,让市民认识并了解。

2.志愿者参与丽水市创建全国文明城市的贡献情况

志愿者参与丽水市创建全国文明城市的贡献起着重要的作用,对我市有着重大帮助。市民对志愿者的了解程度也决定着志愿者的意义及存在。我们此次的问卷调查中,市民非常了解的占40人,了解的占77人,不了解的占86人,非常不了解的占17人。

据统计,市民对志愿者对丽水市创建全国文明城市的贡献程度的了解度(见图2)为:非常了解占18%,了解占35%,不了解占39%,非常不了解占8%。这个针对市民的调查指明丽水市市民对志愿者对丽水市创建全国文明城市的贡献程度是取半的,不是每个人都了解,也不是每个人都不了解。而我们小组认为应该加大对志愿者为我们城市做出贡献的宣传,让市民更加深入地了解志愿者对丽水市创建全国文明城市的贡献。

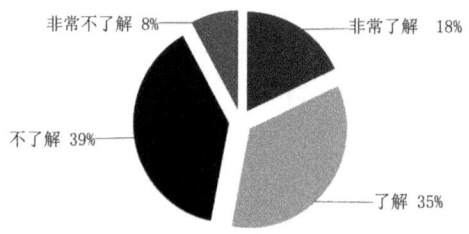

图 2　市民对志愿者了解程度

3.志愿者参与丽水市创建全国文明城市的作用情况

志愿者对丽水市创建全国文明城市的作用不容小视,我市志愿者的数量也是非常庞大的,作用也是巨大的。从问卷调查中(见图3),我们得出认为作用很大的占73人,作用尚可的占105人,作用很小亟待提高的占28人,毫无作用的占14人。

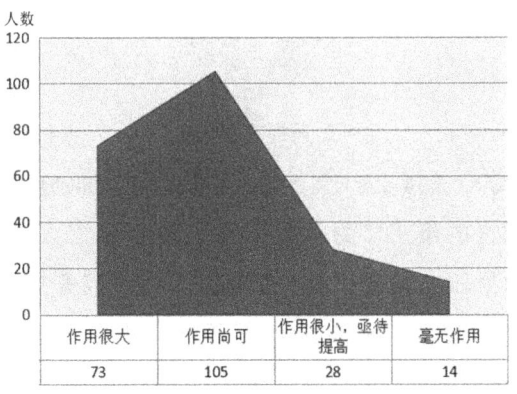

图3 志愿者对丽水市创建全国文明城市的作用

据统计市民对志愿者及其对志愿者参与全国文明城市的作用的看法为:作用很大的占29%,作用尚可的占52%,作用很小亟待提高的占15%,毫无作用的占4%。而由此看来,我们丽水市对做志愿者还是没有较大的关注的。丽水市有必要多举行一些志愿者活动来提高市民对其的看法及了解。

4.志愿者参与丽水市创建全国文明城市的形式

志愿者参与丽水市创建全国文明城市的形式多种多样。据统计(见图4),市民认为可以开展关爱空巢老人、留守儿童、困难职工、残疾人志愿服务活动的占163人,市民认为可以开展文明旅游、文明交通、文明上网等志愿服务活动的占158人,市民认为可以组织专业志愿服务队开展志愿服务的占143人,市民认为可以开展党员志愿活动的占136人。

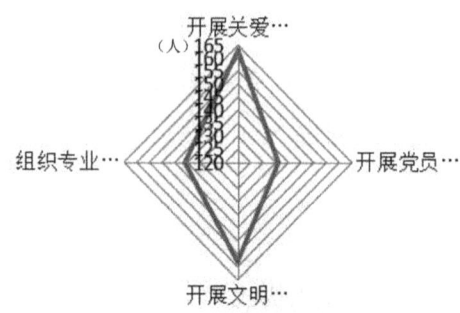

图 4 志愿者参与丽水市创建全国文明城市的形式

据统计,74%的市民认为可以开展关爱空巢老人、留守儿童、困难职工、残疾人志愿服务活动,72%的市民认为可以开展文明旅游、文明交通、文明上网等志愿服务活动,65%的市民认为可以组织专业志愿服务队开展志愿服务,62%的市民认为可以开展党员志愿活动。这也反映了丽水市市民较大部分是把志愿者服务局限在义工之类的活动。

5.志愿者需要加强培训的情况

在志愿者参与丽水市创建全国文明城市的过程中,志愿者群体需要加强培训的方面我们也进行了调查统计(见图5)。市民认为要加强志愿者的沟通技巧占170人,市民认为要加强志愿者的道德素养占168人,市民认为要加强志愿者的礼仪规范占141人,市民认为志愿者要加强文化艺术素养占126人,市民认为要加强志愿者的安全意识占111人。

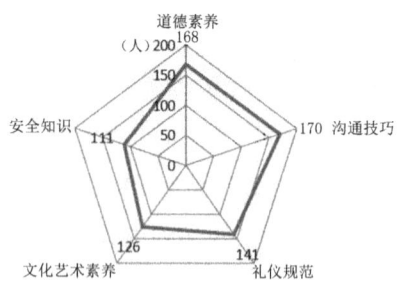

图 5 志愿者群体需要加强培训的方面

据统计,77%的市民认为要加强志愿者的沟通技巧,76%的市民认为要加强志愿者的道德素养,64%的市民认为要加强志愿者的礼仪规范,57%的市民认为志愿者要加强文化艺术素养,50%的市民认为要加强志愿者的安全意识。由此看来,沟通技巧的培养不容忽视,同时也要提高志愿者的自身素质。

6.志愿服务活动中遇到麻烦情况

不可避免在志愿者服务活动中也会遇到各种各样的麻烦,在丽水市创建全国文明城市的过程中,市民认为群众不配合的占66人,市民认为服务内容不明确的占62人,市民认为不了解相关知识的占68人,市民认为会遇到其他的一些问题的占24人。

如图6所示,据统计,30%的群众是不配合的,28%的是服务内容不明确,31%是不了解相关知识的,11%为其他。而从这些数据看来,绝大部分不了解相关内容和服务内容不明确。我们小组认为丽水市应当大力宣传有关志愿者的服务知识和每次活动的明确内容及方向。

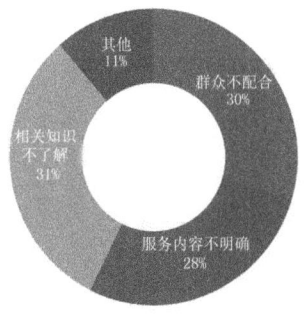

图6 志愿服务活动中遇到麻烦情况

7.向外地游客着重介绍丽水市的风情情况

在创建全国文明城市的过程中,我们也要向来丽水游玩的游客介绍丽水市的风情情况。我们此次的问卷调查中(见图7),介绍丽水市风景的有151人,介绍丽水市的乡土人情有152人,介绍丽水市的生态环境的有148人,介绍丽水市的地域文化有135人,介绍丽水市经济发展的有64人。

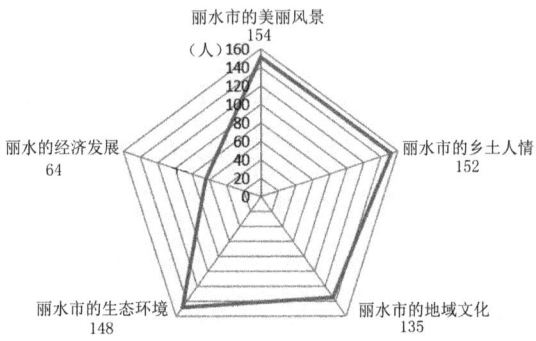

图 7　向外地游客着重介绍丽水市的风情情况

据统计,69%的人介绍丽水市的美丽风景,69%的人介绍丽水市的乡土人情,67%的人介绍丽水市的生态环境,61%的人介绍丽水市的地域文化,29%的人介绍介绍丽水市的经济发展。由此看来,大部分人都偏向于介绍丽水市的风景、地域文化和乡土风情。

8.市民看待志愿服务活动的情况

我们小组着重了解了市民对志愿者服务活动的看法,调查结果不尽如人意。我们此次的问卷调查中,市民认为志愿者服务活动是公民的一种社会责任的占88人,市民认为志愿者活动可以促进社会的进步和城市的发展的占90人,市民认为是强制要求的活动的占33人,市民认为志愿者活动纯属做宣传的占9人。

据统计,有40%的市民认为志愿者服务活动是公民的一种社会责任,41%的市民认为志愿者活动可以促进社会的进步和城市的发展,15%的市民认为是强制要求的活动,4%的市民认为志愿者活动纯属做宣传(见图8)。由此看来,绝大多数的市民还没有正确认识志愿者服务活动,不了解志愿者服务的益处,所以宣传志愿者服务且好好落实志愿者服务就变得尤为重要。

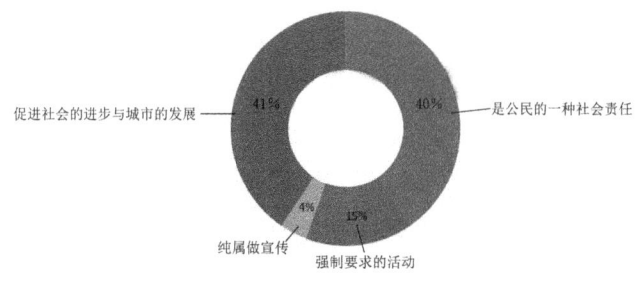

图8 市民看待志愿服务活动的情况

9.市民参加过的志愿者服务情况

在丽水市创建全国文明城市的过程中,市民也要尽可能地去参加志愿者服务活动,这样才会把丽水市建设成为一个文明城市。调查显示,市民参加过文明交通志愿服务的占66人,市民参加过扶残敬老志愿服务的占53人,市民参加过环境保护和美化志愿服务的占51人,市民参加过大型展会活动志愿服务的占33人,市民从未参加过志愿服务的占18人。

据统计,30%的市民参加过文明交通志愿服务,24%的市民参加过扶残敬老志愿服务,23%的市民参加过环境保护和美化志愿服务,15%的市民参加过大型展会活动志愿服务,8%的市民从未参加过志愿服务,见图9。由此看来,市民更多的是愿意参加文明交通、扶残敬老、环境保护之类的志愿服务。

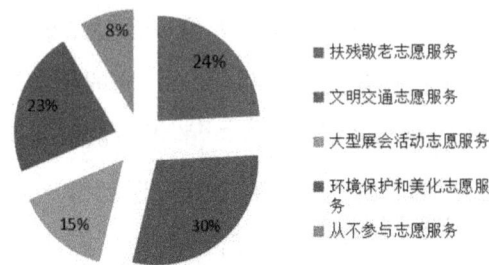

图 9 市民看待志愿服务活动的情况

10.市民认为志愿者的做法情况

我们小组围绕市民对志愿者队伍提出的不足展开调查,而市民对志愿者做法的提议及看法是至关重要的。从问卷中得知(见图10),认为志愿者要为社会大力倡导义工服务理念的占168人,市民认为志愿者要用实际行动呼吁更多的爱心的占167人,市民认为志愿者要进一步完善自身建设的占141人,市民选择其他的占38人。

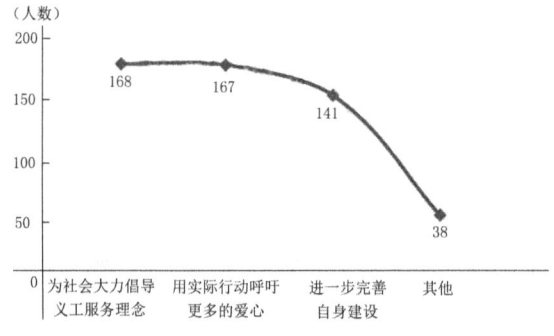

图 10 市民认为志愿者应该的做法

据统计,76%市民认为志愿者要为社会大力倡导义工服务理念,76%市民认为志愿者要用实际行动呼吁更多的爱心,64%市民认为志愿者要进一步完善自身建设,17%市民选择了其他。我们小组认为,在丽水市创建全国文明城市的过程中大部分市民偏向于对社会大力倡导义工服务理念和认为志愿者要用实际行动呼吁更多的爱心。

11.朋友对参加志愿服务活动持何态度情况

为了使调查范围更广,我们还对市民周边的人、朋友对参加志愿服务活动持何态度做了调查(见图11),非常积极参加的人占63人,积极参加的人占88人,想参加却没有机会的占48人,不愿意参加的人占21人。

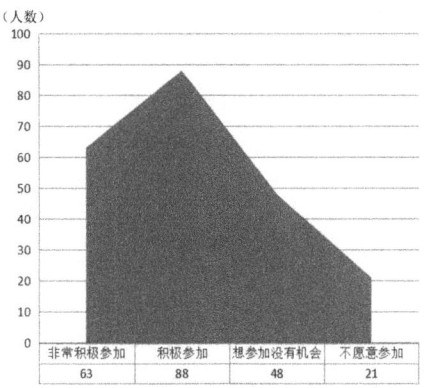

图11　朋友对参加志愿服务活动持何态度情况

我们小组认为丽水市应该加大对志愿者活动的宣传力度,让更多想参与其中的市民能够有机会了解并参加。并让那些不愿意参加的人对志愿者服务改观。

12.您更愿意参加的志愿服务活动类型

在志愿者参与丽水市创建全国文明城市的过程中,了解市民愿意参加的志愿服务类型也尤为重要。据统计(见图12),愿意参与义务支教的占60人,参与社会服务的占70人,为大型活动或赛事提供服务的占47人,助老扶幼的占41人,环境保护的有占35人。

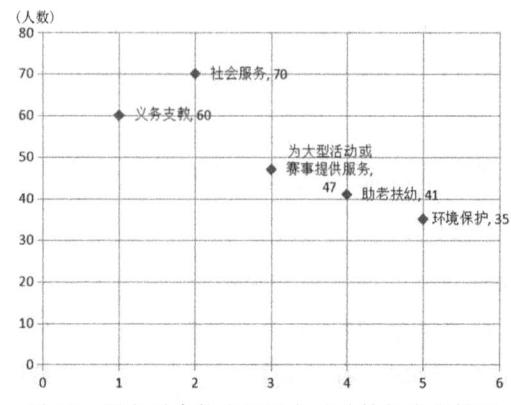

图 12 朋友对参加志愿服务活动持何态度情况

据统计,27%的人参与义务支教,32%的人参与社会服务,21%的人为大型活动或赛事提供服务,19%的人助老扶幼,16%的人参与环境保护。大部分市民偏于义务支教和社会服务。

13.志愿者需要秉承的志愿精神

在志愿者参与丽水市创建全国文明城市的过程中,志愿者需要秉承着各种志愿精神。我们此次的问卷调查(见图13),市民认为志愿者需要秉承的志愿精神是奉献的占181人,认为志愿者需要秉承的志愿精神是友爱的占171人,认为志愿者需要秉承的志愿精神是互助的占174人,认为志愿者需要秉承的志愿精神是进步的占127人。

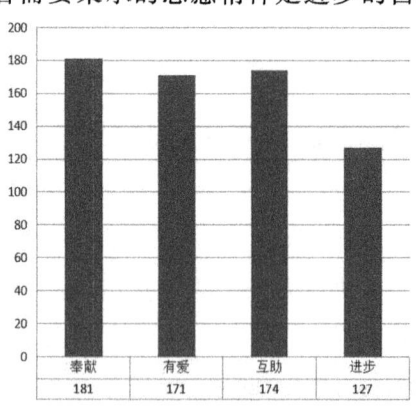

图 13 志愿者需要秉承的志愿精神

据统计,82%的人认为志愿者需要秉承的志愿精神是奉献,78%的人认为志愿者需要秉承的志愿精神是友爱,79%的人认为志愿者需要秉承的志愿精神是互助,58%的人认为志愿者需要秉承的志愿精神是进步。我们小组认为这四个方面都是较为重要的,也是我们丽水市志愿者需要一直保持的志愿者精神。

14.愿意参加志愿服务活动持有态度情况

我们小组对市民愿意参加志愿服务活动的态度展开调查统计(见图14),非常愿意额占75人,愿意的占118人,不愿意的占17人,非常不愿意的占10人。

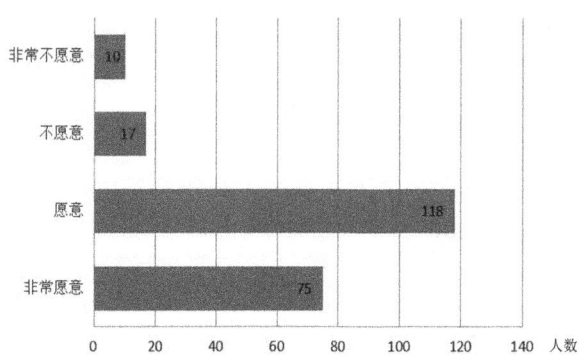

图14　愿意参加志愿服务活动持有态度情况

据调查,34%的人非常愿意,54%的人愿意,8%的人不愿意,5%的人非常不愿意。由此看来绝大多数的人是愿意参加志愿服务活动的。

三、调查思考与建议

目前,参与志愿者活动已经是普遍现象,通过参与志愿者活动可以获得许多宝贵的财富,这笔财富在社会生活中起到积极的作用。从问卷调研情况分析中我们可以了解到对大部分人而言,他们对于参与志愿者活动的看法持赞成的占多数,认为志愿者会给建设全国文明城市带来很大帮助。对大多数人而言,促进社会的进步与城市的发展是志愿者活动的首要目的,并且认为志愿者活动是一种公民的社会责任。大部分市民了解并积极参与志愿者服务活动,这为丽水创建全国文明城市增添了不小的力量。不少人把志愿者活动看作是参加社会实践、提高自身能力的机会。基本上没有人选择反对参与志愿者活动,志愿者服务可以获得宝贵的社会经验,在服务过程中可以锻炼自己的交际和应变等能力,也是社会"新人"体验社会的途径之一。志愿者服务活动类型多种多样,越来越多的人加入这一行列,但总体来讲我国的志愿者服务还处于起步阶段,存在着各种各样的问题,就本调查问卷来说,在丽水创建全国文明城市的过程中,在成为志愿者和开展志愿者服务时有许多难题,许多市民不知道怎么成为志愿者,开展什么样的活动,如何更好地开展活动都是摆在我们眼前的难题。在此建议如下:

(1)多关注身边的志愿者服务信息。大部分从未参加过志愿服务或者很少参与志愿服务的市民是因为不关注身边的志愿者服务信息或者不知道从什么渠道了解,所以建议多关注社区、电台、电视、报纸、网络等方面发布的志愿者招募信息。志愿服务是全社会共同的事情,非常有意义,努力营造"我为人人,人人为我"的良好社会风尚。

(2)志愿者服务的管理机制有待进一步完善。随着志愿者服务的普及,越来越多的志愿者活动出现,但是管理制度的不完善,无法实现志愿者资源的整合和建立志愿服务信息交流平台。对志愿者服务的培训不够专业完善,通常是临阵磨枪,只是简单的交代任务,完全是为了应付眼前的项目。可以充分利用电视网络等媒体,广泛传播志愿服务的理念或是在学校教育中增加志愿服务的内容,青年是志愿服务的主力军,学校是开展志愿服务教育的主阵地,要把志愿精神作为未成年人思想道德建设和大学生思想政治教育的主要内容。要动员广大党员干部、共青团员和社会知名人士带头参加志愿服务活动。要构建志愿者组织服务网络平台,既为志愿服务双方架起沟通的桥梁,也为志愿者之间、志愿者组织之间建立沟通的桥梁。

(3)志愿者服务专业化,服务要创新。非专业化的志愿服务是指技术含量较低的一般性服务活动,如大型活动中的后勤保障工作。开展低端的非专业服务是志愿服务广泛开展的基础,但随着志愿服务的发展,对专业化服务的需求必将越来越大,如青少年问题,医疗救助,法律咨询等,单靠"献爱心"是远远不够的。要通过规范志愿者组织管理,培训开发,项目化运作,吸纳高端志愿人力资源,评估激励等推动志愿服务的专业化。而我们的市民要积极参与各样的专业化培训,才能将志愿服务做得更好。

随着志愿服务的发展,志愿服务创新较慢。信息对生活的冲击,使得志愿服务的需求越来越多,必须丰富服务内容,包括运用新技术改革传统志愿服务方式,提高服务效益,满足不同层次人们的需求。

(4)加大经费投入,提供基本保障。要充分发挥政府投入的引导作用,采取适当方式为开展志愿服务活动提供必要的经费支持。积极鼓励企业事业单位、公募性基金会和公民个人对志愿服务活动进行资助,形成多渠道,社会化的筹资机制。对活动中表现优秀的个人和团体给予适当的表彰和奖励,发挥模范作用,鼓励其他人像他们学习。

丽水市社区公共服务供给现状与居民需求情况调查研究

调研组成员：

汉语国际教育15：负责人：张奕、陈红玉、寿红燕、陈哲新、沈金晶、杜超楠、余慧娟、何玉波、韩成芳、兰李欣、黄虹源、荆一帆、李沁、梁星星、牟春蕾、沈金铭、吴瑕、鲜爱霞、赵苗苗、郑小燕、周明珠、何琴飞

指导老师：龚志伟

摘要：供给和需求是拉动生活生产的重要驱动力，实现居民公共服务供给需求平衡是社区服务中所要面对且要完成的一项重要任务。为及时了解社区公共服务供给是否能满足居民的需求，进一步提高居民对社区公共服务的满意度和认可度，本次调查主要围绕丽水市社区公共服务供给现状与居民需求情况进行。目前，丽水正在创建全国文明城市，全民参与其中，为文明建设出谋划策。此次调查研究，意在反映丽水市市民的公共服务供需情况，以从中分析出存在的问题，提出一些合理化的建议和措施，来创建更好的丽水市。

关键词：丽水；公共服务；政府；市民

一、调研内容及方法

1.调研内容

供给和需求是拉动生活生产的重要驱动力,实现公共服务供给居民需求平衡是社区服务中所要面对且要完成的一项重要任务。为及时了解社区公共服务供给是否能满足居民的需求,提高居民对社区公共服务的满意度和认可度,本次调研针对丽水市社区公共服务供给现状与居民需求情况进行调查与研究。

本次调查采取问卷调查为主的调查形式,调查范围覆盖丽水市莲都区社区。调查完成后的有效样本共 100 份,其中:男性占比 45.7%;女性所占比例为 54.3%。调查内容主要为从居民对社区公共服务供给的认知和需求以及对现阶段已存在相关问题的具体反映。具体如下:

(1)丽水市市民日常生活中的公共服务供给情况。调研内容主要涉及丽水市民对丽水公共服务建设的认可度和满意度、丽水市民在生活中反应的服务需求等。

(2)探讨丽水市民对于各项公共服务需求不同的原因,从现象中看本质,寻找解决方案。调研内容组涉及丽水市民生活中的小细节,比如:对于公共交通影响通行、对待的态度等。

(3)丽水市民对公共服务的建议及措施。主要涉及对丽水市民自身的建议及措施和对丽水市政府的建议。

2.调研方法

本次调研以丽水市市民为主要调研对象,样本采集范围较广,具有一定代表性。形式主要采取问卷的形式,首先由本组成员对该调研课题进行分析并提出两个以上相关问题,由组长、副组长和指导老师多次修改,最后形成一份完整的调查问卷。再采用抽样问卷调查方法,以纸质问卷调查为主。

二、调研情况分析

我们共发放问卷110份,有效问卷110份。调研具体情况如下:

1.丽水公共服务状况以及丽水市民公共服务需求分析

(1)接受公共服务供给与需求。调查的调查者的性别分布。根据图1所示,在接受问卷调查的人中,女性60人,所占比例为54.5%;男性50人,所占比例为45.5%。由此可以看出,女性的比例略高于男性,但在总体上男女比例还是比较趋向于均衡的。

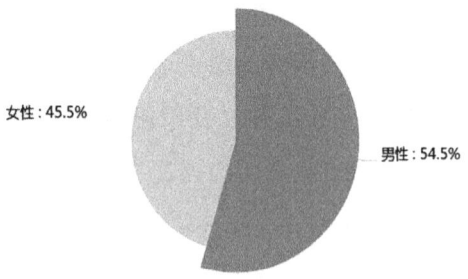

图1 接受调查者的性别分布

(2)市民对公共服务的需求,根据调查,如图2所示,41.4%的调查对象选择了教育文化,表明人们对于教育文化的重视及建设教育文化方面的公共服务的高期待;有31%的调查对象选择医疗卫生,表明健康问题依旧是人们关注的重点,发展社区医疗卫生服务不容忽视;剩余的调查对象中,有16.1%选择基础设施服务建设,有11.5%选择安全与生态环境,一方面说明人们对于其所生活环境的质量的要求,另一方面说明近些年来农村基础设施建设和安全生态建设卓有成效。通过数据分析表明,人们对于教育文化方面公共服务建设的关注度最高、诉求最大,可以看出近年来人们更加注重精神文化方面的需求。

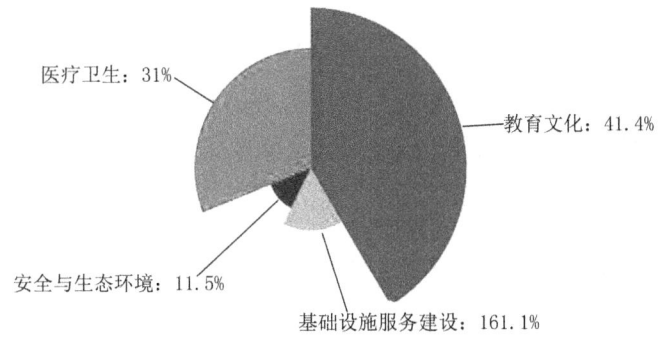

图2 市民公共服务关注度

(3)市民对公交服务的满意度。如图3所示,57%对本地交通的出行状况的总体感受是很满意,很方便的,表明居民对基础交通的需求量是大的,基础交通的供给也是很受用的;38%的人觉得班次不多,5%的居民表示不满意。丽水的公交车的供给总体是多的,居民出行大多是坐公交车,但车次的数量和分布是不一样的,所以也会造成有些居民觉得不便,因此要尽量平衡车次,在有些偏僻的地方也设立站点,使居民的生活更加便利。

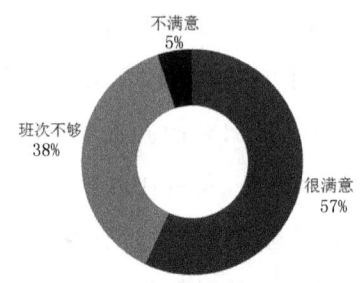

图3 市民对当地交通出行状况满意度

2.丽水市民对公共服务的态度分析

(1)市民对当地公共服务基础设施的满意度。如图4所示,65%的人对当前所在地的公共服务基础设施的整体评价为"一般"。25%的人非常满意,10%的人表示不了解,极少数表示非常不满意。说明丽水市大部分地区的公共服务设施已经达到了小康水平,有一部分地区的设施已经很完善,随着人民物质文化需求的日渐提高,这是一个可喜的现象。10%的不了解只能作为不确定因素,参考的价值不大。而不到1%的不满意我们不能忽视,说明还有提高的空间。

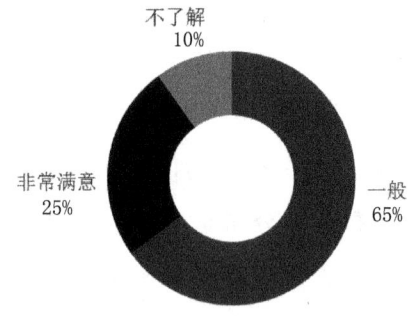

图4 市民的满意度

(2)市民对居住环境状况的总体感受。如图5所示,超过半数居民(52.2%)认为自己居住的环境状况干净整洁有秩序,对居住环境非常满意;而认为居住环境一般的居民占41.6%;只有0.62%的居民认为他所居住的环境脏乱,对此十分不满意。分析表明,大多数居民对自己的居住环境是有好感的,说明丽水市的环境保护工作做得不错,但也存在对自己居住环境不满意的情况。

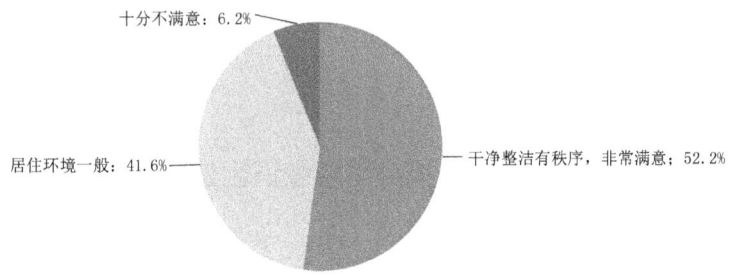

图5 市民对环境状况的总体感受

(3)对丽水市市民对社区社会组织的满意度。在所接触到的社会组织中,42%的人认为社会组织服务质量较好,服务热情及时,20%认为服务质量不高,剩余的38%则没接触过周围相关的社会组织。

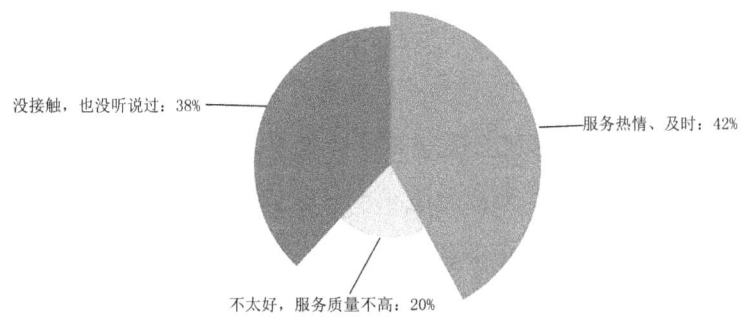

图6 市民对社会组织满意度

在遇到困难需要帮助时,也有73.9%的人会选择在遇到困难时向服务好的社会组织请求帮助;26.1%的人不会选择社会组织,而是倾向于向政府请求帮助。说明社会组织的影响不够深远,宣传力度也不足;大多数人在遇到困难时还是会选择向政府或者所熟识的人寻求帮助,社会组织的服务功能没能得到进一步的体现。接触过社会组织的居民对其满意程度也呈两极分化趋势。

（4）市民对城市安全感的满意度。大部分的人90％对于自己所居住地方的安全感还是满意的,不过超级满意的只有20％以上少部分人,甚至还有极个别人觉得非常没有安全感,70％以上人还是感觉一般,所以我觉得有必要加强安全防护,加强社会保障,提高人们在生活过程中的安全感。

3.影响丽水市民对公共服务需求意识因素分析

（1）公共设施的远近。居民根据离公共设施的远近,构成了对公共服务需求的重要因素。大多数居民认为,距离居住地太远的公共基础设施一般不会使用。居民对距离居住地较近的公共基础设施需求量较大,原因是出行较方便。所以,在建设公共设施的时候,应该适当地考虑居民区的距离问题,给予居民更大的方便。

（2）丽水服务供给量。8.9％的人经常参加上述这类社会组织或者它们的活动,表明有一小部分的人接受并很愿意去参加这类社会组织,有47％的人偶尔参加上述这类社会组织或者它们的活动,而44％的人几乎不参加上述这类社会组织或者它们的活动,表明还是有大部分人对于这类社会组织并不是很了解,也不愿参与到其中。这些数据清楚地表明了这类社会组织处于初级发展阶段,且还面临着许多需要解决的问题,首先需要加大宣传,让更多的人提高对这类社会组织的认识,其次要加强管理,进一步优化社会组织,并且创新管理服务,满足人民日益增长的多样化、多层次的服务要求,扩大影响力,成为真正积极推进和谐社区建设的重要力量。

（3）居民们的文化消费不高。居民的消费水平直接影响到了居民对公共服务的需求水平。政府和社会组织提供的公共服务有部分是免费的,但绝大多数是收费的,尤其是社会组织的,因此,居民能否有能力进行公共服务的消费,也构成了居民需求量的高低。大多数的公民是能够消费得起普通的公共服务活动的,但仍有少数居民未能进行这方面的消费。因此,政府在建设公共服务的同时,要考虑到居民的消费能力,适当地给予政策上的帮助。

三、改善丽水市社区公共服务供需的建议

1.提高丽水政府对公共服务供给和需求措施分析

对于丽水公共服务供需存在的一些不足和欠缺,丽水市民提出了一些完善措施。

(1)扩大公共服务投入机制。从社会层面广泛吸收资金投入,鼓励大小企业、公私各种企业对公共服务的投资,参与公共服务的建设,有利于提高各企业的知名度和社会影响力。建立基金会项目等,鼓励社会人群冠名、捐钱捐物,帮助政府实现公共服务扩大化,为人民群众实现小康生活做出贡献。

(2)转变政府服务理念,实现公共服务的均等化。公共服务均等化是指全体公民享受基本的公共服务,如义务教育、基本医疗、公共卫生、基本社会保障等的机会均等、结果大体相同,并且每个公民都有自主选择的权利,应尊重公民的自主选择权。这也有助于缩小社会贫富差距、消除城乡二元结构,促进区域协调发展。地方政府虽然不是政策的整体策划者,但也是公共服务的直接提供者,社会公众对公共服务的满意度的一个重要的方面就是对基层政府的认识。因此,地方政府应

该与时俱进,转变观念,提高服务意识,为公民的生活质量做出更好的努力。

(3)合理安排社会治安,确保居民安全。如图7所示,还有部分居民认为身边的居住环境不是特别安全,公共安全问题极大地影响着居民的生活质量。首先,公共安全影响着经济;其次,公共安全问题影响着政府的公信力,遇到公共安全问题,如果政府不能很好地解决,那么居民对政府的公信力将会越来越低;最后,公共安全问题影响着社会公众,当社会安全问题突然出现,居民没有足够的心理准备,再加上网络上谣言的传播和信息的不畅,以及周围公众的不安全行为的影响,出于对自身以及家人朋友安全问题的担心,人们往往会采取非理性的行为,将恐慌继续蔓延。

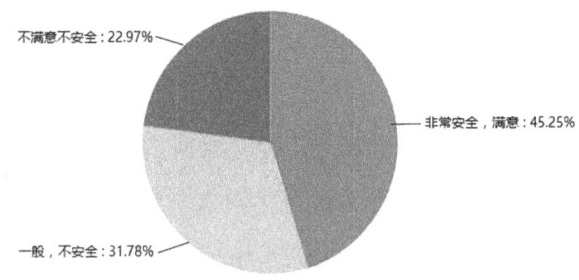

图7 居住环境满意度

因此,地方政府务必要维护好公共安全,根据实际情况制定相关的政策措施,镇政府和派出所应实行"捆绑式"管理,建立完善的防护体制。充分发挥各镇各村的质保作用,增强治安人员的防范意识和技能,为居民创造一个更安全、和谐的社会环境。

2.对丽水市民的建议

(1)养成健康的生活方式和消费方式。从调查中显示,市民对于市区内总体的公共服务是表示认可的,但是其中也不乏夹杂着许多问题。比如,在问及是否参加过社会组织时,有很大一部分市民表示不了解,不知情,而有些市民也会采取避而远之的态度。为了养成合理的健康的生活方式,市民们应该积极主动地去加入社会组织当中,并且能够主动地提出疑问,分享公共服务。

(2)正确地使用公民权利。居民要确立好作为公民应该享有的权利,积极地为社区的公共服务建设出谋划策。当然也要通过理性的方式寻求帮助和解决。公民可以通过服务热线诉求受理、12345市民热线转来诉件、12319城建服务热线转来诉件、绿化市容门户网站、新闻媒体、来信来访以及局信访件等。

3.对社区社会组织的建议

(1)提高公共供给服务的质量和多元化需求。社会组织在组织体制、组织结构以及活动方式上灵活高效,这就使其在公共服务供给领域比政府和市场具有更高效率,因此社会组织应以需求为导向,为群众提供多样化、专业化的服务,弥补政府提供最基础保障而无法满足群众多元化需求的缺憾,与此同时,保障公共服务的质量,提供便民利民的服务。

(2)提高获取资源的利用效率。在调查中,不难发现还是有小部分的市民不够了解社区内的公共服务,其中有一部分原因是宣传力度不够。对此,首先要拓宽宣传渠道。在以往广播、电视渠道为主的基础上,要在网络、报刊、书籍上面也要宣传。另外,社区社会服务的组织经费来源也过于单一,限制了社会组织的发展,因此,社会组织可以在必要时寻求政府和社区单位的协助,广泛且合理地利用场地等有效资源,投入到社会组织的建设中去。

关于城乡居民防火意识的调查

调研组成员：
会计 141 班：金丽、许晓静等
指导老师：黄萍

摘 要：当前，城乡建设的飞速发展给人们的生活带来了日新月异的变化。随着城乡建设的兴起和发展，消防安全也逐渐成为城乡建设的一个重要组成部分，与城乡居民的生活息息相关、密不可分。然而，火灾却成为居民的一个"无形杀手"，是当今城市主要灾害之一。因此我们利用实习期间对城乡居民的防火意识进行了调查，通过数据分析及采访整理，真实客观地反映了目前城乡居民消防安全的现状和存在的问题。希望对城乡消防安全的建设提供些建设性的建议。

关键词：城乡居民；防火意识；调查

一、调研背景及方法

1.调研背景

随着社会经济的快速发展，人民群众的生活质量不断丰富提高，居住环境日益得到改善。但是由于城乡居民生活中大量使用煤气、液化石油气,各种家用电器又大量进入居民家庭,讲究装修装饰,大量使用可燃、易燃材料,致使火灾隐患增多,而且某些居住小区建成时间较早,建筑规划不科学不合理,小区缺乏物业管理,一些物业管理公司及其人员消防安全意识也非常淡薄,导致居民住宅火灾频发,并有升高趋势。从近几年统计数据中可以看出居住区火灾占火灾总数的比例持续攀高,提高居民防火意识,保障人们生命安全是十分紧迫的。因此我们设计了《居民防火意识调查问卷》,具体了解城乡居民防火意识的现状。

2.调研方法

本次调研主要采用发放问卷、实地考察与采访录音的方式。本次调研共发放问卷200份,有效回收180份,回收率达90%。

二、调研情况分析

1.调查对象及其情况

如图1所示,被调查用户的基本情况如下:被调查用户中,女性占比为55.9%,略高于男性比例。被调查用户中,以31～45岁的人为主,比例高达43.9%;46～60岁的占比为26.4%;18～30岁的占比为16.1%;60岁以上的占比为11.6%;18岁以下的占比为2%。被调查者中,大学及专科以上占比为73.6%,高中占比为20.7%,初中以下占比为5.7%。

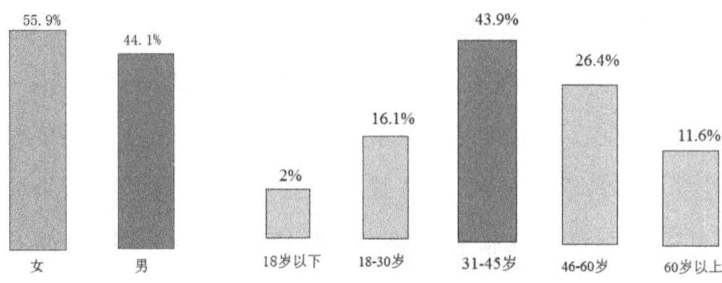

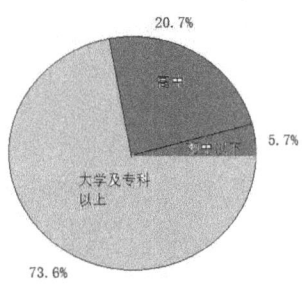

图 1 被调查者的情况

2.居民家庭消防安全的现状及存在的问题

(1)居民住宅配套消防设施陈旧。本次调研对个人或家庭是否配备消防器材及使用情况做了调查,45.6％的被调查者表示有配备灭火器,54.4％的用户表示并没有,如图 2 所示。且仅有 30％的用户知道消防灭火器的正确使用方法。农村地区的建筑多为砖木结构,耐火等级低,没有留出足够的防火间距,一旦火灾发生,火势蔓延快,极易造成连片受灾的局面。农村和部分旧小区消防车通道不畅、消防水源匮乏,导致家庭火灾扑救十分困难。有 41.2％的用户表示住宅内外都存在临时堆放杂物的情况。这大大增加了居民家庭发生火灾的可能。农村居民家庭距离消防队较远,部分青壮年外出打工,家中只留下老人和小孩,绝大多数家庭尚未配备灭火器材,无力及时扑救初起火灾。无法为消防部队做好最佳扑救时间的缓冲准备,消防部队到场时只能清理余火。

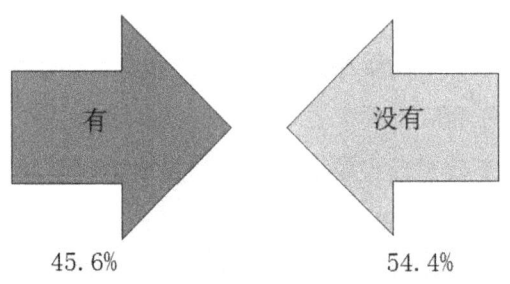

图2　个人或其家庭是否备有灭火器

(2)居民自身防火意识淡薄。如图3所示,仅21.8%的居民平时注意学习和收集防火防灾的相关知识;25.7%的居民表示偶尔会关注这方面的知识;52.5%的居民表示平时从未学习和收集过相关防火防灾知识。

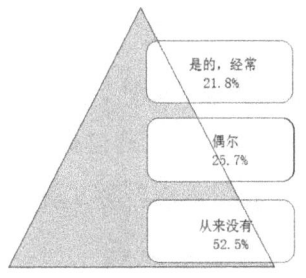

图3　居民对防火防灾知识了解掌握情况

违规用电、用气,用火等现象时有发生:一是违规用电。随着现代电器使用的日益增多,加之大多数居民缺乏安全用电知识,私拉乱接电线,多数电线已经老化,缺乏定期检查维修,用电量大时导致负荷过重或其他原因引起火灾;二是违规用气。城市居民主要使用天然气和煤气，农村居民主要使用液化气。一些居民不对气罐和燃气灶具定期进行安全检查，有时甚至发生管道接口松动，这种情况下直接进行点火，极易发生火灾甚至爆炸。储存液化气的地方不通风，液化气气体聚集在密闭空间，极易爆炸，遇火源就会引发爆燃；三是违规用火。主要表现在做饭点火后火源无人照看、家中烤火取暖、蚊香驱蚊蝇时旁边放置可燃物、易燃物。

(3) 消防安全教育形式单一。大力加强消防安全教育，防范重大消防安全事故是非常有必要的。居民普遍认为"加强消防安全宣传教育"非常重要，并认为应该对消防安全教育提出更高要求。如图4所示，现在居民们获取消防安全知识的途径主要有：电视广播、社区宣传栏、报纸杂志、亲戚朋友介绍、学校或单位培训，其中最主要的渠道仍然是电视广播。

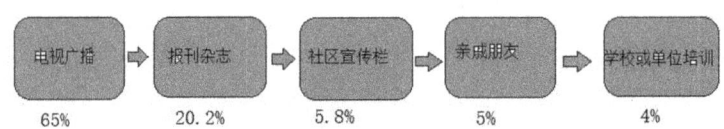

图4　居民获得防火防灾知识的渠道分析

(4) 居民消防知识掌握不足（见图5）。若发生煤气泄漏，71.2%的用户表示应该迅速关闭气源阀门并开窗通风，这也是最科学的方法。然而还有28.8%的居民选择了不恰当的方法，极易导致火灾的发生。

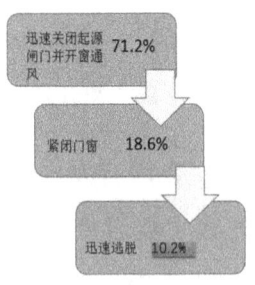

图5　发生煤气泄漏，居民认为应该采取的措施

如图6所示,52.4%的居民清楚知道烟气中毒或肺灼伤是火灾中导致死亡的最主要原因;35.9%的居民错误地认为烧死或缺氧是火灾中直接死亡原因;11.6%的居民认为是建筑物倒塌或躲避火灾时选择跳楼导致死亡;0.1%的居民表示不是很了解死亡原因。

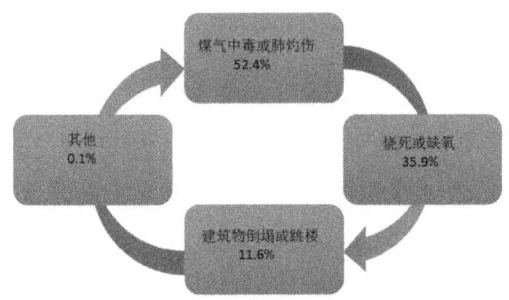

图6　居民对火灾中导致死亡的最主要原因的认识

如图7所示,67.5%的居民表示学习防火防灾相关知识很有必要;20.2%的居民表示是否学习无所谓,只要不影响工作及学习;10.6%的居民认为相关知识与他们并无多大关系,研究灾害是专家的事情;1.8%的居民抱有侥幸心理,认为火灾与他们无关。

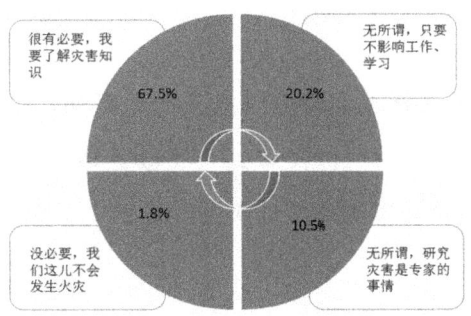

图7　居民认为目前学习防火防灾相关知识的必要性分析

三、解决对策

1.加大消防安全的监督检查力度

消防行政执法机关应进一步加强日常的消防安全监督检查,从调查情况看,居民社区还存在不少问题,消防安全隐患在部分地区仍十分突出。相关部门在抓好火险隐患的督促整改和对违反消防管理行为的依法处罚时,还应在各小区及农村居民区建立健全消防安全工作责任制,目标到人,做到时时有人管,处处有人抓。此外,还应健全消防安全隐患举报制度,公布和宣传举报方式及相应奖励,使广大居民共同参与消防监督。严格以小区为单位督促每家每户配备并及时更换过期灭火器设备。

2.明确消防安全教育目标,努力提高消防安全意识

要充分认识提高居民消防安全素质的必要性,消防安全素质是公民基本素质的重要组成部分,关系到人民最重要的生命财产安全和社会稳定,但目前我市居民消防安全素质尚处于较低水平。

3.政府组织协调,层层抓好落实

宣传普及消防安全知识是一个系统性工程,各级政府要以此为己任,加强各方协调,组织公安消防、宣传媒体、学校、单位和社区等发挥

各自优势,共同做好宣传普及工作,号召全社会共同关注消防工作,宣传消防安全知识。政府要把工作目标分解落实到各部门和单位,投入足够力量,配置配套资源,落实具体措施,消防宣传教育要进单位进学校,城市要进社区进家庭,农村要进村进户,达到全面覆盖。

4.广泛开展户外宣传和技能培训,丰富消防宣传形式

调查显示,市民获知消防知识的途径较为单一,而且在一定程度上仍缺乏必要的火灾自救知识和灭火技能。因此,应采取长效持久的宣传形式,配合生动活泼的方式,开展消防宣传教育。如通过设立户外公益广告牌、张贴消防宣传挂图等方式开展长效宣传,举办专题讲座,开展消防运动会、消防演习等活动,开展随机宣传活动。

5.充分发挥宣传媒体的主渠道作用

信息时代媒体宣传深入人心,应充分发挥宣传媒体的主渠道作用,这是迅速提高消防教育实效的关键措施。宣传媒体部门要与消防部门密切配合,发挥自身优势广泛宣传消防安全知识,各种媒体可利用设立专栏、制作专门节目、发布公益广告等方式加大宣传力度。公安消防部门要编印《消防安全知识手册》,向社会提供消防安全知识读本,广泛向居民和学生分发,特别是农村居民和进城务工群体。社区单位要设立消防宣传栏,张贴消防标语口号,时时提醒居民提高消防意识,使之养成时刻注意身边安全隐患的习惯,并能及时消除这些隐患。一是充分利用主流媒体,加强消防宣传。通过电视、广播、报刊等媒体的专栏、专版,定期宣传消防安全知识,提高市民的消防安全意识和逃生自救能力;二是加强对企业、学校、社区、酒店等场所的工作人员的消防

安全培训、消防实战演练,严格落实消防安全责任制和岗位责任制,制定消防安全培训方案和制度;三是公安消防部门要加强消防安全检查力度,确保逃生通道的畅通和消防设施的合理配备。特别是对人员密集场所的消防设施、警示标志、安全通道等进行严格排查,消除隐患;四是公安消防部门要加强对消防基础设施的检查,保证消防栓完好,消防水压达标。充分调动广大群众参与到消防工作中来。

6.因地制宜,完善救火体系

以因地制宜发展消防组织为依托,不断完善家庭灭火救援体系。一是提请政府将农村和社区消防组织力量建设工作纳入各镇(街道办事处)政府目标责任考核和领导干部政绩考评,纳入社会治安综合治理、创建文明乡镇(村、社区)和平安地区等考评范围,提振各地做好农村和社区消防工作的积极性、主动性;二是对GDP超10亿元或人口超10万的乡镇,由政府出资建立专职消防队,并配齐配全人员、车辆器材装备;三是加大经费保障力度,不断巩固和发展乡镇保安联防消防队。同时,加强对保安联防消防队的业务指导,不断强化队伍正规化建设;四是大力发展义务、志愿消防队。充分动员村(居)民委员会和企事业单位建立群众互帮互助性质的义务消防队,宣传消防知识,发现和扑救初起火灾,实现群防群治、自防自救。

7.完善消防安全的基础设施

以想方设法解决基础设施为途径,不断增强家庭抗御火灾能力。一是紧紧以新农村建设为契机,本着"不补旧账,不欠新账"的原则,千方百计、想方设法地加大对农村消防资金的投入力度,因地制宜、量力而行地加快消防基础设施建设,将村庄、村民住宅及驻村企业的消防安全布局、消防通道、消防水源建设纳入村庄建设规划,并与村容村貌的治理改造和发展公共基础设施建设同步实施,积极改善农村消防安全条件;二是结合老小区整治和道路改建,加大市政消火栓和室外消火栓布防力度,同时畅通社区消防车通道。

8.排除火灾隐患,防患于未然

消防安全应做到"安全第一,预防为主",把消防安全作为头等大事来抓。火灾带来的危害,人人都了解,但在日常生活工作中却往往忽视,抱有侥幸心理,等到真正发生了事故,造成损失,才会回过头来警醒。"隐患险于明火,防范胜于救灾,责任重于泰山"这十八个字是江泽民同志二十多年前提出的,至今仍是消防安全管理的主旨。以深入开展火灾隐患排查为抓手,不断降低家庭火灾事故发生频率。结合居民家庭火灾发生的规律,针对居民家庭老、弱、病、残等自我防护能力较弱的群体火灾多发、死亡率高的情况,由政府牵头、各部门联动,深入开展居民住宅火灾隐患的排查整治。进一步明确乡镇派出所消防监督管理的职权和范围,完善"分管所长牵头抓、专(兼)职民警具体抓、社区民警包片抓"的消防监督管理机制,充分发挥派出所"点多面广、深入群众、熟悉环境"的优势,做到"一警多能",合理调配人力资源,推动派出所消防监督管理向居民家庭延伸。将消防检查纳入村(小区)治安巡逻队和自愿消防队的工作内容,及时消除不安全因素。

9.抓重点,抓薄弱,抓细节

(1)"抓重点"。存放易燃易爆设备和物品的部门除了定期的培训之外,还要经常组织进行防火检查,发现火灾隐患,确保要第一时间记录在案并及时研究整改。组织建立义务消防队,不仅可以及时扑灭前期火灾,还要通过义务消防队组织,将消防意识和技能带入重点部门的各方各面。

(2)"抓薄弱"。相对消防安全隐患少的地区往往是最容易被忽略的地区,但相对安全隐患少并不代表没有安全隐患。消防安全隐患和生产安全隐患不同,后者只会发生在特定的时间和地点,但前者却可能出现在身边的每一个角落。

(3)"抓细节"。千里之堤,毁于蚁穴。火灾的防范要从大处着眼,但应该从小处做起。细节不容易引人注意,如老化的绝缘材料、放错了位置的废纸篓等。几乎所有的重大事故都是由于起初的"不注意""不小心"引起的,这些容易被忽略的细节很容易成为小事故的放大器。

四、结语

火魔无情,当我们被困在火场内生命受到威胁时,在等待消防救助的时间里,如果我们能利用地形或身边的物体采取有效的自救,就可以让自己的命运由"被动"转化为"主动",为生命赢得更多的"生机"。火场逃生不能只寄希望于"急中生智",只有靠平时对消防知识的扎实学习、熟练掌握,危急关头,才能应对自如,从容脱离险境。所以我们一定要熟悉掌握灭火器材的使用,火场逃生技能,人员疏散及自身自救的方法。关注消防,关注生活,消防安全与我们的生活息息相关。

此次实践活动不仅丰富大学生实习生活,更切实提高了大学生实践能力,让我们自身在实践活动中,自觉意识到掌握消防安全知识、技能的重要性,从自身做起,从小事做起,从我做起,影响身边的同学,一起建立起一道坚实的安全防线。

关于丽水市建设浙江"大花园"的调查

——以莲都区居民绿色发展理念普及程度为视角

调研组成员：

中瑞162班：汤颖昊、汤颖昊、熊舒燕、王佳鸿、李慧玲、王琪、孙月波、陈婷、俞金颖、顾雨霏、姜倩倩、胡桑、朱一铭、吴佳丽、周泽仁、郭加平

指导老师：裘莉

摘要：在浙江省政府提出"培育发展新引擎，建设浙江'大花园'"这一目标指引下，丽水市全力实施"绿色发展行动"，全市各部门及单位积极践行绿色发展理念。为了更好地响应此次行动，我们组织了此次调查，力求了解莲都区居民绿色发展理念的普及程度，寻找并分析绿色发展理念实践过程中遇到的问题，从而为相关部门进行决策提供切实可行的建议及措施。

关键词：莲都区；绿色发展理念；普及程度

绿色发展是以效率、和谐、持续为目标的经济增长和社会发展方式。在当今世界，绿色发展得到广泛认同，许多国家把发展绿色产业作为推动经济结构调整的重要举措。

改革开放以来,我国经济发展取得了巨大成就,与此同时,由于粗放式的发展也付出了沉重的环境代价。因此,在现阶段,实现绿色发展显得日益迫切。"绿水青山就是金山银山",早在浙江工作期间,习近平总书记就响亮地提出这一科学论断。从2005年提出这一科学论断至今,浙江广大干部群众始终把坚持绿色发展放在首要位置,生态环境保护工作取得了明显成就。

在绿色发展方面,丽水市积极推进生态文明城市建设并努力打造"浙江大花园",市民绿色发展理念得到明显提升。在丽水市践行绿色发展道路的进程中,作为有强烈社会责任感的当代大学生,调查绿色发展理念在丽水市民中的普及程度,在丽水市民中广泛宣传绿色发展理念,是我们应尽的社会责任。

一、调研内容及方法

1.调研内容

本次调研主要围绕丽水市莲都区居民进行,具体内容如下:

(1)受访者的基本情况。主要涉及性别、年龄、居住情况、文化程度、工作状况、每月水电费等信息。

(2)丽水市莲都区居民对绿色发展理念的认识情况。主要涉及居民对绿色发展理念的认识程度、对目前环境保护形式的看法、对推进绿色发展相关举措的看法、对实现绿色发展所面临挑战的认识程度以及看法等。

(3)丽水市莲都区居民对绿色发展理念的态度。主要包括居民对绿色发展及低碳理念的兴趣度、对绿色发展与经济发展关系的态度及看法等。

(4)对提高丽水市莲都区居民绿色发展理念的建议。主要包括居民践行绿色发展理念的措施以及对居民自身的相关建议。

2.调研方法

本次调研以丽水市莲都区居民为主要对象,采取抽样问卷调查的方法,以纸质调查问卷为主,在调研的过程中通过照片、视频及文字等形式记录调研过程。本次调研共发放问卷90份,回收有效问卷90份,有效回收率100%。

二、调研情况分析

1.受访者的基本情况

(1)受访者的性别占比情况。在受访的90人中,女性49人,占全体受访者的比例为54.44%,男性41人,占全体受访者的比例为45.56%。从上述数据可以看出,受访者中女性略多于男性,如图1所示,但男女比例总体上趋于平衡。

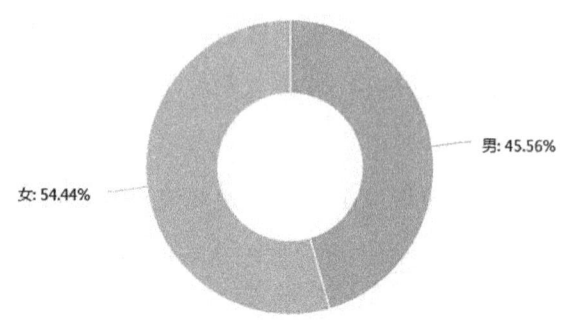

图 1 受访者的性别占比情况

(2)受访者的年龄分布情况。如图 2 所示,可以清楚地看到受访者的年龄分布情况。在 90 位受访者中 15 岁以下的占 4.44%,15～44 岁的占 55.56%,45～59 岁的占 28.89%,60 岁以上的占 11.11%。从上述数据可知,本次调研的受访者年龄多集中在 15～60 岁之间,但是少年和老年人也占有一定的比例,基本符合正态分布。

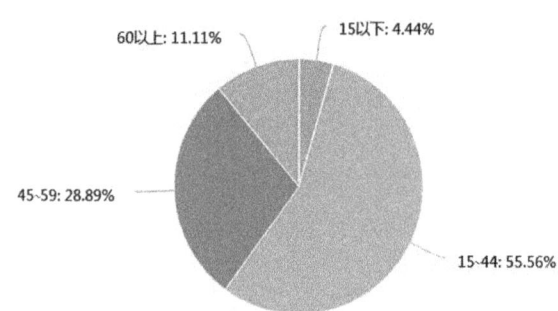

图 2 受访者的年龄分布情况

(3)受访者的学历情况。如图 3 所示,受访者中本科以下学历的占 80%,本科学历的占 16.67%,本科以上学历的占 3.33%。这一结果和调研之初我们就明确调研对象不能集中在校园,而应该在丽水市莲都区较大范围内进行有很大关系。

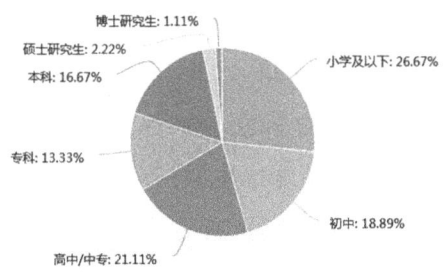

图 3 受访者的学历情况

(4)受访者的职业分布情况。如图 4 所示,经过统计我们发现,受访者的职业大致分为以下几种:医护人员占 7.78%,公务员及行政干部占 3.33%,教师占 3.33%,工人及企业职工占 35.56%,农民占 17.78%,商人占 15.56%,学生占 14.44%,其他占 2.22%。可以看出,受访者的职业分布整体而言涵盖社会的各行各业。

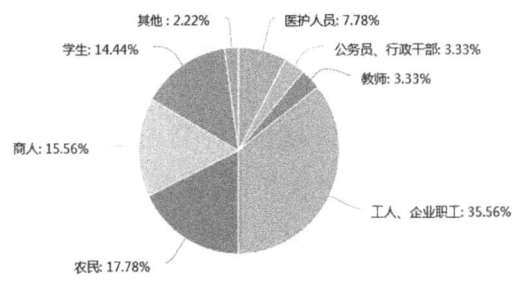

图 4 受访者的职业情况

2.丽水市莲都区居民对绿色发展认识情况分析

(1)受访者月水电费情况。水电消费和能源消耗息息相关,月水电费情况在一定程度上可以反映出居民的绿色发展意识,因此,我们选取了这一生活中比较常见的事例进行分析,希望从一个侧面反映丽水市民的绿色发展意识普及情况。如图 5 所示,通过对受访者月水电费情况的调查可以发现,23.33%的居民每月水电费为200元以下,38.89%的受访者每月水电费为200~400元,24.44%的受访者每月水电费为400~600元,6.67%的居民每月水电费为600元以上。从上述数据可知,在月水电费花费上,多数受访者是维持在400元以下,400~600元的受访者占有一定比例,600元以上的受访者所占比例较小。

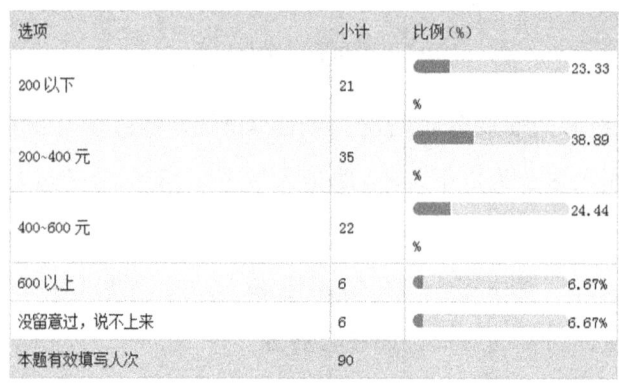

图5　受访者月水电费

(2)受访者对于目前我国环境保护形势的看法。近几年,我国的相关部门在环境保护方面下了很大力气,取得了明显成绩,但不可否认的是我们面临的环境问题挑战依然严峻。那么莲都区居民对于目前我国的环境保护形势采取何种看法呢?我们对这一问题进行了统计分析,如图6所示。

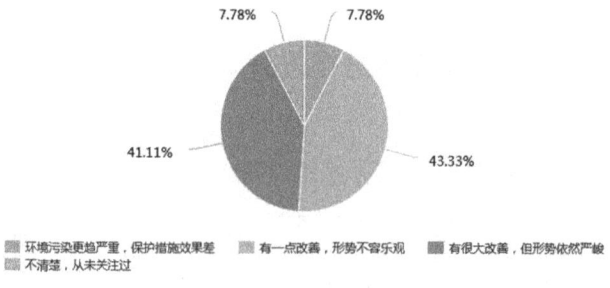

图6　受访者对于目前我国环境保护形势的看法

可以看到,对于这一问题,41.11%的受访者认为目前我国环境有了很大改善,但形势依然严峻;43.33%的人认为目前我国环境有一点改善,但形势不容乐观;7.78%的市民认为我国环境日趋严重,保护措施效果差;7.78%的市民对环境保护形势不清楚,表示从未关注过。

从上述分析可知,尽管受访者对于我国目前环境保护形势看法不一,但总体认为我国的环境问题有较大改善,但后续任务依旧较重,相关职能部门仍需加强对环境保护工作的投入力度。

(3)受访者对于推进绿色发展、解决环境问题的看法。环境问题如何整治,对于实现绿色发展至关重要。那么对于解决环境问题,受访者有着怎样的看法呢?如图 7 所示,在 90 位受访者中有 35 人认为应该"从源头上防治污染",占比 38.89%;有 26 人认为应该"加大环境执法力度",占比 28.89%;有 12 人认为应该"破解突出环境问题",占比 13.33%;有 17 个人认为应该"构建环保长效机制",占比 18.89%。

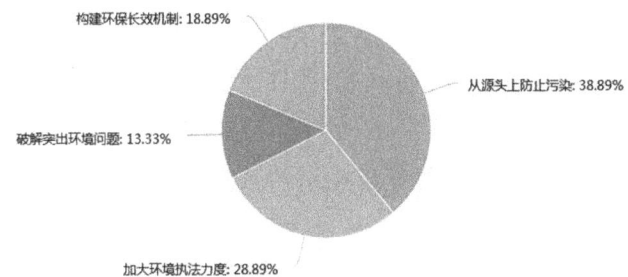

图 7　受访者对于推进绿色发展、解决环境问题的看法

由此可见,对于怎样进行环境整治,莲都区居民有着不同的看法,但多数受访者认为应该从"从源头上防止污染"并"加大环境执法力度"。

(4)在绿色发展中,您认为如何才能从本质上遏制污染?遏制污染,方法多种多样。对如何从本质上遏制污染的认识,在很大程度上能够反映一个地区居民对于绿色发展理念的认识。如图 8 所示,在本次调查中,40%的受访者认为控制排放总量能够从源头上遏制污染;26.67%的受访者大力推进环境科技进步;25.56%受访者认为应该积极调整经济结构;7.78%的受访者认为可以通过其他方式从源头上遏制环境污染。上述认识上的差异,和受访者对于环境污染的理解有很大关系,在调查中我们发现,提到污染大多数受访者的第一反应就是污染气体排放,因此选择控制排放总量的受访者占比最高。

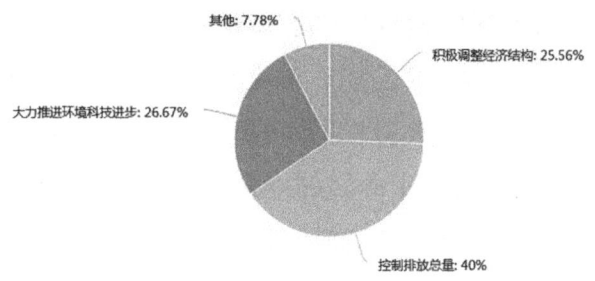

图8 受访者对于如何从本质上遏制污染的看法

(5)丽水市莲都区居民对于低碳生活所采取的行为措施。针对此项调查,我们设定了选择多乘公交、骑自行车或步行、尽量不使用一次性餐具、尽量少用大功率电器、不随地扔垃圾,不随地吐痰、随手关水关电等多个生活中常见的践行低碳生活的选项,试图从这些细微之处了解莲都区居民对低碳生活的认识。

如图9所示,对于如何在行动上支持低碳生活,有63.33%的受访者选择多乘公交,骑自行车或步行;有56.67%的受访者选择尽量不使用一次性餐具;有38.89%的受访者选择尽量少用大功率电器;还有65.56%的受访者选择不随地扔垃圾,不随地吐痰;45.56%的受访者选择随手关水关电。由上述结果可知,大多数莲都区居民在行动上能够践行绿色发展理念,但是在行动上,多数人还停留在交通及垃圾处理方面,缺少更深层次的认识。

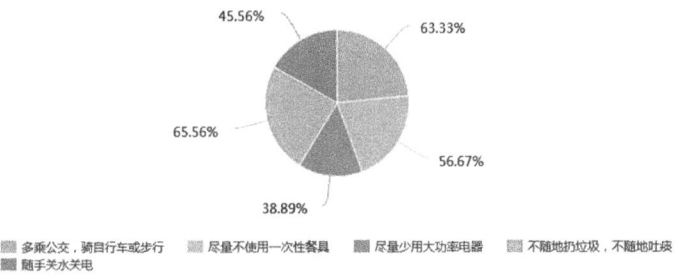

图 9 受访者针对低碳生活所采取的行为措施

(6)丽水市莲都区居民对于加强绿色发展宣传工作的认识。如图10所示,在对绿色宣传的认识上,有56.67%的受访者认为应加强学校教育的绿色宣传工作;68.89%的受访者认为应加强大众传媒的绿色宣传工作;62.22%的受访者认为应加强网络的绿色宣传工作;15.56%的受访者觉得还有其他绿色宣传工作需加强。由上述数据可知,对于绿色发展的宣传工作,大部分受访者觉得加强大众传媒、网络等手段宣传效果比较好。此外,还有部分受访者认为应该从新一代人抓起,通过学校教育及其他手段进行绿色发展理念的宣传。

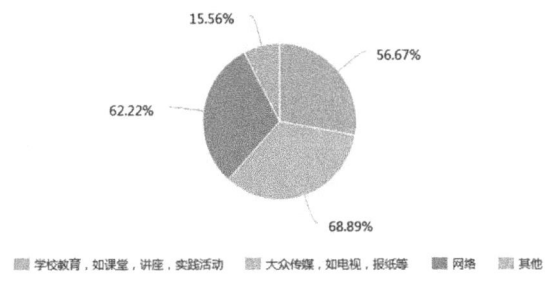

图 10 居民认为应加强的绿色宣传工作

3.丽水市莲都区居民对绿色发展理念态度分析

在本次调查中,为了测定莲都区居民对绿色发展理念的态度,我们设定了多个题目并进行了统计,具体情况如表1所示。

表1 被访者对绿色发展理念的态度

题目\选项	完全没有	没有	一般	有	非常有
您对绿色发展理念的认识有多少?	2(2.22%)	9(10%)	50(55.56%)	23(25.56%)	6(6.67%)
您对学习环保、低碳的理念有兴趣吗?	2(2.22%)	5(5.56%)	44(48.89%)	32(35.56%)	7(7.78%)
在日常生活中您考虑过自己的行为是否节能减排?	1(1.11%)	10(11.11%)	34(37.78%)	28(31.11%)	17(18.89%)
您会有意识提醒身边的朋友过低碳的绿色生活吗?	2(2.22%)	12(13.33%)	38(42.22%)	30(33.33%)	8(8.89%)
您是否考虑过中国坚持绿色发展理念会不会对经济发展开拓一个更广阔的道路?	4(4.44%)	16(17.78%)	31(34.44%)	27(30%)	12(13.33%)
您认为社区(村)有无必要对居民宣传绿色低碳生活方式?	1(1.11%)	8(8.89%)	32(35.56%)	29(32.22%)	20(22.22%)
您有没有想过将来环境利益能超过经济利益?	5(5.56%)	10(11.11%)	37(41.11%)	21(23.33%)	17(18.89%)

从上述几个问题的认知情况,我们可以知道受访者在绿色发展意识、行为、未来预测等方面情况。

(1)意识方面。在对绿色发展理念的认识上,我们按照程度设定了多个选项,其中选择完全没有了解的受访者共计2人,占总人数的比例为 2.22%；没有了解的受访者共计 9 人，占总人数的比例为 10%；了解程度一般的受访者共计 50 人，占总人数的比例为 55.56%；对其有点了解的受访者共计 23 人，占总人数的比例为 25.56%；非常了解的受访者共计 6 人，占总人数的比例为 6.67%。

在对学习环保、低碳等理念的兴趣度上，完全没有兴趣和没有兴趣的受访者共计 7 人，占比 7.78%；兴趣一般的受访者共计 44 人，占比 48.89%；有兴趣的受访者 32 人，占比 35.56%；非常有兴趣的受访者 7 人，占比 7.78%。

在对自身是否考虑过节能减排行动上，选择完全没有和没有考虑过的受访者共计 11 人，占比 12.22%；选择有一般性考虑的受访者共计 34 人，占比 37.78%；选择有考虑的受访者共计 28 人，占比 31.11%；选择非常有考虑的共计 17 人，占比 18.89%。

从上述数据可以看出，莲都区居民对于绿色发展的认识程度总体上呈良好态势，但仍需提高。因此，政府职能部门在以后的工作中仍需不断加强绿色发展理念的宣传工作，不断提高绿色发展理念在市民中的普及程度。

(2)行为方面。这些统计主要集中在受访者是否会用行动来践行绿色发展理念。在对受访者日常生活中是否会有意识地提醒身边的朋友过低碳的绿色生活，我们进行了统计，其中选择完全没有和没有过提醒的受访者共计 14 人，占比 15.55%；选择一般进行提醒的受访者共计 38 人，占比 42.22%；选择有提醒的受访者共计 30 人，占比 33.33%；选择经常会提醒的受访者共计 8 人，占比 8.89%。从上述数据可以看出，在实际生活中，莲都区居民的多数人能够做到自觉提醒身边的亲朋好友坚持低碳的绿色生活。

对于绿色发展的未来预测方面。一直以来，坚持绿色发展理念会不会为经济发展开拓一个更为广阔的道路是一个在中国乃至世界备受争议的问题。在本次调查中,我们对于受访者是否考虑过中国坚持绿色发展理念会不会对经济发展开拓一个更广阔的道路也进行了统计。其中选择完全没有和没有的受访者共计20人,占比22.22%;选择一般的受访者共计31人,占比34.44%;选择有的受访者共计27人,占比30%;选择经常的受访者共计12人,占比13.33%。

在对社区(村)有无必要对居民宣传绿色低碳生活方式的调查中,认为"完全没有"和"没有"的受访者共计9人,占比10%;选择"一般"的受访者共计32人,占比35.56%;选择"有"的受访者共计29人,占比32.22%;选择"经常"的受访者共计20人,占比22.22%。从上述数据可以看出大多数受访者还是希望社区(村)能够进行绿色低碳生活方式的宣传。因此,在实际生活中,社区(村)应该加强对此问题的重视。

在对有没有想过将来环境利益能超过经济利益的调查中,认为"完全没有"和"没有"的受访者共计15人,占比16.66%;选择"一般"的受访者共计37人,占比41.11%;选择"有"的受访者共计21人,占比23.33%;选择"经常"的受访者共计17人,占比18.89%。从上述数据可以看出多数受访者在未来发展中更看好环境利益,认为环境利益能够优于经济利益。

受访者在绿色发展意识、行为、未来预测等方面持一般态度的受访者最多,其次多数受访者选择"有"或者"完全有"的选项,对于"没有"和"完全没有"的选择最少,基本上符合正态分布。从这一结果可以看出,莲都区居民对于绿色发展理念已经有了一定的认识,但在认知上还有较大的提升空间。因此,政府相关职能部门在做出决策时,要加以正确的宣传引导。

三、对于绿色发展理念的建议

分析了莲都区居民对于绿色发展理念的认识,那么现实生活中哪些方式可以促进绿色发展?换言之,在坚持绿色发展方面,我们可以采取何种措施呢?为了提出有针对性的建议,我们首先就要了解对于受访者而言相关因素在绿色发展中的重要程度。

1.受访者对相关因素在推进绿色发展过程中重要程度的认识

由图11可知,有六成以上的受访者认为政府的政策支持更重要,有五成以上的受访者认为全民素质更重要。此外,还有超过半数的受访者认为先进技术的支持及完善的管理更重要,四成以上的受访者认为企业的配合很重要,三成以上的受访者认为宣传教育、经济支持、奖惩制度很重要。从上述数据可以看出,对于各项绿色发展中相关因素的受访者都有一定的认识,但是在重要程度上略有差异。

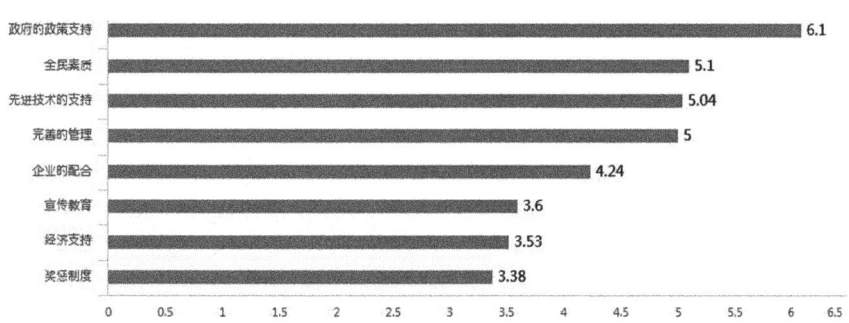

图11 受访者对相关因素在推进绿色发展过程中重要程度的认识

2.对于践行绿色发展理念的建议

贯彻落实绿色发展理念,实现绿色发展是关乎当代中国发展全局的深刻变革。目前我国环境保护工作取得明显成效,但我们也应该看到,环境保护依旧任重道远。只有坚定不移走绿色发展之路,坚持节约资源和保护环境并重,坚持"绿水青山就是金山银山"发展理念,我们才能创造人与自然和谐发展的现代化建设新格局,才能稳步推进美丽中国建设,顺利实现生态环境的可持续发展。

为提高丽水莲都区居民的绿色发展理念,我们提出以下几点建议:

(1)对政府相关职能部门的建议。在丽水市市政府全力开展"大花园"建设之际,我们认为相关职能部门应开设一个政府和市民的沟通平台,多倾听市民对于绿色发展的意见。此外,政府部门要持续加强绿色发展的宣传,可以通过拍摄绿色公益宣传片,在火车站、文化广场、公共汽车等人员密集场所进行投放的方法进行,也可以多利用微博、微信等新媒体手段进行宣传。此外,丽水市环境优美,相关部门对于丽水市的生态环境要格外爱护,在发展过程中相关部门要深入践行"绿水青山就是金山银山,对丽水来说尤为如此"的发展理念,以生态环境带动经济发展,在此过程中,对相关旅游资源的硬件设施要加大投入力度,做优做好生态旅游项目。

(2)对于学校的建议。对于中小学生,学校要不断加强绿色发展理念的宣传,举办相关活动提高中小学生的认识。如可以组织去古堰画乡等地踏青,在校内进行植树、大扫除、垃圾分类回收等活动,进行绿色发展创新比赛、绿色发展征文比赛等活动。对于大学生,要培养其绿色发展意识,可以通过摄影比赛、园林艺术创新比赛、绿色发展知识竞赛等活动来进行。此外,大学生有较多自主时间,可以组织一些大学生前往丽水市师资力量比较薄弱的中小学开展社会实践活动,进行绿色发展理念的宣传,在为孩子们带来欢乐的同时也可以提高自身对于环保理念的认识。在生活中,大学生还需要身体力行的践行绿色发展理念,如适当减少外卖的食用次数,减少一次性餐具的使用,进行垃圾分类及回收等。

(3)对于莲都区居民的建议。本次调查的最后一个问题,是向莲都区的居民们咨询他们对于绿色发展的主观意见,可能是由于时间的仓促,几乎一半的人没有回答这个问题,剩下的一半人也只是发表了粗略的见解,但是这些答案仍然可以折射出一部分居民对于绿色发展理念的看法。大部分的居民认为,推进绿色发展需要加强宣传教育以及增强个人素质。还有一部分人认为,我们应该进行自我道德素质的提升。上述思考可以说反映出了莲都区居民对于绿色发展的一些认识。

在实际生活中,我们认为居民可以从身边小事做起,自觉践行绿色发展理念。如在近距离出行时多考虑共享单车或市内公共自行车,在汽车购买上可以多考虑小排量汽车、新能源汽车,在室内装修方面可以选择环保材料,对于生活垃圾,要进行分类处理。此外,要学会增加一些物品的使用效率,如对于还能使用的旧家电、旧家具、旧衣物、旧书籍可以捐给有需要的单位或个人。在思想层面,居民还应该不断提高绿色发展意识,自觉践行并提醒身边的亲朋好友践行绿色发展意识。

总之,在日常生活中,相关部门及居民要把绿色发展理念贯穿于生态文明建设的始终,贯穿于经济社会发展的各方面和全过程,不断为美丽中国建设添砖加瓦,贡献自己的一份力量。

四、结语

中共中央审议通过的"十三五"规划将"绿色"列为五大发展理念之一,提出了"坚持绿色发展,着力改善生态环境"的要求,这对提升居民生活质量,提高人们的整体素质具有深远意义。基于此,我们进行了本次调研,本次调研集中在莲都区内,随机抽取了90名居民进行现场调查。

此次调研我们进行了精心准备,但由于时间和精力所限,以及其他一些因素的影响,本次调研还有较多的不足之处。但是在此次调研进行的过程中,我们还是发现了许多存在的问题,得出了一些可供参考的结论并在一定范围内进行了绿色发展理念的宣传。在践行绿色发展上,我们真心希望自己所做的调研能够为相关部门的决策提供一定的帮助,将绿色发展理念真正融入我们的生活。

关于绿色生态食品产品认证普及度和认可度的调查研究

调研组成员：
园林 16 班：沈立、何梦圆、王余杰、胡曼玲、郭德瑞等
指导老师：兰俏梅

摘　要：习总书记提出"金山银山不如绿水青山"的科学论断以来，丽水市高度重视生态环境建设，在许多领域都取得了骄人的成绩，绿色生态食品领域即是其中之一。时下，绿色生态食品逐渐成为食品市场消费的主力军。为了深入了解丽水市民对绿色生态食品的认知情况，我们在丽水市区进行了绿色生态食品产品认证普及度和认可度的调查，希望在加深丽水市民对绿色食品了解的同时，为相关部门的决策提供一定的参考。

关键词：丽水；生态；绿色；市民；普及；认可

一、调研内容及方法

1.调研内容

本次小型调研主要围绕丽水市市民对绿色生态食品产品认证普

及度和认可度展开,主要进行了受访者的状况、市民对绿色生态食品普及度、市民对绿色生态食品的认识度、市民对绿色生态食品的安全性、市民对绿色生态食品的认可度方面的分析。

2.调研方法

本次调研主要采取发放调查问卷的方式进行,调研地点集中在丽水市莲都区的菜市场、西城广场、大街小巷及大小商铺,以上述地区活动的居民为主要调研对象。本次调研共发放问卷170份,回收有效问卷165份,回收率97%。

二、调研情况分析

1.受访者的状况分析

(1)受访者的年龄分布。如图1所示,可以清楚地看出本次调研中的受访者年龄分布,其中18岁以下的受访者占13.69%,18～40岁的受访者占70.83%,40～60的受访者占14.29%,60岁以上的受访者占1.19%。从数据来看,接受调查的多为青年及中年人士,其中年龄为18～40岁的最多,接近120人。

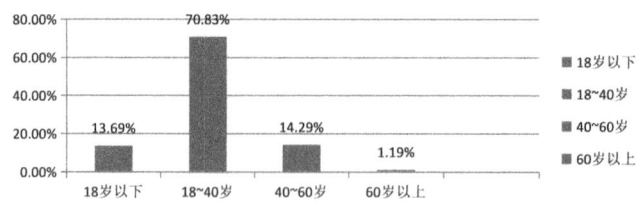

图1 受访者的年龄状况

关于绿色生态食品产品认证普及度和认可度的调查研究

(2)受访者的职业分布。如图2所示,可以看出在本次调研中,受访者中学生所占比例为58.82%,在职工作者占比30.59%,自由职业者占比4.71%,已退休人员占比5.88%。上述数据的差异和此次调查主要在大学附近进行有很大的关系。

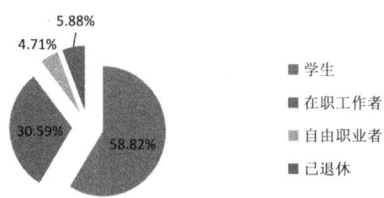

图2 受访者的职业状况

2.绿色生态食品在丽水市民中的普及度分析

(1)丽水市民对绿色生态食品的关注度分析。如图3所示,在本次调研中,丽水市民对绿色生态食品非常关注的占21.69%,比较关注的占43.37%,不太关注的占33.73%,完全不了解的占1.20%。由此可见大部分丽水市民对绿色生态食品是有所关注的。

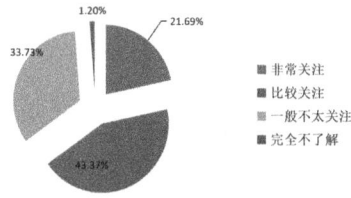

图3 丽水市民对绿色生态食品的关注度分析

(2)市民对绿色生态食品的关注点选择。如图4所示,可以看出,在绿色生态食品的关注点上,丽水市民最关注食品的生产日期、保质期,然后依次是食品安全标准、食品包装、价格、保存方法等,不太关心的是食品配料表及食品品牌。

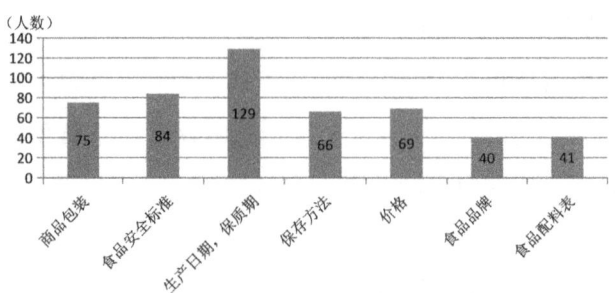

图 4 市民对绿色生态食品的关注点选择

3.市民对绿色生态食品的认识度分析

(1)丽水市民识别绿色生态食品真假的能力分析。如图 5 所示,在我们的调查中,12%的受访者能够识别绿色生态食品,56%的受访者对绿色生态食品知道一些,32%的受访者对绿色生态食品不够了解。从数据显示,有近三分之一的受访者不知道怎样识别绿色生态食品的真假,绿色食品的宣传工作还有较大的提升空间。因此,政府相关部门应该加强对绿色食品的宣传,广泛普及绿色食品的相关知识,使广大市民能够正确识别绿色食品。

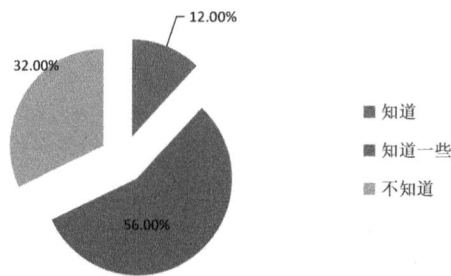

图 5 丽水市民识别绿色生态食品真假的能力

(2)丽水市民认识绿色生态食品的途径分析。从图 6 所示的数据分析可知,在对丽水市民认识绿色生态食品的途径的调查中,33.60%的受访者的了解途径为电视媒体,35.20%的受访者的了解途径为网络媒体,18.80%的受访者的了解途径为报纸、杂志,10.40%的受访者通过其他途径了解,2%的受访者不了解。从上述数据中可知,目前丽水市民对绿色生态食品的认识度较高,通过多种途径,大部分人对绿色生态食品有一定了解。

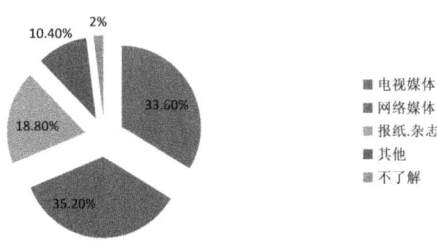

图6 丽水市民认识绿色生态食品的途径

(3)市民对绿色生态食品的定义分析。如图7所示,在有关绿色生态食品概念的调查中大部分人对绿色生态食品的概念是比较清楚的,但是还是有人认为有绿色食品标志的就是绿色生态食品。然而在绿色生态食品的定义中,有绿色食品标志的食品不一定是绿色生态食品,这两者之间是存在细微的差别的,说明民众对绿色生态食品的认识还需继续提高。

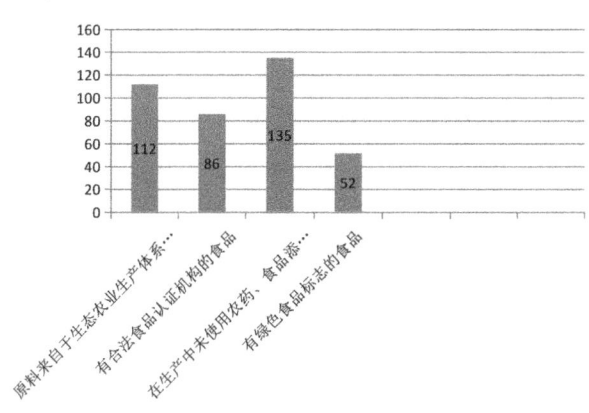

图7 市民对绿色生态食品的定义分析

4.市民对绿色生态食品的安全性分析

(1)市民对市场上绿色生态食品的安全性选择。现如今绿色食品已广泛遍布市场,越来越多的人会选择去购买绿色食品,因此绿色食品的安全也成了一个关注度很高的话题,从该问卷调查题目的数据统计来看,如图8所示,大多数人对绿色食品都是基本放心的,更有些人对绿色食品是完全放心,但由于近年来一些关于食用了"绿色食品"中毒的报道频出导致一部分人对绿色食品的安全问题产生了担忧。

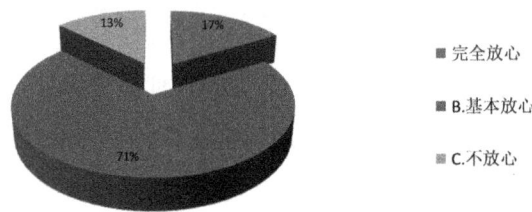

图8 市民对市场上绿色生态食品安全性选择

(2)食品安全事件对市民判断食品安全性的影响。从图9中可以清楚地看出只有少部分的人认为新闻报道中的食品安全事件对自己判断食品安全性没有影响,新闻报道对大部分人判断食品安全性还是有一定影响的。所以这就要求新闻报道具有公正性,客观地阐述食品安全事件,这样才可以让人们对食品安全有更大的把握。

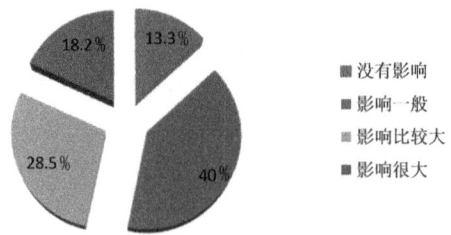

图9 食品安全事件对市民判断食品安全性的影响

5.市民对绿色生态食品的认可度分析

(1)市民对绿色生态食品的态度分析。由图10可知,约57%的人会为了健康而偶尔选择绿色食品,约24%的人不会因为价格原因而拒绝绿色食品,与之相反的是约10%的人会因绿色食品价格而拒绝绿色食品,另外还有约9%的人觉得是否是绿色食品无所谓。从整体情况来看,大多数人对于绿色食品还是持支持态度,这就说明他们对绿色生态食品还是认可的,但能坚持长期选择绿色食品的占少数。

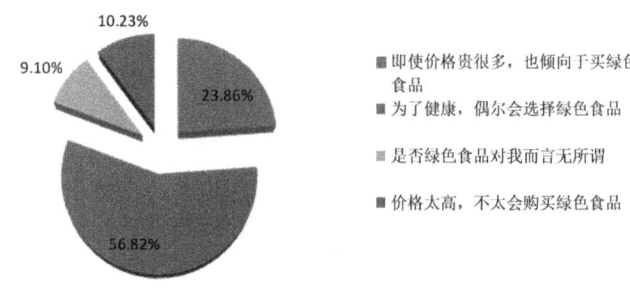

图10 市民对绿色生态食品的态度分析

(2)同等价位的食品市民对绿色生态食品的选择性分析。如图11所示,三者的比例大概是15:1:1,就是说17个人中有15个人在同等位价的产品中会首先考虑选择绿色食品,这个比例是很高的,而其他两个人,出于某些原因不会首先考虑绿色食品。上述数据表明大家对绿色生态食品都是认可的,只是绿色生态食品的价位比较高影响了人们在购买食品时的选择。

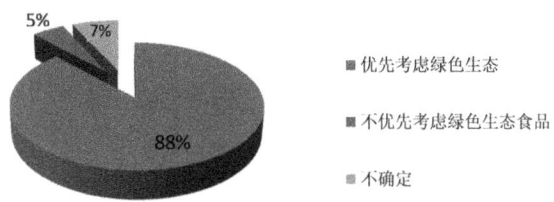

图11 市民对绿色生态食品的态度分析

三、关于加快丽水市绿色生态食品发展的措施与建议

1.加快丽水市绿色生态食品发展的措施分析

(1)提高绿色消费意识。如图 12 所示,人们认为通过加强绿色消费知识的教育、通过媒体加强宣传力度、调整市场产品结构等可以更有效地提高绿色消费意识。所以我们要通过以上途径加强绿色消费意识的宣传。

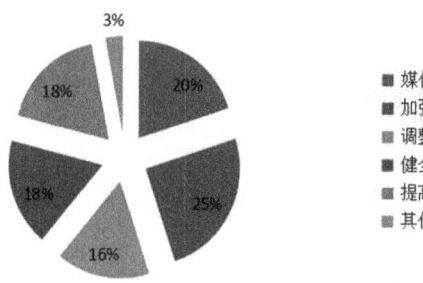

图 12　提高绿色消费意识方法分析

(2)改善绿色食品。如图 13 所示,大多数人不太爱用塑料袋,可能是由于塑料袋由许多对人体有害的化学成分组成,觉得不环保,而大多数的都比较喜欢纸盒和玻璃罐。纸盒是可回收的,相对环保,只要不要过度包装就好;玻璃罐成本较高,质量重,运输较不方便,但是再利用效率高。说明人们越来越注重绿色环保和生活品质了。只有在细节方面做好,才可以加快绿色生态食品的发展。

关于绿色生态食品产品认证普及度和认可度的调查研究

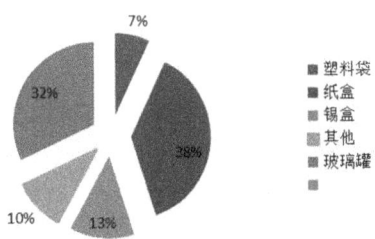

图 13 市民对绿色食品的包装要求

(3)调节绿色食品价格。如图 14 所示,有 48% 的人认为绿色食品的价格最多只能高出一般食品价格的 30% 以下,有 42% 的人认为绿色食品的价格最多只能高出一般价格的 30%～50%,有 8% 的人认为绿色食品的价格最多只能高出一般价格的 50%～80%,有 2% 的人认为绿色食品的价格最多只能高出一般价格的 80%～100%。通过这道题目,我们可以看出绿色食品较非绿色食品的价格涨幅不是很大,但根据现在人们生水平的发展,绿色食品也会越来越受欢迎,其价格也会有所增长。所以,在对绿色食品的价格上,商家可以尽量在这两个区间内选择价格,这样不仅可以为市民们提供丰富的绿色食品,又可以增加商家的营业额,两全其美。

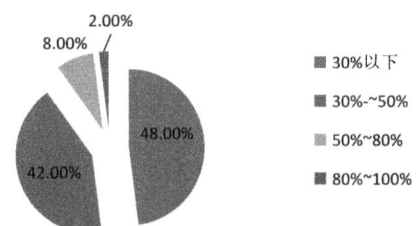

图 14 市民最高能接受比一般商品高出多少的价格

(4)加大群众喜欢的绿色生态食品的发展。如图 15 所示,在众多绿色食品的种类中,人们对它们的感兴趣程度差不多,其中对"乳、肉、蛋及其制品"最感兴趣,为 17.6%,"茶、酒"和"其他"的感兴趣程度比较低,分别为 8% 和 2.3%。由此可见,"乳、肉、蛋及其制品"这种日常必需品的绿色食品的需求量比较大,"茶、酒"和"其他"等休闲类食品的需求量稍微小一点(此处数据问题需斟酌)。

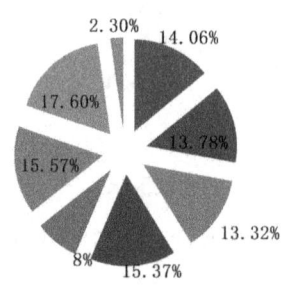

图 15　市民感兴趣的绿色生态食品种类

在研究绿色食品的生产时,开发商可以更加注重于人们需求量大的食品种类,投其所好。其他感兴趣较少的可以加大创新力度,研发出更加美味更加营养的绿色生态食品。

2.对丽水市民的建议

(1)所有市民需要增强自身对绿色生态食品产品方面的了解。通过书籍、网络、电视等方面了解绿色食品的认证,关注最新绿色食品的实时动态,避免被不良商家欺骗。并且要积极宣传绿色生态食品,以正确方式看待绿色生态食品。

(2)作为绿水生态食品的消费者,在购买绿色生态食品产品的时候要注意食品包装,注意绿色产品标志,注意其中的配料等,提高自身购买意识。

(3)作为绿色食品生产者,要做到诚信生产,做到绿色食品认证标准的要求。

(4)作为绿色生态食品的售卖者,要做到以合适价格出售食品,并且积极宣传绿色生态食品,不得对绿色生态食品进行造谣。

3.对政府的建议

近几年来,国家根据生态文明建设的相关精神,陆续出台了一系列关于绿色食品的政策与措施,为绿色食品普及建设起到很好的推动作用。但是,在实践中还存在诸多问题,为了更好地加快绿色生态食品产品普及,还应进一步健全绿色食品法律制度体系。

(1)加大绿色产品开发力度,增大其总量规模。第一,因地制宜,建设生产基地。利用丽水市独特而优秀的自然资源条件,选择生态环境较好、产品开发较多的区域,重点建设一批高起点、高标准、高效益的绿色食品基地,进行区域化布局,集中化生产,实现规模效益,发挥典型示范带动作用;同时要督促各个企业严格按照绿色食品标准规范管理基地,根据标准,健全体系,实行从环境—田间—种植—加工—产品包装、运销全程质量监督,建立严格的档案制度,记录绿色食品生产情况及病虫害发生及处置情况,采取行之有效的环境保护措施,实现科学化管理,规范化生产。对绿色食品基地的大气、土壤、水质等方面要进行定期检测,不符合标准的要淘汰,保证绿色食品基地的质量。第二,强化企业的组织与管理,创建绿色品牌。要重点扶持和引导企业按照绿色食品的规范要求进行生产经营,提高企业的生产、技术、管理和营销水平,提高产品质量。为了保证绿色食品长盛不衰,各企业必须树立高度的质量意识,应本着"从土地到餐桌"全过程质量管理的原则,在产地、环境、原料生产、加工流程、产品包装、储运销售等每个环节都要强化监管力度,建立完善的质量保证体系,靠严格的质量培育出绿色食品名牌。提倡绿色食品企业走联合之路,中小企业要积极主动向名牌企业靠拢,通过联合联营,发挥整体优势,尽快把名牌做大、做强、做响,构筑绿色食品的品牌优势。第三,加大产品开发力度。要选择具有一定知名度和地方特色的产品作为开发重点,集中宣传,实施品牌战略,提高农产品档次。

(2)建立和完善技术标准、质量监测、质量认证和市场服务等保障体系。第一,完善技术标准体系。实现产地环境、生产投入品、产品质量、包装标签、贮运保鲜等方面的标准基本配套,建立起具有国际水准的绿色食品标准体系。第二,加强质量监测体系建设。按照"择优选用、业务委托、合理布局、协调规范"的原则,在原有基础上,充实一批通过国家计量认证的产品质检中心和通过省级以上计量认证的环境质量监测机构,组成覆盖全市的绿色食品质量监测体系。对这些监测机构的建设要给予重点的扶持,充实仪器设备,完善检测手段,提高检测能力。第三,健全质量认证体系。绿色食品认证是农产品质量认证体系的组成部分,也是绿色食品证明商标许可使用的重要环节,要借鉴和采用国际质量认证的通行做法,不断改进和优化认证程序和检查制度,保证认证工作的科学性和权威性。第四,建立市场服务体系。重点抓好信息、生产资料供应、技术服务等网络建设。提高绿色食品开发、管理、营销信息化水平,及时向生产者、经营者和消费者提供全方位的信息服务。

(3)加强绿色食品市场的监督管理力度。为了保证绿色食品健康发展,各地农业行政主管部门和各级绿色食品管理机构要积极配合工商管理、技术监督等部门,依法打击各类假冒绿色食品行为,纠正不规范使用绿色食品商标标志的现象。生产者应严格执行绿色食品标准,规范认证;加强对企业的规范管理,实行定期检查、动态管理,定期检测基地环境,不定期抽检产品,重点核查加工产品的原料来源(包括饲料原料),检查企业的质量管理;规范市场,统一规范绿色食品包装标识,联合技术监督、工商部门定期对绿色食品的市场进行检查,邀请新闻单位对绿色食品进行新闻监督,依照法规对生产经营假冒绿色食品的生产者和经营者严惩,保证市场秩序,维护绿色食品形象,保护消费者权益。同时要制定相关管理条例,为绿色食品发展保驾护航;加强绿色食品相关法律知识的宣传。

（4）强化宣传教育。第一，作为消费者，在网络发达的社会，要充分利用各种媒体资源，普及绿色生态食品知识，开展多形式宣传活动，让人们认识绿色生态食品，让消费者熟悉绿色食品标志，使绿色生态食品在未来有良好的发展前景。第二，从学生的角度，政府应鼓励、支持各大学将绿色生态食品列入专业课程进行系统研究，列入教学计划；鼓励将有关绿色食品基础知识列入绿色食品重点发展区域的中小学课程。第三，从生产者的角度，对从事绿色食品事业的不同层次的人员进行不同类型的绿色食品知识培训，建立起一支既懂知识又有热情的专业队伍；企业要有自己的文化，同时培养企业的绿色食品品牌观，发挥企业自律作用。

4.对学校的建议

（1）发挥学校课堂教学的作用。课堂教育是学生参与的主要场所，发挥课堂教学的作用是提高学生对绿色生态食品产品了解的科学途径。学校通过丰富多彩的校内教育、不断在日常的教学中强化学生对绿色食品的认识度。通过教学环节的设立，让同学们了解到绿色食品从种植到生产到销售的全过程，以便未来人们可以正确地认识绿色生态食品。

（2）发挥学校课外实践作用。让同学们利用学习空余时间及暑假时间进行课外实践，比如问卷调查、发放宣传单、绿色生态食品种植生产实践等形式，让更多的市民了解并认识到绿色生态食品及产品相关方面的知识。

（3）多举行相关活动。在课下，可以开展关于绿色食品的有奖竞答、绿色生态食品销售攻略制作等各种形式来帮助大家了解绿色生态食品。

丽水市民眼中的诗画丽水建设调查研究

调研组成员：

应用化学16班：柯求敏、张洁雨、金愈颖、陈涵柱、曹嘉露、陈相灿、钱宏伟、钟锦雄、杨罗星、金晨迪、张洁雨、胡思雨、徐玲玲、何岫玲、王婷、陈跃星、李高强、危磊、吴江、魏钰昌、曹建、郭显富、蔡倩

指导老师：龚志伟

摘　要：长期以来，丽水市立足于"秀山丽水、浙江绿谷"的生态优势，大刀阔斧地进行生态文明建设，取得了颇为丰盛的成果，顺利建设成为全国文明城市。但是，丽水市的生态文明建设依旧任重道远。建设"诗画丽水"，共享美好蓝天才是我们共同的愿望。本次关于市民眼中的诗画丽水建设的调研，意在反映诗画丽水建设的过程中可能存在的问题，并提出一些合理化的措施与建议，为诗画丽水建设建言献策。

关键词：丽水；市民；诗画丽水建设

一、调研内容及方法

1.调研内容

本次小型调研主要围绕丽水市市民对诗画丽水建设的认识展开，从丽水市民的角度出发，集思广益，明确诗画丽水建设的方向，避免诗画丽水建设过程中可能存在的问题，从而加快诗画丽水建设的进程，具体内容如下：

(1)丽水市市民对诗画丽水建设的认知。主要涉及丽水市民对诗画丽水建设的了解程度，丽水市民眼中丽水市生态文明的建设情况、丽水市民对诗画丽水建设的满意程度。

(2)探讨诗画丽水建设中的差距及其原因，从现象中看本质，寻找解决方案。主要涉及丽水市民对于影响诗画丽水建设的制约因素的认知、诗画丽水应该发展的方向等。

(3)诗画丽水建设的主要建议和措施。对象主要涉及政府、企业、社会组织及市民个人等。

2.调研方法

本次调研以丽水市市民为主要调研对象，主要采取问卷调查的形式，首先由本组成员对该调研课题进行分析并提出两个以上相关问题，经过指导老师的多次修改，最终形成一份完整的调查问卷。随后采用发放纸质问卷的方式进行调研。本次调研共发放问卷110份，回收有效问卷110份。本次调研样本采集范围较广,具有一定的代表性。

二、调研情况分析

经过调研组成员的共同努力,本次调研对相关问题形成了初步认识,具体情况如下:

1.丽水市民对诗画丽水建设认知状况的分析

(1)市民对于诗画丽水建设的了解程度。如图1所示,36%的受访者认为诗画丽水是建立在丽水的特色文化的基础之上,15%的受访者认为诗画丽水与丽水的特色文化没有什么直接的关系,47%的受访者认为诗画丽水建设与丽水特色文化相互依存,两者不可分割,2%的受访者认为只有大力发展丽水特色文化,那么诗画丽水建设并没有什么用。

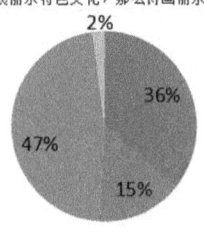

图1　市民理解的丽水特色与诗画丽水建设之间的关系

从中可以看出,大多数受访者认为诗画丽水建设和丽水的特色文化具有密切的关系,只有少数受访者认为两者之间没有关系。说明在进行诗画丽水建设时,多数丽水人对于丽水的特色文化持肯定态度。

(2)市民对于丽水现在环境的满意程度。如图2所示,对于丽水现在的环境,47%的受访者感到满意,49%的受访者感到一般,4%的受访者感到不满意。上述数据充分说明了丽水市在文明城市大花园的建设方面还有较大的提升空间,相关部门仍需采取措施,进一步改善丽水市的生态环境,从而增加人民群众对丽水环境的满意度。

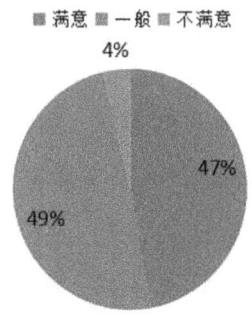

图2 市民对周围居住环境的满意程度

(3)市民了解诗画丽水建设的渠道。如图3所示,在对市民关于诗画丽水建设了解渠道的调查中,有27人选择了报刊,占比为24.5%;41人选择了电视广播,占比为37.3%;25人选择了居民宣传栏,占比为22.7%,选择其他渠道的有19人,占例为17.3%。在走访过程中,我们发现受访者中的大部分人愿意加入我们的调查,对诗画丽水建设充满热情,由此可见,丽水政府关于诗画丽水的宣传是颇有成效的。在调研中我们发现,电视广播、报刊、居民宣传栏等传统宣传手段是居民了解诗画丽水的主要途径。在网络信息高度发达的今天,为增强宣传的实效,除了运用传统宣传手段外,合理运用新媒体手段进行宣传也颇为重要。因此,我们认为相关部门在诗画丽水的宣传上,可以充分运用微博、微信等新媒体,加强对年轻人的吸引力。

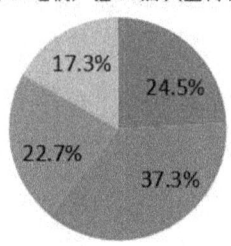

图 3　市民了解诗画丽水建设的渠道

（4）市民对于诗画丽水建设的态度。如图 4 所示，在对诗画丽水建设的态度上，44％的受访者表示会积极参与，49％的受访者表示会参与，6％的受访者表示会偶尔参与，只有 1％的受访者表示不关心，不会参与。上述调查数据充分说明，关于诗画丽水的建设，大部分丽水市民是满心期待，积极践行的。

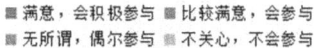
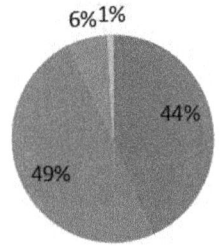

图 4　市民对于诗画丽水建设的态度

2.现阶段与诗画丽水建设有差距的原因分析

分析了市民对于诗画丽水建设的认知状况，那么现阶段我们和诗画丽水的建设还有一定差距的原因是什么呢？下面我们从市民道德素质、丽水文化氛围、丽水环境建设等角度对这一问题进行分析。

(1)本市市民的民风和道德素质的现状。民风和公民道德素质在一定程度上代表一个地区发展水平,民风和公民道德发展的好,对于城市的建设具有明显的促进作用,民风和公民道德发展的不好,会严重制约一个城市的发展。如图 5 所示,在我们对本市市民的民风和道德素质的调查中,有 15% 的受访者表示非常满意,有 61% 的受访者表示比较满意,有 23% 的受访者表示满意度一般,1% 的表示不满意。整体而言,大部分受访者对本市市民的民风和道德素质比较乐观。

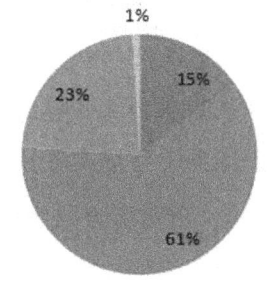

图 5　本市市民的民风和道德素质的现状

(2)丽水文化氛围的现状。浓厚的文化氛围是一座城市最美的风景,对丽水而言同样如此。如图 6 所示,在我们的调研中 14% 的受访者认为丽水的文化氛围很浓,47% 的受访者认为比较浓,34% 的受访者则认为一般,5% 的受访者认为丽水的文化氛围有点淡或者很淡。总体来讲,大部分市民对丽水这座城市的文化氛围是比较认可的。但是我们应该看到,丽水市的文化建设仍有较大的提升空间。人是城市的主体,市民文化品位的高低,决定着一个城市的文化氛围,为此我们认为丽水市相关部门仍需要积极努力,提高丽水市民的文化品位,树立丽水市的文化品牌,向世人展现丽水市的崭新面貌。

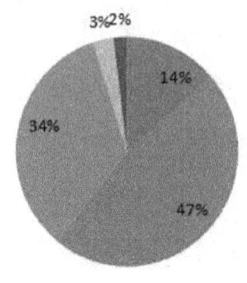

图 6　市民眼中丽水文化氛围的现状

(3)丽水的环境建设的现状。诗画丽水的建设离不开秀美的自然风光。丽水市境内河流湖泊众多,山体郁郁葱葱,具有优质的生态条件,从而使得诗画丽水的建设有了得天独厚的自然条件。如图 7 所示,在我们的调研中 64% 的受访者认为丽水市的环境好,34% 的受访者认为丽水市的环境一般,2% 的受访者认为丽水市的环境不好。上述数据充分说明,绝大多数的丽水市民对丽水市的环境建设是比较满意的,但丽水市的环境建设仍有着较大的提升空间。我们认为在环境建设方面,政府相关部门仍需践行"绿水青山就是金山银山"的发展理念,继续加大投入环境保护力度,守住丽水市青山秀水的原生态环境。

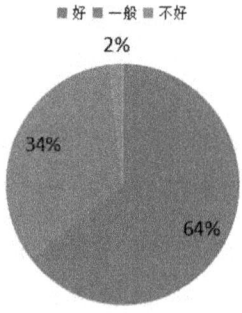

图 7　市民眼中丽水的环境建设的现状

关于丽水市莲都区居民绿色出行现状的调查

调研组成员：

护理学（中瑞）161班：杨甜甜、韩筮琼、马诚晨、傅潇、茹梦瑶、王肖男、胡芳泉、王侬、罗雨欣、谢丁露、郦钰莹、王琼雯、俞懿倩、周于涵、张翔皓

指导老师：裘莉

摘　要：绿色出行就是既能节约能源、提高能效、减少污染，又益于健康、兼顾效率的出行方式。党的十八大以来，针对环境建设，习近平总书记多次强调"一定要走生态绿色可持续发展道路"。在丽水市深入开展浙江"大花园"建设的背景下，践行绿色发展理念尤为重要。本次调研主要针对丽水市民的出行情况，力求展现丽水市民在出行领域对于绿色发展的认识，为相关职能部门进行决策提供咨询和建议。

关键词：丽水市民；绿色出行；环保意识

一、调研内容及方法

1.调研内容

本次调研主要围绕丽水市莲都区居民的绿色出行意识展开,涉及绿色交通、环保意识等问题。在操作上具体进行了以下活动:

(1)实践前期。这一阶段的工作分为以下几个部分:第一,初步了解现阶段莲都区居民的绿色出行意识及实践中存在的问题。第二,相关文献研究:为了更好地进行该调查项目,我们查阅了相关文献,主要有《北京市居民出行方式选择研究》《城市居民绿色出行行为的驱动机理与政策研究》《可持续发展视角下拼车行为研究》《滴滴出行的现状与发展对策研究》等,对于上述文献中提及的绿色交通、绿色出行等相关知识,我们进行了系统学习。第三,结合相关政策提高整体认识:主要学习了习近平总书记系列重要讲话中有关绿色发展的论述,浙江省的"八八战略"、丽水市践行"绿水青山就是金山银山"发展理念和"八八战略"的情况。通过上述学习,调研组成员的思想意识得到进一步提高。

(2)实践过程。这一阶段的工作分为以下几个部分:第一,问卷调查地点分工:团队15人分为三组,每组5人,其中第一组调研地点为白云街道老年公园,第二组调研地点为三岩寺,第三组调研地点为丽水学院。在调研过程中,为了保证结果的广泛代表性,我们要求每位成员至少发放7份问卷。在调研过程中我们还进行了影像采集,以记录调研过程。第二,集中处理问卷信息,通过数学统计的方法,得出每一项调研的结果。

2.调研方法

本次调研采取抽样调查的方法,以大学生、社会人员为主要调研对象。在调研过程中我们共发放问卷105份,回收有效问卷104份,无效问卷1份,样本回收率为99%。

二、调研情况分析

1.受访者基本情况

如表1所示,本次调研的受访者在性别分布上女性居多,女性受访者64人,占比61.5%;男性受访者40人,占比38.5%。

表1 受访者性别分布情况

性别	频率	百分比(%)
男	40	38.5
女	64	61.5

如表2所示,在年龄分布上,18岁以下的受访者9人,占比8.7%;18~30岁的受访者57人,占比54.8%;31~45岁的受访者13人,占比12.5%;46~61岁的受访者7人,占比6.7%;60岁以上的受访者18人,占比17.3%。

表2 受访者年龄分布情况

年龄	人数	百分比(%)
18岁以下	9	8.7
18~30岁	57	54.8
31~45岁	13	12.5
46~61岁	7	6.7
60岁以上	18	17.3

如表3所示,在职业分布上,受访者主要为学生,占受访者总人数的50%;此外,单位职工占受访者总人数的23.1%,退休人员占受访者总人数的17.3%。其他职业的受访者占受访者总人数9.6%。

表3 职业分布

职业	频率	百分比(%)
学生	52	50
单位职工	24	23.1
退休员工	18	17.3
其他	10	9.6

2.丽水市莲都区居民的出行情况

出行现状在一定程度上能够反映一个地区居民绿色出行的状况,为此我们专门统计了莲都区居民的出行现状。

(1)出行现状。如表4所示,在出行目的调查中,上下班/上下学总计80人,占全体受访者的76.9%;购物为1人,占全体受访者的0.9%;休闲娱乐/就餐总计24人,占比22.2%。

表4 受访者的出行目的

目的	频率	百分比(%)
上下班/上下学	80	76.9
购物	1	0.9
休闲娱乐/就餐	24	22.2

如表5所示,在关于出行所花费时间的调查中,花费15分钟以内的受访者总计46人,占全体受访者的44.2%;花费15~30分钟的受访者总计43人,占全体受访者的41.3%;花费30~60分钟的受访者总计10人,占全体受访者的9.6%;花费1~2小时的受访者总计4人,占全体受访者的3.8%;花费2小时以上的受访者总计1人,占全体受访者

的 1.1%。

表 5 受访者出行花费时间统计情况表

花费时间	频率	百分比(%)
15 分钟以内	46	44.2
15～30 分钟	43	41.3
30～60 分钟	10	9.6
1～2 小时	4	3.8
2 小时以上	1	1.1

如表 6 所示,在对单次出行距离的调查中,出行距离为 1 公里以内的受访者总计 46 人,占全体受访者的 44.2%;出行距离 1～5 公里的受访者总计 45 人,占全体受访者的 43.3%;5～10 公里的受访者总计 10 人,占全体受访者的 9.6%;10 公里以上的受访者总计 3 人,占全体受访者的 2.9%。

表 6 受访者单次出行距离情况表

距离	频率	百分比(%)
1 公里内	46	44.2
1～5 公里	45	43.3
5～10 公里	10	9.6
10 公里以上	3	2.9

如表 7 所示,在对日常选择的交通方式的调查中,选择轿车的受访者总计 12 人,占全体受访者的 11.5%;选择公交车的受访者总计 30 人,占全体受访者的 28.8%;选择电瓶车的受访者总计 25 人,占全体受访者的 24.2%;选择共享单车的受访者总计 5 人,占全体受访者的 4.8%;选择自己购买的自行车的有 4 人,占全体受访者的 3.8%;选择出租车的受访者为 0 人,占比 0%;选择步行的有 28 人,占比 26.9%。

表 7　受访者日常选择的交通工具

交通工具	频率	百分比(%)
轿车	12	11.5
公交车	30	28.8
电瓶车	25	24.2
共享单车	5	4.8
自己购买的自行车	4	3.8
出租车	0	0
步行	28	26.9

综上所述,由于本次调研的受访者大多为学生和在职员工,因此在出行目的的选择上受访者更多地偏向上下班和上下学;此外,由于莲都区集中于盆地、面积较小的特点,莲都区居民的出行时间基本在 1 个小时以内,单次出行距离基本上在 5 公里以内,加之莲都区内公共交通设施较为发达,因此大多数莲都区居民在出行方面会选择公交车和步行等绿色出行方式。

(2)对交通工具需求的要素分析。如表 8 所示,通过对受访者在出行中对交通工具最在意的因素的调查,我们发现选择舒适度的受访者总计 17 人,占全体受访者的 16.3%;选择便捷性的受访者总计 33 人,占全体受访者的 31.7%;选择安全性的受访者总计 47 人,占全体受访者的 45.3%;选择经济性的受访者总计 7 人,占全体受访者的 6.7%。

表 8　受访者在出行中对交通工具最在意的因素

因素	频率	百分比(%)
舒适度	17	16.3
便捷性	33	31.7
安全性	47	45.3
经济性	7	6.7

另外在本次调研中我们发现,对于出行,在职员工与退休职工更多地在乎安全性,其次才是便捷性和舒适度。而学生则把便捷性的要

求放在首位,其次是安全性和舒适度。

3.莲都区居民绿色出行的意识和对绿色出行活动的支持度

(1)意识宣传。如表9所示,在对是否接触过"绿色出行宣传教育"的调查中,从没接触过的受访者总计24人,占全体受访者的23.1%;接触过但是不了解的受访者总计48人,占全体受访者的46.2%;接触过但了解的受访者总计32人,占全体受访者的30.7%。

表9 受访者接触"绿色出行"宣传教育情况

情况	频率	百分比(%)
从没接触过	24	23.1
接触过,不了解	48	46.2
接触过,了解	32	30.7

如表10所示,在对选择绿色出行的原因的调查中我们发现,选择便捷的受访者总计63人,占全体受访者的60.6%;选择省钱的受访者总计30人,占全体受访者的28.8%;选择为环保做贡献的受访者总计44人,占全体受访者的42.7%;选择其他理由的受访者有1人,占比0.9%。

表10 受访者选择绿色出行的原因

原因	频率	百分比(%)
方便	63	60.6
省钱	30	28.8
为环保做出贡献	44	42.7
其他	1	0.9

通过对上述两个问题的分析我们发现,绿色出行的宣传情况并不乐观,大多数群众对于绿色出行停留在一知半解的状态。对于出行方

式,多数受访者还是更偏向于便捷性较高的绿色出行方式。这从一个侧面反映了我们的宣传工作和居民的实际需求中间还是有一定的差距。

（2）受访者对绿色出行活动的响应情况。如表11所示,在对是否愿意加入绿色出行活动或者组织的调查中,受访者中有82人选择愿意,占全体受访者的78.8%;有8人选择不愿意,占全体受访者的7.7%;有14人选择不清楚,占全体受访者的13.5%。

表11　是否愿意加入绿色出行组织

情况	频率	百分比(%)
愿意	82	78.8
不愿意	8	7.7
不清楚	14	13.5

如表12所示,在对是否愿意向身边的人宣传绿色出行理念的调查中,受访者中有77人选择会,占全体受访者的74.0%;有8人选择不会,占全体受访者的7.7%;有19人选择不清楚,占全体受访者的18.3%。

表12　受访者是否向身边的人宣传绿色出行

情况	频率	百分比(%)
会	77	74
不会	8	7.7
不清楚	19	18.3

具体而言,大多数受访者对于绿色出行持支持态度且愿意向身边的人宣传此项活动。因此,我们相信只要运用适当的宣传手段,绿色出行会成为每位居民的生活常态。

（3）受访者对绿色出行实际效果的认识情况。如表13所示,在绿色出行和生活质量的关系的调查中,认为绿色出行能够提高生活质量的受访者有73人,占全体受访者的70.2%;认为绿色出行降低生活质量的受访者有5人,占全体受访者的4.8%;认为二者没有必然联系的受访者有26人,占全体受访者的25%。

表13 绿色出行是否改变生活质量

变化	频率	百分比(%)
提高生活质量	73	70.2
降低生活质量	5	4.8
二者没有必然联系	26	25

如表14所示,在对绿色出行与缓解城市交通压力的影响调查中,认为绿色出行非常有利于缓解城市交通拥堵的受访者有48人,占全体受访者的46.2%;认为绿色出行能在一定程度上缓解交通压力的受访者有50人,占全体受访者的48.1%;认为两者没有必然联系的受访者有6人,占全体受访者的5.7%;认为不利于缓解交通压力的受访者0人,占比0%。

表14 绿色出行对缓解城市交通压力的影响

影响	频率	百分比(%)
非常有利	48	46.2
在一定程度上缓解	50	48.1
二者没有必然联系	6	6
不利于缓解	0	0

可以看出,多数的受访者认为绿色出行能够改变生活质量,缓解城市交通压力。

三、针对莲都区居民绿色出行现状的建议

针对上述十几个问题的统计分析,我们对莲都区居民的绿色出行情况有了一定的了解。为了使莲都区居民更好地践行绿色出行,我们提出以下意见和建议。

1.对莲都区居民的建议

(1)时刻牢记绿色出行理念。节约能源、提高能效、减少污染是绿色出行的重要内容,在实际生活中,我们认为莲都区居民要时刻牢记绿色出行理念,多采取环保的出行方式。如较近距离的出行可以选择自行车,市区内目的地建议多乘坐公共汽车,距离较远的目的地可以尝试拼车。此外,在家庭交通工具的选择上,可以对小排量汽车、新能源汽车多倾斜一些。

(2)积极响应政府绿色出行倡议。对于政府相关职能部门推出的绿色出行活动和倡议,我们认为居民应该积极响应。如无车日活动、单双号限行活动、多使用共享单车、城市公共自行车倡议,购买小排量汽车、新能源汽车倡议等。此外,对于相关职能部门举行的宣传活动,我们认为居民也应该积极参与,身体力行地投入其中。

(3)积极主动地参加绿色出行活动。我们认为,对于政府或者其他社会组织、非营利性社会团体举办的绿色出行活动,居民应该积极地参加,在参加活动的过程中加深自己对绿色出行的认识并获得更多关于绿色出行的知识,从而启迪身边的亲属和朋友参加到绿色出行的实践中。

2.对学校的建议

(1)充分发挥学校的教育作用。课堂教育是学生认识社会活动的主要场所,绿色出行理念的普及,需要每个教师的努力。对于中小学生而言,尤其如此。因此,我们认为学校可以通过广播、手抄报、征文比赛、团日活动、设立绿色环保积极分子等手段,宣传贯彻绿色发展理念,从而使得广大中小学生牢固树立绿色出行理念。

(2)教师发挥模范带头作用。在实际操作上,我们认为要充分发挥教职工和学生党员的模范带头作用,通过他们的实际行动,引领全校师生参与到绿色出行的建设当中。

3.对政府的建议

(1)健全绿色交通工具的管理制度。积极鼓励市民选择共享单车、市内公共自行车、电瓶车、公共汽车等绿色交通工具出行。同时在制度层面要加强对上述交通设备的管理及维护,如为了普及电动车的使用,在市区内加设一定数量的电瓶车充电处就颇为必要。此外,对于购买小排量汽车、新能源汽车的居民给予适当的财政补助及政策优惠。

(2)加大宣传力度。对于绿色出行,政府加强宣传引导格外重要,在宣传上,相关职能部门可以和小区物业合作,利用小区内的电子屏幕或者宣传板,举办绿色出行讲座等方式宣传绿色出行。此外,相关职能部门还可以充分发挥微博、微信、电子报纸等新媒体在宣传上的重要作用,积极进行绿色出行方面的宣传。

(3)加强对绿色出行活动的支持。针对绿色出行的活动,我们认为政府也应该大力支持。众所周知,公益性活动的有序开展,离不开政府的大力支持。我们相信,如果政府足够重视绿色出行宣传活动,那么其在开展过程中一般而言均能够取得较好的效果。因此,结合丽水"大花园"建设,我们认为政府也可以适度加强对绿色出行活动的支持力度。

丽水市莲都区共享单车使用情况的调查研究

调研组成员：

口腔162班：张俊俊、邱栋、李超燕、吴佳丽、朱梦婷、王佳云、袁晓蝶、王佳敏、仇薇、陈宇挺、邵雅妮

指导老师： 黄萍

摘　要：：共享单车是指企业在校园、地铁站点、公交站点、居民区、商业区、公共服务区等提供的自行车共享服务。作为一种新型环保共享经济，共享单车实行分时租赁模式。从2017年上半年开始，共享单车占据了全国各大城市的大街小巷，赢得了广大消费者的青睐，极大地方便了城市居民的出行。然而，在带给消费者全新体验的同时，共享单车也逐步暴露出诸多问题，例如管理、停放、服务、配套等。此次调查活动，意在反映丽水市莲都区居民对于共享单车的使用情况，寻找其中存在的问题并提出合理化的建议，从而使共享单车在丽水市莲都区实现良性发展。

关键词： 丽水市莲都区；共享单车；居民

一、调研内容及方法

1.调研内容

本次调研主要围绕以下几个方面进行：
(1)丽水市莲都区居民在日常生活中使用共享单车的基本情况。
(2)丽水市莲都区居民在共享单车使用过程中出现的问题。
(3)丽水市莲都区居民对共享单车使用的相关建议。
(4)丽水市莲都区居民对共享单车的展望。

2.调研方法

本次调研以丽水市莲都区居民为主要调研对象,设计了《丽水市莲都区共享单车使用情况调查问卷》,采取发放调研问卷的方式。此次调研共发放调研问卷55份,回收调研问卷55份,回收率为100%。

二、调研情况分析

1.调研对象基本情况分析

为了更好地了解调研对象的基本情况,我们从性别、年龄、职业等角度对本次调研活动的受访者进行了统计分析,具体情况如下:

(1)受访者的性别分布。如图1所示,在本次调研中,受访者中女性有23人,占总人数的41.5%,男性有32人,占总人数的58.5%。

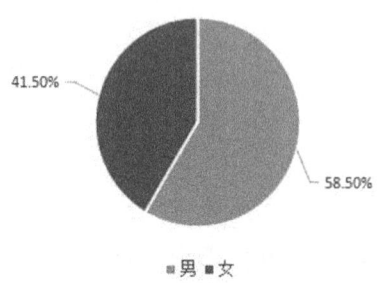

图1 受访者的性别分布

(2)受访者的年龄分布。为了更好地了解丽水市莲都区共享单车的使用情况,我们选取的受访者年龄分布较为广泛。如图2所示,在本次调研中10~25岁的受访者占52.80%,26~35岁的受访者占22.60%,36~55岁的受访者占17.10%,56岁以上的受访者占7.50%。

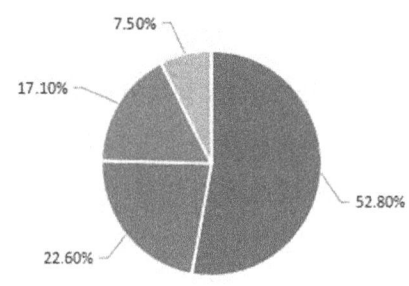

图2 受访者的年龄分布

(3)受访者的职业分布。如图3所示,在本次调研的受访者中,学生占8.1%,上班族占30.8%,自由职业者占19.2%,其他职业者占1.9%。

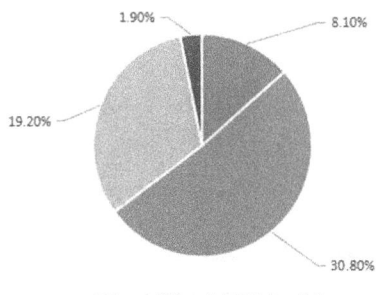

图 3 受访者的职业分布

2.调查数据结果分析

(1)共享单车使用情况分析。如图 4 所示,受访者中有 53.5% 的人正在使用共享单车;有 18.2% 的人用过,但现在不用了;有 28.3% 的人从未使用过。

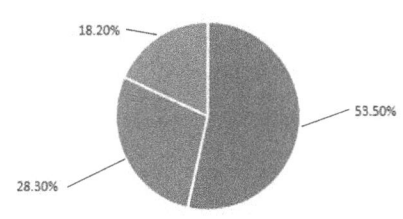

图 4 受访者是否使用共享单车表

(2)使用共享单车的理由。如图 5 所示,人们选择使用共享单车的首要原因是共享单车可以随借随还,十分方便,选择该理由的人数占受访者的 30.3%。其次,共享单车由于低碳环保,为受访者普遍接受,选择该理由的人数占受访者的 24.2%,这和现代社会人们普遍认识到环境的重要性,倡导绿色出行有很大的关系。此外,共享单车的代步快捷、价格实惠、比较新奇等特点都成了人们竞相使用共享单车的原因。

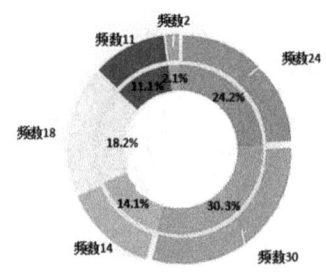

图 5　受访者使用共享单车的理由

（3）不使用共享单车的理由。如图 6 所示，在我们给出的几个不使用共享单车的理由中，37.5%的受访者表示不选择使用共享单车的原因是已有代步工具。这和现代社会经济、科技不断进步，人们普遍追求更快捷的交通工具有较大关系。共享单车虽然方便，但在长距离的行驶上并不占优势，因此这部分人会选择自行购买更为快捷的交通工具。在给定的不使用理由中，21%的受访者表示不选择使用共享单车的理由是其押金太贵。"299 的押金"，使不少受访者对使用共享单车望而却步。此外，找车停车不方便、使用 App 注册、移动支付不便、对车本身不满意、不会骑车等原因也是受访者不使用共享单车的几个理由，上述理由在我们的调研中各占有一定的比例。

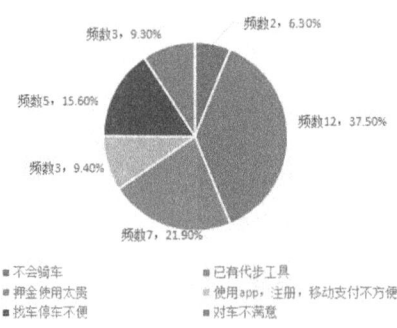

图 6　受访者不使用共享单车的理由

(4)共享单车使用频率。如图7所示,在我们对共享单车使用频次的调查中,选择经常使用共享单车的人占了31.7%,而偶尔使用共享单车的人占了68.3%。从上述数据可以看出,对于共享单车的使用,大部分受访者还没有完全适应,经常使用的受访者只占少数,这与共享单车近几年才进入大众视野,还未全面普及有很大关系,因此相关部门如想加大共享单车的使用,还需不断加强对民众的宣传。

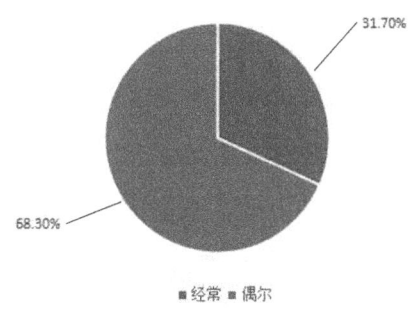

图7 受访者对共享单车使用的频率

(5)共享单车用途。如图8所示,在关于共享单车用途的调研中,有42.6%的受访者使用共享单车的主要用途是上下班或上下学的代步工具,有19.2%的受访者将共享单车用于其他方面,有17%的受访者使用共享单车仅仅是想体验骑行乐趣,有10.6%的受访者使用共享单车用于城市旅游。此外,还有10.6%的受访者使用共享单车用于购物。

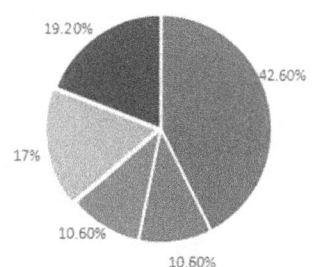

图8 共享单车的用途

(6)共享单车存在的问题。共享单车作为一种新型商业模式,对城市交通及社会发展产生了深刻影响。但作为新兴事物,共享单车还存在着相关条例不完善,消费者使用不规范等诸多问题。如图9所示,我们在调研中发现,乱停乱放是丽水市莲都区居民在共享单车使用过程中存在的首要问题,43.5%的受访者认为这一问题比较突出。共享单车的乱停乱放不仅影响商家做生意,而且还影响了城市面貌。此外,22.8%的受访者认为未成年人在马路上骑行共享单车是一个巨大隐患。17.4%的受访者认为共享单车使用者不文明使用车辆,造成车辆损坏是共享单车存在的亟须解决的问题。16.3%的受访者认为共享单车过多占用公共停车资源是需要注意的问题。从上述分析可以看出,尽管共享单车在城市里蓬勃发展,但是站在消费者的角度,共享单车还有许多的不足之处需要进一步完善。

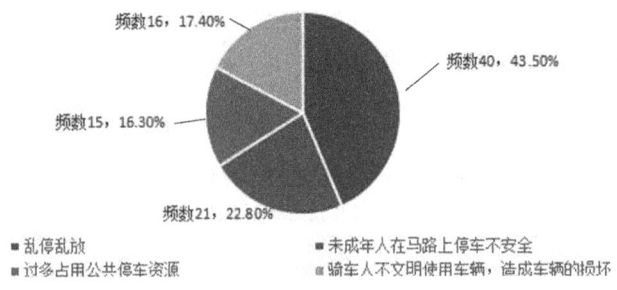

图9 共享单车存在的问题

3.共享单车印象与评价分析

(1)了解共享单车的渠道。如图10所示,在我们对受访者了解共享单车途径的调查中,60%的受访者了解共享单车的途径是看到别人使用。16.4%的受访者了解共享单车的途径是媒体评价,此外,广告推广、微信朋友圈也是受访者了解共享单车的有效途径,在我们的调研中分别占有一定的比例。上述数据对于共享单车企业有目的地进行业务推广,提高共享单车的知名度,增加共享单车的使用人群,具有一定的帮助。

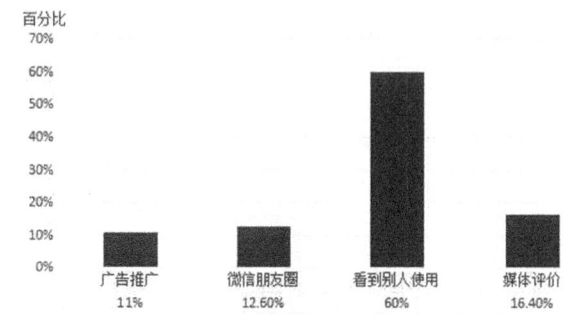

图 10 受访者了解共享单车的途径

(2)共享单车和公共自行车的使用倾向。如图 11 所示,在我们对共享单车和公共自行车使用倾向的调查中,49%的受访者倾向于使用共享单车,占 19%的受访者倾向使用公共自行车,另外还有 32%的受访者认为两者差不多。这和共享单车使用的舒适度及便捷性有很大的关系。

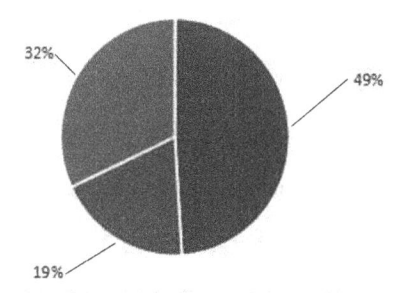

图 11 共享单车和公共自行车的使用倾向

(3)对收费标准看法。如图 12 所示,对于共享单车的收费标准,

44.9%的受访者认为押金合理,价格合理;16.3%的受访者认为押金合理,价格偏高;24.5%的受访者认为押金不合理,价格合理;14.3%的受访者认为押金和价格均不合理。由上述数据可知,大部分被调查者对于共享单车的收费标准是认同的,但也有较大部分的受访者认为共享单车价格偏高或押金偏高,占全体受访者的40.8%。因此,共享单车企业如想更好地普及共享单车,在押金和价格等领域就需要做积极地调整,适时地推行免押金、月卡、年卡等优惠活动等。

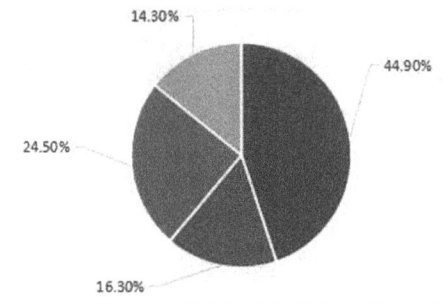

图12 受访者对共享单车收费标准的看法

(4)是否看好共享单车未来。如图13所示,在受访者中有94.2%的人看好共享单车的未来,只有5.8%的受访者不看好共享单车的发展。上述数据和近几年共享单车使用及管理机制的逐步完善有很大关系,从共享单车刚刚兴起时的"群雄逐鹿",到如今资质差、资金周转困难的共享单车企业退出市场,共享单车的发展进一步完善,虽然目前共享单车存在乱停乱放影响市容、车子损坏后维修不及时、车型单一等问题,但瑕不掩瑜,其方便快捷、绿色环保、价格优惠等优点也是显而易见的。一项新事物的发展必然会遇到许多问题,但只要积极解决,它的潜力是不可估量的,这大概是许多人看好共享单车前景的原因。

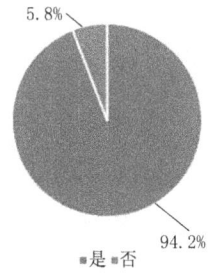

图 13 是否看好共享单车的未来发展

三、共享单车存在的问题

通过对调研结果的分析,我们发现共享单车存在以下几个亟须改善的问题:

1.单车投放量问题

单车投放数量合理,有助于人们出行,同时会明显改善一个城市的市容市貌。单车数量激增,无序停放会占用道路公共资源,阻塞交通。虽然单车公司规定单车需停放在道路白线的指定停放区域内,但在实际使用中共享单车占用人行道、公交站台等公共区域的现象十分普遍。此外,在城市繁华区域和较偏僻地区的单车投放,也需要单车公司根据人流量的变化,进行合理的调整。只有合理调整投放量,才能够实现单车公司效益的最大化。

2.用户素质问题

在调研过程中,我们发现许多用户都提到了单车损坏的问题,除了单车正常的损坏及老化外,用户素质低下以及不文明的使用所造成的车辆损坏,如车身被乱涂乱画、刮掉二维码、车子零部件丢失等,大多数居民对此类问题深恶痛绝。作为用户,我们享受共享单车带给我们方便快捷的同时,也应牢牢谨记我们的责任,爱惜共享单车。

3.共享单车运营企业管理问题

共享单车运营企业缺乏对用户行为的监管。当前各个共享单车企业虽然对单车的停放位置、使用人群等都设定了要求,比如未成年人不能注册成为App用户、不允许用户将单车驶进小区内等。但是,由于共享单车企业运营机制不完善,导致许多时候用户行为得不到有效监控。逆行、闯红灯,在非机动车道与行人争道、未成年人骑行共享单车等违反交通规则的行为时有发生,甚至社会上还出现了恶意损坏共享单车,组装、低价出售单车等违法行为。这些都需要共享单车企业,不断完善运营机制,进一步加强企业管理。

4.政府相关部门监管问题

针对共享单车的使用,政府相关部门的配套监管政策未能及时跟进,也是共享单车发展过程中亟须注意的问题。作为新兴事物,共享单车发展迅速,行业竞争激烈。然而,政府在鼓励共享单车发展的同时,却没有制定好共享单车统一管理的规范制度,导致共享单车发展的无序。面对共享单车发展的乱局,有的地方政府采取"一刀切"的管理模式,禁止共享单车在本市的投入,表面上看似加强了对于共享单车的管理,实则治标不治本。我们认为,针对共享单车的使用,政府相关部门可以积极作为,制定适合本地具体情况的共享单车使用规范,明确政府及单车企业的主体责任。此外,可以加强城管人员和单车公司工作人员的联系,及时加强市容市貌的整治,既美化了城市环境,也方便了民众出行。

四、对共享单车存在问题的建议

1.对莲都区学校的建议

作为新兴产业,共享单车一问世,便凭借其方便快捷的优势,受到广大青少年的追捧,广大青少年也由此迅速成为共享单车使用的主力军。针对青少年对共享单车的使用,我们认为莲都区各所学校需要在以下方面做出改进:

(1)加强学生的思想道德素质教育,培养学生的社会责任感,提醒学生时刻谨记文明出行,在使用共享单车的时候学会爱惜它们,能够有序使用,按规定停放共享单车。

(2)在校园里设置适合停放共享单车的泊位并组织专人负责单车的日常管理,使共享单车能够在校园内有序停放。对发生在校园中的恶意破坏单车的行为,要进行批评教育。

2.对莲都区市民的建议

共享单车的出现,不仅帮助很多市民解决了"最后一公里"的出行问题,更为大众提供了一种便捷的出行选择,得到了广大用户的青睐。越来越多的人选择使用共享单车出行,自愿加入绿色、环保的骑行大军。然而在我们享受共享单车带来的便利时,伴随共享单车的一些不文明现象也随之出现,无形之中影响了民众对共享单车的体验效果。

经过对调查结果的统计分析，我们发现莲都区内也存在着一些不文明使用共享单车的行为。因此，在共享单车的使用上针对莲都区居民提出以下几点建议：

(1)从自身做起，增强法治意识，遵守社会公德，爱护共享单车，不恶意损坏共享单车，在使用过程中对共享单车不乱停乱放、乱贴乱画，不将共享单车据为己有。

(2)在做好自己的同时，带动身边的人。提醒身边的人文明使用共享单车，及时劝阻、制止损害共享单车的不良行为，并大胆举报恶意破坏行为。对不符合骑行条件的使用者进行劝阻，减少安全问题的发生。

(3)做文明出行的宣传者，积极宣传文明骑行、有序停放的重要意义，让文明骑行的观念深入人心，把文明风尚传播到城市的每一个角落。

相信通过莲都区市民们的积极响应，共享单车能真正实现文明共享的初衷，丽水市也会展现出一个文明城市应有的面貌。

3.对单车公司的建议

除了人为造成的问题，共享单车自身也存在很多问题。如停放混乱，无人管理；闲置时过多占用公共资源；上班高峰期时无车可用；车辆本身(如颜色、座位高低)不令人满意等。因此，要想让共享单车有更长远的发展，单车公司应针对所存在的问题，提出解决方案。以下是我们调研小组对单车公司提出的几点建议：

(1)适当降低使用价格和押金，鼓励更多人使用共享单车。

(2)不断升级单车的配置以满足消费者的需求。

(3)建立车辆维护服务制度，配备专业维修团队，对车辆进行日常维护，定期检修，及时更新淘汰不符合安全标准的车辆，确保车辆完好率达95％以上。同时定期对车身上的小广告进行清理，保持车辆清洁。把单车最好的一面展示给使用者。

(4)加强用户资金安全管理,防控用户资金风险,同时要建立完善的用户押金退还制度,加快实现"即租即押,即还即退"。

(5)影响交通秩序和市容环境的车辆要及时清运,对过度投放的车辆应适当向城市周边有车辆需求的地区进行调度,确保在不影响道路环境畅通的前提下,最大限度满足市民用车需求。

4.对政府管理共享单车的建议

共享单车的出现是对政府管理能力的一大考验。政府要在合理分配公共资源的前提下,对以共享单车为代表的共享经济进行正确引导,防止出现恶意竞争的现象。同时后期的管理与监督也十分重要,管理与监督的好坏直接关系到共享单车的未来发展,也关系到民众对于政府工作的认可度。因此,我们调研小组对政府管理共享单车的工作提出了以下几条建议:

(1)对共享单车投放量不应一刀切,要在遵循市场经济规律的前提下鼓励新形式经济的发展,要根据当地发展的实际情况,进行风险评估,制定应对措施,制定标准(包括享用土地公共资源等),以此来初步确定单车的投放量。

(2)结合共享单车的使用频率来确定单车的投放量,根据我们小组的观察,目前丽水市莲都区的道路边某公司的共享单车大量停放,但是租借的人很少,说明该公司的共享单车利用率很低。建议政府以一个月或者一季度为单位时间,要求共享单车企业定期汇报单车的实际使用频率,同时确定一个使用频率标准,若使用频率高于标准,则允许企业增加单车投放量,反之则由企业收回过多的单车。

(3)合理划分道路公共资源空间,将单车的合法停放区域与机动车的停放区分开来。在骑行规则方面,要大力引导民众自觉遵守交通规则。在维护共享单车方便、快捷等特点的前提下,确保城市的慢行交通系统规范运行。

关于丽水市民文化消费情况的调查与研究

调研组成员：

文秘151班： 李羽琦、刘诗瑷、陈春浓、钟靖芳、王露、陈晨、李思思、凌晨、朱丽静、陈森英、杨紫莹、杨恩东、李小燕、蓝晨、奚珍珠、邵雪婷、陈佳颖、牛浙宁、朱蒙蒙、杨琴琴、叶牡丹、江茜茜、章莉芳、汪佩、章雅琦、曹易、吴燕珍、史禅掌擎、万文杰

指导老师： 龚志伟

摘　要： 丽水市市民整体文化消费不断增长，消费形式日趋多样化，但日常文化消费集中在看电视和上网等少数文化消费项目；市民娱乐型文化消费占比高，发展型文化消费不足，消费观念有待升级，消费意愿、需求与客观制约与因素之间存在较大矛盾。目前，丽水正在创建全国文明城市，全民参与其中，文化消费与全民素质的提高又紧密相关，所以我们开展了此次关于文化消费的调查。此次调查研究，意在反映丽水市市民的文化消费情况，以从中分析出存在的问题，提出一些合理化的建议和措施，来创造更好的文明丽水。

关键词： 丽水；文化消费观念；方式；市民

一、调研内容及方法

1.调研内容

本次小型调研主要围绕丽水市市民的文化消费情况,丽水市民在日常生活中反映出的文化消费问题、对丽水市市民文化消费水平的提高以及对丽水市文化消费的建议和措施展开的。具体如下:

(1)丽水市市民日常生活中的文化消费意识。调研内容主要涉及丽水市民对丽水文化消费氛围的看法、丽水市民眼中丽水市文化建设情况、丽水市民对文化消费状况的满意程度等。

(2)探讨影响丽水市民文化消费能力的原因,从现象中找本质,寻找解决方案。调研内容涉及丽水市民生活中的细节。如每年订购杂志书刊或者报纸的情况、用于教育文化的消费占家庭总消费的比例情况等。

(3)对提高丽水市民文化消费的建议及措施。主要涉及对丽水市民自身的建议及措施和对丽水市政府和学校等相关单位的建议。

2.调研方法

本次调研以丽水市市民为主要调研对象,样本采集范围较广。形式主要采取问卷调查,首先由本组成员对该调研课题进行分析并提出两个以上相关问题,由组长、副组长和指导老师进行修改,最后形成一份完整的调查问卷。再采用抽样问卷调查方法,以纸质问卷调查为主。

共发放问卷 145 份,回收有效问卷 145 份,回收率达到 100%。

二、调研情况分析

1.丽水市民文化消费状况分析

(1)接受文化消费调查者的年龄分布。如图 1 所示,可以清楚地看出被调查者的年龄分布。其中,年龄 20 至 30 岁的人员最多,数目接近 70 人。从调查数据来看,被调查者大都是青年,文化消费这个概念也是在近几年开始进入人们的视野,所以老年人所占比例较少。

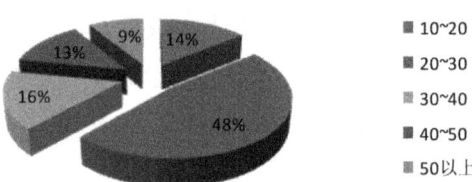

图 1　受访者的年龄

(2)接受调查的市民性别分布。根据图 2 调查结果显示,在接受问卷调查的人中,女性 83 人,所占比例为 57%;男性 62 人,所占比例为 43%。由此可以看出,女性的比例略高于男性,但在总体上男女比例还是比较趋向于均衡的。

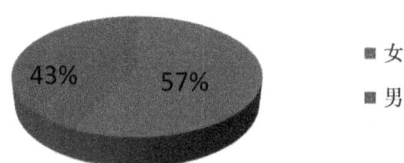

图 2　受访者性别分布

(3)家庭每年订购杂志书刊或者报纸的情况。如图3所示,大部分的人都没有订购杂志书刊或者报纸的习惯,分析原因可能是电子阅读替代了传统阅读方式或者没有阅读习惯。丽水市最近几年大力宣传报纸阅读,如处州晚报等报纸都精益求精,但是订购情况仍然不容乐观。

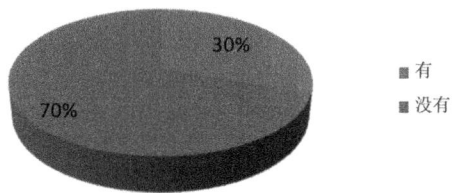

图3 受访者家庭每年订购杂志书刊或者报纸的情况

(4)一年里用于教育文化的消费占家庭总消费的比例。如图4所示,随着社会经济发展,人民生活水平提高,恩格尔系数逐步降低,教育文化方面的消费占总消费比例都会有所提高,但是调查结果中教育文化消费占总消费比例低于20%的人数占总调查数的比例还是达到了40%,而高于60%的只有5%,说明大部分的家庭对于教育文化的消费仍然处于中等偏下水平。

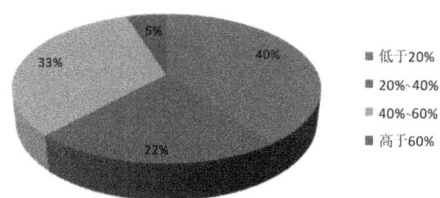

图4 一年里用于教育文化的消费占家庭总消费的比例

2.丽水市民对文化消费的态度分析

(1)市民自身的文化消费状况满意程度。如图5所示,绝大部分的人对自身的文化消费状况还是十分满意的,仅有极少数人不是很满意。基于此,我们要多多宣传文化消费概念,促使市民进行文化消费。

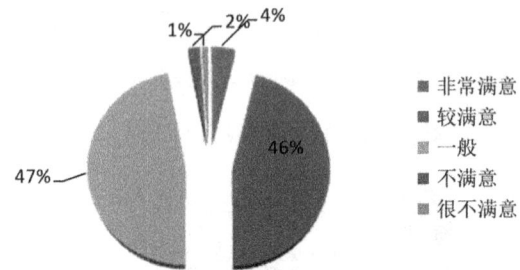

图5 市民自身的文化消费状况满意程度

(2)市民对正品和山寨产品的态度。如图6所示,根据调查结果显示,52%的被调查者不抵制山寨产品的,26%的被调查者认为可以视山寨产品的质量来决定是否抵制,只有22%的被调查者坚决抵制山寨产品,这个结果不容乐观,出于对产权的保护,我们每个人都应该自觉抵制山寨产品,不应该为了贪图便宜而支持山寨产品。

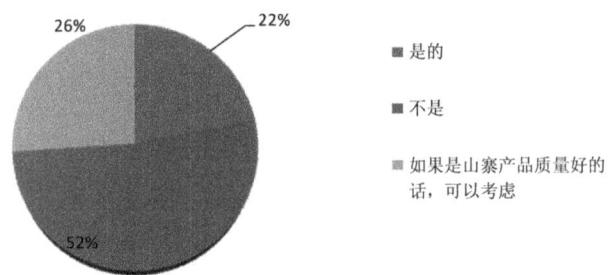

图6 市民对正品和山寨产品的态度

3.影响丽水市民文化消费因素分析

(1)市民认为影响自身文化消费水平的因素。在这次调查中,如图7所示,36%的人认为影响自身文化消费水平的因素是时间,33%的人选择了流行趋势,而其余的三个因素占比大致相同,由此可以看出影响文化消费水平的因素并非单一因素,所以,在想办法提高市民文化消费水平时,我们一定要尽可能全面考量,这样才能对症下药,寻对根本,提高消费水平。

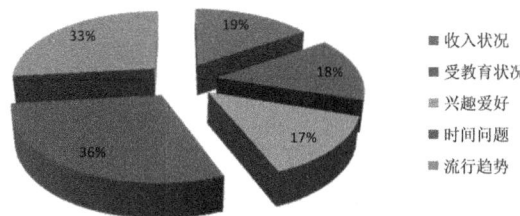

图7 市民认为影响自身文化消费水平的因素

(2)应该为丽水市文化消费提高做出贡献的主体调查。如图8所示,当被调查者被问及在提高文化消费方面,谁最应该发挥作用时,过半的居民意识到仍然要从自身出发。35%的居民认为政府应该发挥主导作用。而14%的居民表示应该是企业商户发挥其社会作用。51%的市民愿意为丽水市文化消费提高做出贡献。

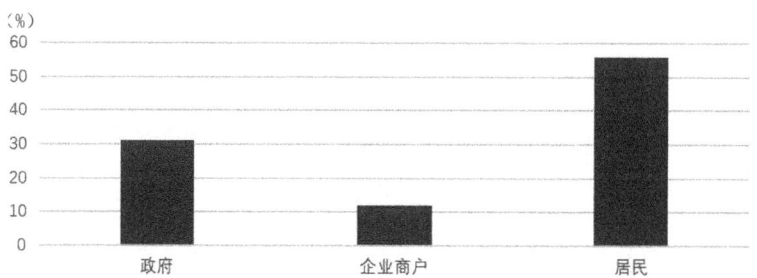

图8 丽水市民认为应该为丽水市文化消费提高做出贡献的主体

三、改善丽水市文化消费水平的建议

通过调查我们发现丽水市市民的文化消费意识总体向好,并且市民对丽水的文化建设也相当支持,但同时也存在一些问题不足。如图9所示,有22%的人建议应促进网络文化发展,32%的人建议提供免费文化产品或服务,26%的人建议加大宣传工作,23%的人认为应降低文化产品或服务的价格,29%的人认为应加强文化设施建设。

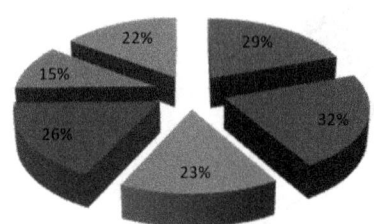

图9 促进消费者的文化消费采取的手段

1.对丽水市民的建议

　　文化消费已经成为这个时代的重要主题。广义的文化消费古已有之,文化消费的基本内涵就是人们通过文化消费,获得精神上的满足和享受。在大多数人经济压力较大的情况下,我们更要学会劳逸结合,在工作学习之余的时间多读书看报,积极参加社区等组织举办的公共文体活动来丰富自己的文化生活,必要的文化消费支出不仅促使我们对日常文化消费观有了进一步的更正确的认识,也使我们的生活由枯燥乏味压力大变得有紧有松劳逸结合,无论是在心理上还是身体健康上对我们都是有益无害的。文化消费给人们的生活带来快感和幸福感。消费领域则颠覆了以往人们的理性力量和理性秩序,人们追求欲望冲撞后的满足,不顾一切地追求快感;一般在休闲和消费中人们很容易得到欲望的满足和快感。而在文化消费领域,人们可以通过视觉心理获得视觉快感。此外,人们还可以通过文化商品的意义,即有关身份认同和社会关系的意义等来获得更深层次的快感。最后,人们还可以通过对文化商品的审美获得审美快感。

2.对政府的建议

(1)增加政府投入,加快基础设施建设。目前我市图书馆、博物馆、文化馆、体育场、全民健身中心等公共文化体育场所已向公众免费开放。与此同时建议政府继续加大对文化和体育设施的投入力度,提高居民参与文体活动的多样选择性。

(2)丰富群众文化,开发文化娱乐市场。组织小型多样和丰富多彩的群众性娱乐活动,形成健康而广泛的群众文化网络,吸引更多的人加入文化娱乐活动中来,为文化娱乐消费提供载体。大力开发面向低收入消费者的文化产品和服务项目,改变有效供给不足的状况,提高文化消费意识。各单位应多组织职工团体参加各种文体活动或者集体外出工会活动等能丰富人们日常文化生活。

(3)组织文体赛事,提供文化消费平台。文体赛事直接推动了我市的经济发展,为市民提供了一个文娱消费的大型平台,刺激居民文教娱乐服务支出。

(4)加大宣传力度,倡导健康文娱活动。加大宣传力度,逐渐使人们杜绝打麻将、打牌等陋习,积极引导居民娱乐消费由低层次向健康型转变,如使看电视等廉价便捷的活动向看电影、旅游、健身、网络等活动转变,使单纯的读书、看报等与各种更丰富的长短期培训班结合起来,切实提高居民文化娱乐消费的健康程度。

(5)集中社会力量,鼓励文化团体组建。政府机构改革的过程中,应动员相关单位主动承担起发现人才、发展团体、发动群众的责任,鼓励建立各种类型的社会团体,引导社会力量进入文化市场,使他们成为促进居民文化娱乐消费的主导者。

3.对学校的建议

（1）发挥学校课堂教学的作用。课堂教育是学生参与文化活动的主要场所，发挥课堂教学的作用是培养学生生态文明意识的科学途径。学校要通过合理方式，营造出积极的文化环境。通过丰富多彩的校内教育不断在日常的教学中强化学生文化消费的教育行为。通过教学环节的设立，潜移默化地让学生的文化消费意识得到提高。

（2）拓宽并加强文化消费的宣传。在调查中，不难发现还是有小部分的市民不够了解文化消费，其中有一部分原因是宣传力度仍然不够。对此，首先要拓宽宣传渠道。在以往以广播、电视渠道为主的基础上，增加网络、报刊、书籍方面的文化消费的宣传。除此之外，还可以在公交车等公共场所进行宣传。学校是一个很好的宣传平台，可以邀请相关的专门人员，面向大学生召开专门的讲座等来进行文化消费意识宣传。其次，要加强宣传力度，充分发挥媒体的力量，对于文化消费的相关事项着重关注，并及时深入解剖分析并分享。

综上所述，这次小规模的调查有助于了解丽水市莲都区市民日常文化消费的状况，调查结果可为相关部门提倡文化消费、引导市民积极正确的文化消费提供一定参考。

大学生中国优秀传统文化素养现状调查研究

调研组成员：

小教154班：狄玉如、林秀、蒋贝璐、肖彬彬、潘雨彤、杨舒淇、陈晓倩、陈毅、陈智慧、戴佩佳、郭铮彬、胡琪、何瑞雪、金吒、张可欣、梁佳琪、刘乐婷、陆依柯、李银玮、潘舒思、王若男、王媛、薛晨露、朱家安、张芩

指导老师： 朱宗侠

摘　要： 中国优秀传统文化是中华文化五千年发展的历史沉淀，它包含的内容极其丰富，并以其深邃的哲理和深厚的底蕴不断影响着人们的思想和行为。然而，在经济全球化和市场经济高速发展的今天，传统文化的育人作用逐渐弱化，这一现象在当代高校大学生中尤为突出。因此，积极探析大学生传统文化素养缺失的现状、分析缺失原因，从而充分发挥传统文化的育人作用是我们亟须探讨的问题。

关键词： 大学生；中国优秀传统文化素养

一、调研内容及方法

1.调研内容

本次调研主要围绕 L 大学生的中国传统文化素养现状,他们对传统文化的看法及建议。具体内容如下:

(1)大学生自身的中国优秀传统文化素养情况。

(2)对现在的大学生优秀传统文化素养现状的看法。

(3)对于加强大学生中国优秀传统文化素养的四大方面的建议:大学生、教师、学校、国家。

2.调研方法

本次调研以 L 大学学生为主要调研对象。调研主要采取问卷调查的形式,首先由本组全体成员对该调研课题进行分析并出提出两个以上相关问题,由组长、副组长和指导老师进行修改,最后形成一份完整科学的调查问卷。再采用抽样问卷调查方法,以纸质问卷发放调查为主。本次调研共发放问卷 170 份,回收有效问卷 170 份,回收率达到 100%。

二、调研情况分析

1.大学生网络文明道德现状

(1)习近平同志在北京大学师生座谈会上的讲话中引用了《管子》中的"四维不张,国乃灭亡"。如图1所示,关于"礼义廉耻,国之四维",有12.28%的学生表示有比较深入细致的了解和研究;32.16%的大学生知道"四维"的含义是礼义廉耻,但具体含义不了解;16.96%的大学生表示听说过"四维",但不知道其内容;38.6%的大学生表示从来没有听说过。总的来说,没有听说过"四维"的大学生占的比重较大,其次是知道具体含义但是不了解的,对"四维"有深入细致研究和了解的人数最少。我们分析,导致这种现象的主要原因仍然是当代大学生对于时事政治、传统文化的关注较少,即使听说过也不会去深入研究,同时也不排除与现在繁重的学业有一定关系。

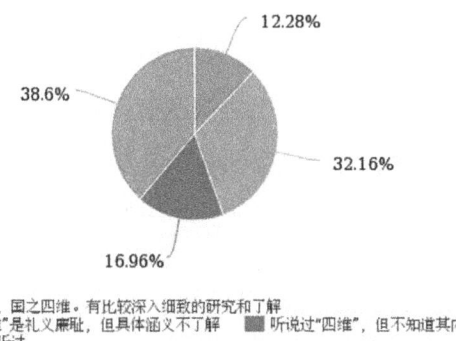

图1 大学生对"四维"的了解情况

(2)如图2所示,53.8%的人能记住社会主义核心价值观的大概内容,但是不太理解其具体内涵;31%的人能完全正确阐释社会主义核心价值体系和社会主义核心价值观的内容;13.45%的人基本了解社会主义核心价值体系;仅有1.75%的人对其完全不了解。由此可知,超过98%的人群知晓甚至深知社会主义核心价值体系,这说明了党和政府在社会上、教育上宣传得很到位,但是仍要通过各种有效渠道加强对社会主义核心价值观深刻的内涵加以宣传和教育。

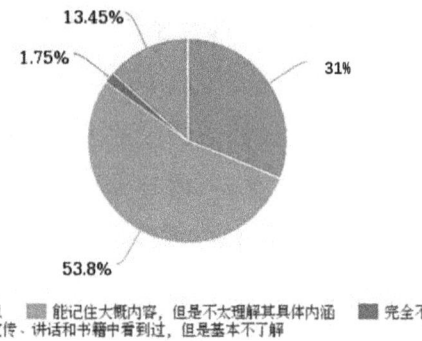

图 2 大学生对社会主义核心价值观内容和体系的阐释

(3)习近平同志讲话中多次引经据典,比如《论语》中"见善如不及,见不善如探汤",《孟子》中的"富贵不能淫,贫贱不能移,威武不能屈"。如图3所示,有4.09%的大学生基本上没听过这些耳熟能详的经典;9.94%的大学生对很多经典只是耳熟,具体含义一知半解,更不用说运用;64.33%的大学生能大概了解经典的意思,但生活中很少能恰当运用;仅有21.64%的大学生可以完全准确理解并恰当运用这些经典。总的来说,大学生对经典的了解与运用,多是一知半解。其中大多数是仅仅了解经典的大致意思,但生活中很少能恰当运用。较少部分的大学生对很多经典只是觉得耳熟,具体含义不了解,更谈不上运用。我们分析认为,导致这一现象的最主要原因应该与平日里对经典的阅读较少,故理解不够,更不可能与日常生活相联系。

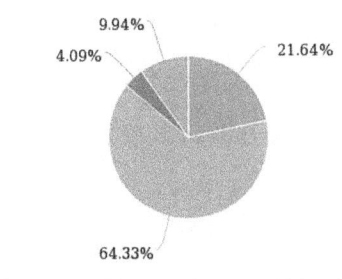

图 3　大学生对经典的引用情况

(4)如图 4 所示,有 0.58％的大学生对中国文化的看法是其中包含许多糟粕,阻碍中华民族进步;1.17％的大学生认为中国文化体现了中国落后和封建,在现今时代,传统文化显得过时了、保守了;18.71％的大学生认为中国优秀传统文化对中华民族的过去、当下和未来的发展而言,都有着不可替代的价值;更有高达 79.54％的大学生认为博大精深的中国优秀传统文化为中华民族发展壮大提供了丰厚的滋养,是中华民族的精神根基。总的来说,大部分大学生认为中国的优秀传统文化对中国现代社会的进步起到了积极的作用,仅仅一小部分的大学生认为传统文化会阻碍中国文化的进步与发展,因此对于传统文化,我们应保持取其精华而用之的科学态度和做法。

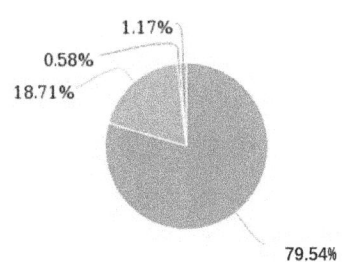

图 4　大学生对中国文化的看法

(5)教育部印发的《完善中华优秀传统文化教育指导纲要》中指出:

加强对青少年学生的中华优秀传统文化教育,要以弘扬爱国主义精神为核心,以家国情怀教育、社会关爱教育和人格修养教育为重点。如图5所示,有1.75%的大学生认为当前高校加强传统文化教育没有太大意义,传统文化已经过时了;2.34%的大学生认为传统文化中的糟粕会阻碍个人进步;16.96%的大学生认为传统文化有利于大学生形成良好的道德品质;更有高达78.95%的大学生认为高校加强传统文化教育有利于增强大学生的文化认同感,培养爱国情感和民族自信。总的来说,大部分的大学生对于当前高校加强传统文化教育这件事持认可态度,认为这对于当前教育有着重要的意义和作用,但也有少部分的大学生认为没有必要,认为传统文化会束缚思想的发展。这主要取决于当代大学生对于传统文化的了解深浅程度。

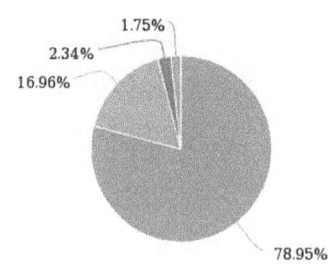

图5 大学生对高校加强传统文化教育意义的理解

(6)如图6所示,有57.89%的人认为学校非常有必要增加中国传统文化相关的公共课程,并且愿意多选修这样的课程;有37.43%的人认为学校应该增加中国传统文化相关的公共课程,但对此类课程不感兴趣;有2.34%的人认为学校没有必要增加中国传统文化相关的公共课程,还不如多开些专业课;有2.34%的人认为学校不应该增加中国传统文化相关的公共课程,会造成学生的负担。大多数人都认为学校应该增加中国传统文化相关的公共课程,并且绝大多数学生表示愿意选修这样的课程。这说明现在大学生对中国传统文化有着较为浓厚的兴趣,并且想通过不断学习来提高自己的传统文化素养。

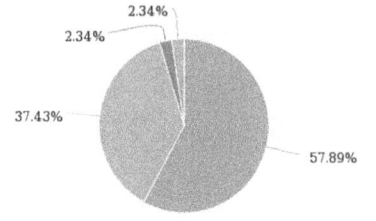

图 6　学校是否应该增加中国传统文化相关的公共课程

(7)如图 7 所示,超过半数(51.46%)的受访学生表示会有选择性地参加中国传统文化相关的讲座,34.5%的受访学生表示非常愿意参加相关活动,而 11.11%的受访学生表示会偶尔参加,仅有 2.92%的受访学生表示非常不愿意参加。总体来说,大学生对于与中国传统文化相关的讲座、研讨会或者实践活动是持积极态度的,说明大学生对中国传统文化还是非常具有认同感的。

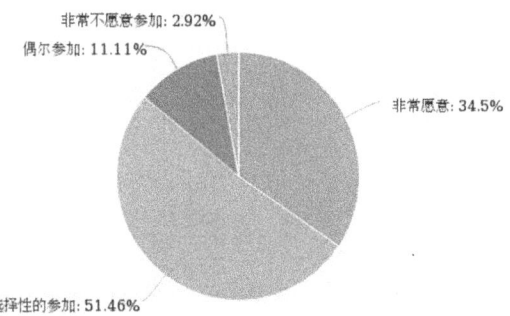

图 7　大学生对参加中国传统文化相关的讲座、研讨会或者实践活动的态度

(8)如图 8 所示,有 40.94%的大学生认为中国传统文化主要在思想品德提高上影响了他们,38.01%的大学生认为中国传统文化使他们的个人文化知识更丰富,有 19.3%的认为中国传统文化使他们看问题的角度更广阔,有 1.75%的认为中国传统文化对他们没有产生明显影响。绝大多数大学生都认为中国传统文化对他们产生了积极的影响。

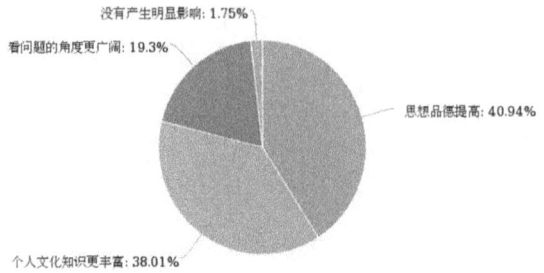

图 8　中国传统文化主要在哪方面对你产生了影响

(9)如图 9 所示,90.06％的大学生认为中国传统文化既有"孝事父母""忠诚国家"的精华,也有"愚忠愚孝"的糟粕内容,应一分为二看待;5.26％的大学生认为,孝道是中华传统美德,应该全盘吸收;3.51％的大学生认为,孝文化中糟粕的内容太多,我们应该摒弃;1.17％的大学生分不清孝文化中的精华和糟粕。调查显示大部分大学生能够科学理性地看待中国传统文化。

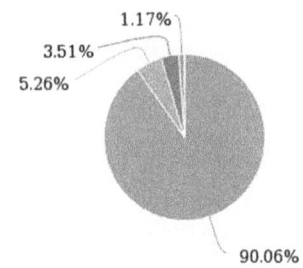

图 9　中国传统文化主要在哪方面对你产生了影响

(10)如图 10 所示,有 81.88％的大学生认为大学生们应该主动承担传承优秀文化历史重任,让优秀传统文化发扬光大;4.09％的大学生认为只要学习传统文化就是传承优秀传统文化了,不需要再做其他的了;11.11％的大学生虽然知道自身肩负着传承传统文化的责任,但是不知道怎样做;仅 2.92％的大学生认为传承优秀传统文化是国家和文化学者的责任,跟他们没有太大关系。总体来看,大多数大学生都觉得应该主动传承优秀中国传统文化。

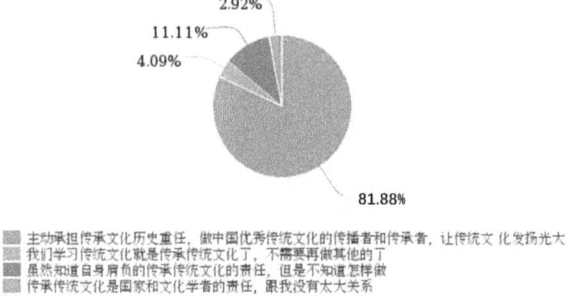

图 10　大学生认为自身在中国优秀传统文化在传承中发挥的作用

(11)习近平同志指出:"不忘本来才能开辟未来,善于继承才能更好创新。"如图 11 所示,有 85.39％的在学习过程中培养自己对传统文化"革故鼎新,推陈出新"的能力;有 9.94％的更多地是单向学习传统文化,没有思考过要发展、创新传统文化;有 1.75％的认为优秀传统文化已经是精华的东西了,没有创新的必要;有 2.92％的认为传统文化已经过时,我们能继承的内容很少,应把主要精力放在文化创新上。总的来说,绝大部分学生对待中国传统文化的态度是积极向上的。

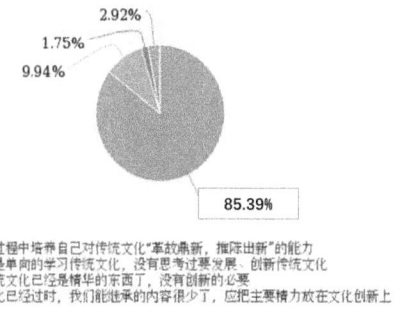

图 11　大学生对中国传统文化的科学态度

(12)如图 12 所示,有 5.85％的人基本没有学习过书法、绘画、诗词歌赋等传统技艺;7.6％的人从来没有在生活中应用过书法、绘画、诗词歌赋等传统技艺;61.99％的人很少在生活中应用书法、绘画、诗词歌赋等传统技艺;只有24.56%的人在生活中经常应用书法、绘画、诗词歌赋等传统技艺。总的来说,大多数的人学习过书法、绘画、诗词歌赋等传统技艺,但很少会用到日常生活中,还有一些人学习过,但是并没有用到过,甚至有些人从来都没有学习过绘画、书法、诗词歌赋等传统技艺。

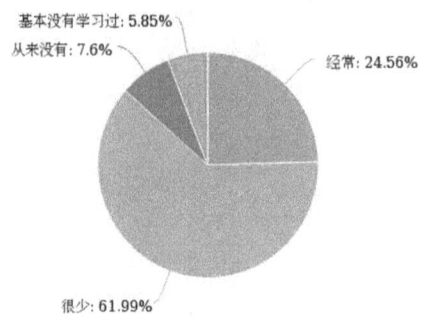

图12　大学生在日常生活中是否经常使用学习书法、绘画、诗词歌赋等技艺传统

(13)如图13所示,有61.99%的大学生会在一些特定环境下用传统道德约束自己;有30.99%的会严格要求自己;有4.68%的偶尔约束自己;有2.34%的基本不会约束自己。总的来说,大多数的大学生还是有意识地用传统道德观念来约束自己的品德和行为,但是仍有极少部分大学生基本不会用道德观念约束自己,这是不太好的现象。

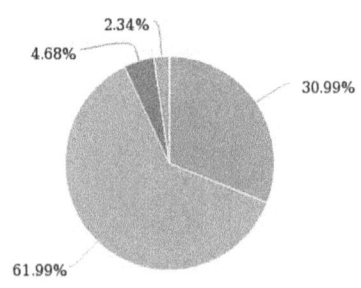

图13　大学生是否运用仁义礼信忠孝廉耻这样的传统道德观念约束自己品德和行为

(14)如图14所示,有59.65%的学生更喜欢中国传统节日,认为传统解日更具有吸引力;有28.65%的学生没有偏爱,中外节目都喜欢;有7.02%的学生认为西方节日更有趣、更能展现年轻人的时尚;有4.68%的学生认为中国传统节日庆祝方式陈旧,不太符合年轻人的口味了。

总的来说,大多数大学生仍然喜欢中国传统节日,但喜欢西方节日的人也不少,造成这种现象的原因是近年来西方节日大量融入中国人的生活中,一部分同学觉得西方节日更新奇有趣。但中国传统节日还是牢牢地植根于大多数人心中的。

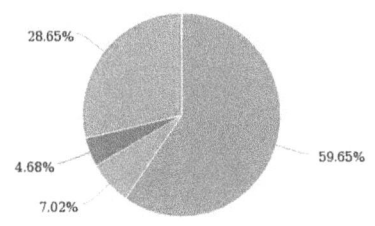

图14 大学生对中国传统节日的喜爱程度

(15)美国电影《功夫熊猫》在中国热映,因其画面很"中国化",一度有人在网上呼吁抵制《功夫熊猫》,认为美国人偷了中国的文化符号"熊猫"。如图15所示,有17.54%的大学生坚决抵制,认为这是美国对中国的"文化侵略";有27.49%的大学生认为美国选择用中国符号来拍电影,一定程度上反映了美国人对中国文化的喜爱;有54.97%的大学生认为这是文化全球化的一种现象,说明各国之间文化交流、融合更加密切。总的来说,还是有较多的大学生觉得中国文化作为元素被做进美国电影中是一件不错的事,促进了中国文化在世界上传播,有利于世界对中国文化进一步的了解。

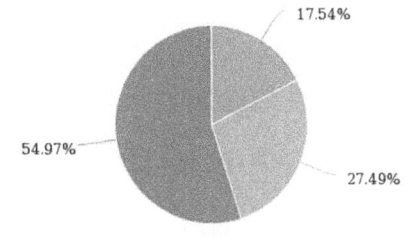

图15 对于美国人偷了中国的文化符号"熊猫"的看法

(16)如图16所示,有46.78%大学生认为在不损害自身利益的前提下应该坚持"义";有32.75%的大学生认为"义"更重要;有18.13%的大学生认为二者一样重要;仅有2.34%的人认为一切应以"利"为中心。

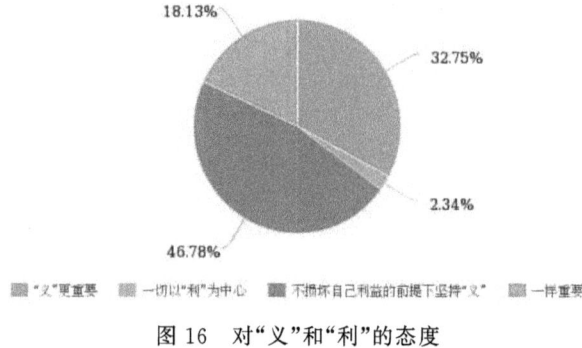

图16 对"义"和"利"的态度

(17)如图17所示,半数以上的学生上网是为了看电视剧娱乐新闻;有14%左右的看时政新闻;而浏览与中国传统文化相关的信息或者电子书以及玩游戏的占10%,该数据说明当今社会网络新时代的年轻人上网都是以娱乐为目的,较少关心时事和中华传统文化。当然,这也和科技网络的发展使得网络内容越来越丰富有关。

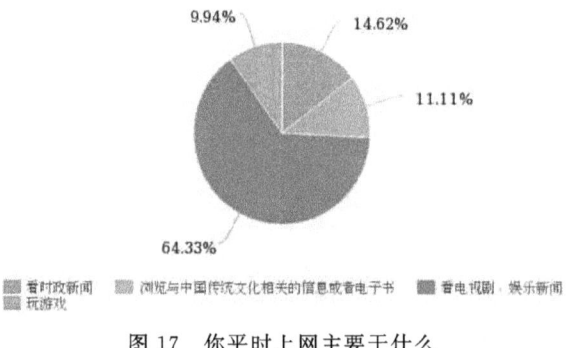

图17 你平时上网主要干什么

(18)如图18所示,有56.73%的大学生认为考试成绩和人文素质的培养同样重要;36.26%的大学生认为人文素质的培养更为重要;6.43%的大学生认为考试成绩更为重要;只有0.58%的大学生认为考试成绩和人文素质的培养都不重要。总的来说绝大多数的大学生认为考试成绩和人文素质的培养都是同等重要的,但也有将近一半的人认为人文素质的培养更为重要。导致这一情况的出现的原因可能是社会上还广泛存在一些不文明现象,社会平均人文素质水平还将有待提高。

图 18 考试成绩和人文素养的培育哪个对你更重要

(19)如图 19 所示,43.27%的大学生在平时喜欢看小说杂志类的书;30.41%的大学生看专业相关的书籍;18.13%的大学生看文学历史类书籍;只有 8.19%的大学生看考证考研类书籍。

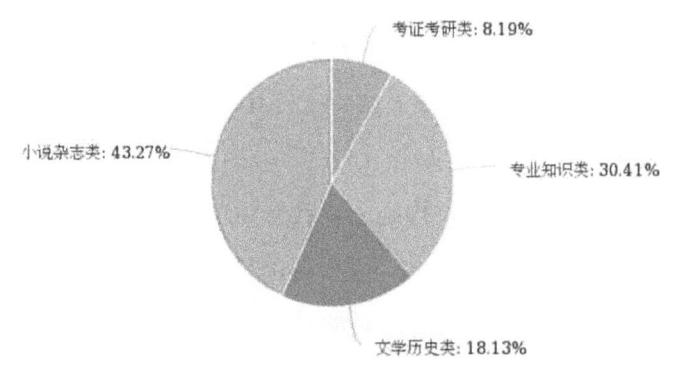

图 19 平时都看哪些类别的书

(20)如图 20 所示,有 21.64%的大学生家中长辈有这方面的特长,因此大学生从小耳濡目染或由长辈训练学习;18.13%的大学生家里的长辈重视传统文化特长的培养,从小就为他们报名参加一些兴趣学习班;18.71%的大学生父母让大学生在课余时间报名参加与学业有关的学习班,并没有太多机会接触传统文化;而41.52%的大学生家庭环境对其学习中国传统文化中的一些技艺如琴棋书画等特长基本上没有影响。总体来说,大部分大学生的传统文化技艺的学习没有受到家庭的影响。

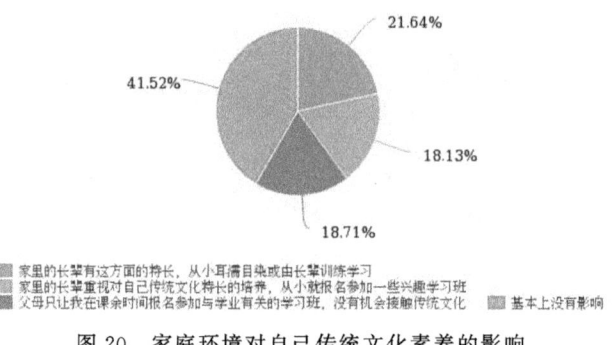

图 20　家庭环境对自己传统文化素养的影响

2.大学生对现状的看法

(1)如图 21 所示,大部分人(42.11%)认为当前学校传统文化教育中的不足是因为传统文化课程比较单一,而且效果不理想;接近 1/4(26.9%)的人认为当前学校传统文化教育中的不足与教学途径和方式的单一有关;有 26.32%的人认为,当前学校传统文化教育中的不足与缺乏良好的校园文化环境有关;只有极少数的人(4.68%)认为学校传统文化教育与教师传统文化素养较低有关。所以,要改善当前学校传统文化教育中的不足,首先就要提高传统文化课程的形式多样性,再使教学途径和方式多样化,学校也应该着力营造出良好的校园文化环境氛围,只有这样学校传统文化教育才能更好地发展。

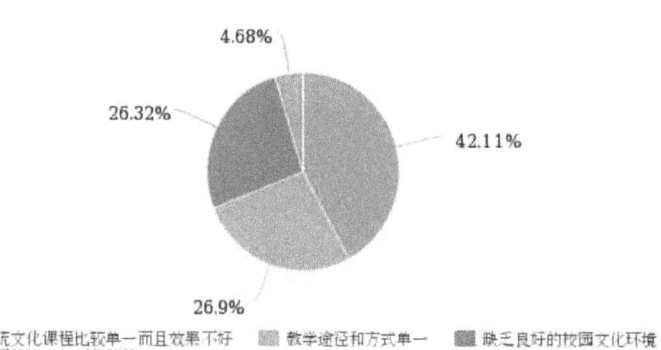

图 21　大学生对学校传统文化教育不足的看法

(2)如图 22 所示,有 30.99% 的大学生认为学校通过图书馆、校园广播、校园宣传栏等营造了浓厚的文化氛围;而有 32.75% 的大学生认为当前学校传统文化氛围形式化明显,宣传形式单一;有 18.71% 的大学生认为当前学校传统文化氛围比较不错;有 17.54% 的大学生并没有感受到传统文化的氛围。

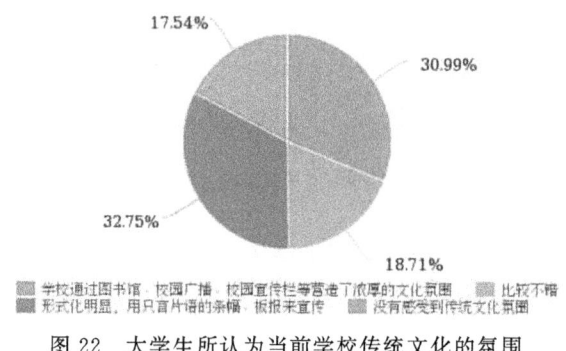

图 22　大学生所认为当前学校传统文化的氛围

3.大学生中国传统文化素养欠缺的原因

如图 23 所示,有 42.69% 的大学生认为自身中国传统文化素养不高的主要原因是全球化背景下社会大环境的影响;31.58% 的大学生认为是学校教育存在缺陷;7.6% 的大学生认为是家庭环境的影响;另外,有18.13%的大学生认为是自身的原因。

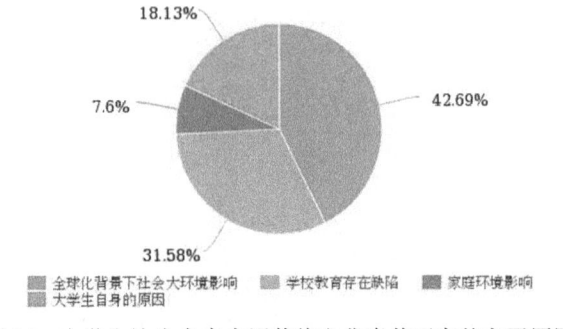

图23　大学生认为自身中国传统文化素养不高的主要原因

三、加强大学生中国传统文化素养的建议

胡锦涛同志在庆祝清华大学建校一百周年大会上讲话指出,"全面提高高等教育质量,必须大力推进文化传承创新。高等教育是优秀文化传承的重要载体和思想文化创新的重要源泉。要积极发挥文化育人作用"。提高大学生传统文化素养,我们需要从大学生自身、社会、学校多个方面入手,寻找解决问题的切入点,提升教育的针对性。

1.对于当代大学生的建议与要求

(1)不断提升自身的优秀传统文化素养。大学生优秀传统文化素养的提升不仅要依靠正面的社会导向、学校教育的支撑,还需要大学生提高主观能动性。如果社会、学校教育都到位了,大学生消极地被动地去学,也是没有任何意义的。当代大学生要提高自己的主观能动性,积极地参加一些有关的活动,关注一些传统文化的书籍、电影和报道等等。应该利用业余时间更多地去学习中国优秀传统文化,积极参与各种文化活动,把学到的文化知识转化为自身的素质,全方面提升自身的传统文化素养。

(2)有选择地接受外来文化。全球化的大时代背景下,文化侵略和交流屡见不鲜。大学生应该有意识地接受外来文化,同时要多支持中国的优秀传统文化。

2.对于大学教师的建议与要求

(1)提高大学教师自身的优秀传统文化素养。若要实现大学生优秀传统文化素养的提升,大学教师首先要具备足够深厚的传统文化的积淀。大学教师应当积极参加高校组织的优秀传统文化素养培训,从工作和生活的细节出发去提高自己的优秀传统文化素养。大学教师在教育大学生传统文化的同时,应当给学生树立一个良好的榜样。

(2)教育大学生树立正确的"三观"。开展传统文化教育的根本目的就是要通过教育,使学生正确认识和对待传统文化,使传统文化的精华内化为个体的道德素养,进而逐渐形成正确的世界观、人生观、价值观,实现传统文化观念与现代价值观念的统一,科学精神与人文精神的统一,个人价值与社会价值的统一,以高尚的品德筑就人生梦想,真正唤醒大学生传统文化的"自觉性",使其能够主动地、有目的地而不是盲目地、主动地而不是被动地、积极地而不是消极地学习传统文化。

3.对于学校的建议与要求

(1)学校可以做好相关的宣传活动。学校对于大学生而言,是另一个家,所以学校要在学生课余时间开设一些中国传统文化的课程,也可以组织相关的活动,使得中国优秀传统文化深入学生之心。

(2)学校可以采取相关措施。从调查结果显示，在其中有一题："你觉得大学是否有必要开设中国传统文化课程？"大部分的人都觉得有必要，他们认为学校应该丰富和拓展课堂教育教学的内容，增强中国传统文化教育，使大学生们能正确认识中国传统文化的重要性。

4.对于政府的建议与要求

(1)政府应该制定好相关制度。面对全球文化思潮，我们更要加强对自身传统文化的保护和推广，而要实现这一目标，政府及相关职能部门就要注重制度建设，以制度的形式保护和推广传统文化，从制度上为其传承提供可靠支撑，达到理想的普及效果。对存在于民间的传统文化及艺术提供发展保障。以此为源头，适度运作相关产业链，为其生存注入鲜活生命力。

(2)各级政府要做好相应的宣传。首先，在全社会大力营造良好的文化氛围。在市场经济条件下，我们不但要发展经济，还要提高自身的文化素养。相关部门应注重培养民众对传统文化的学习兴趣和热情，设立专门的保护优秀的传统习俗或传统文化的宣传月，同时，要注重发挥媒体的宣传功能，积极利用大众媒体，营造良好的文化氛围。

其次，国家相关部门要注重对大众媒体的监察，加强网络和信息载体的管理，提高广大文艺工作者的责任感，自觉抵制低俗文化，鼓励创作有利于时代进步、体现文化品位的优秀文化精品。

(3)相关部门要加强对图书市场的管理工作，净化图书市场，坚决抵制盗版书籍，鼓励优秀传统文化书籍的出版。

学前儿童家庭安全教育现状的调查与研究

——以 L 市实验幼儿园教育集团(实验园)为例

调研组成员:

学前13班:吕局、林梦华、柴依婷、邱素珍、潘佳敏、倪晨音、胡明瑛、张洁雯、王璐瑶、蔡雪舟、汤佳睿、李彬蔓、马澄澄、黄周照、余品诺、南芊宏、孔清清、郑思佳、吴栩翊

指导老师: 兰凯军

摘　要: 2016年7月29日,由中国社会福利基金会、人民政协报社指导,杭州市政协办公厅、人民政协网联合主办,中国社会福利基金会阳光成长专项基金、中国学前儿童安全教育网、中青英拓(北京)教育科技股份有限公司共同承办的"阳光成长安全至上·2016学前儿童安全教育大会暨学前儿童安全教育联盟成立仪式"在杭州举行。学前儿童的健康成长关系着千万家庭的幸福和社会的和谐,而在经济快速发展的今天,学前儿童安全教育的问题日益突出,本文在分析国内外家庭安全教育的现状及主要问题的基础上,通过文献资料法、观察法、问卷调查法、访谈法、逻辑分析法、数理统计法等,对 L 市实验幼儿园教育集团(实验园)学前儿童家庭安全教育的现状进行调查研究。针对学前儿童家庭安全教育所存在的各种问题,提出家长要提升自身的安全

教育意识与教育能力,提高学前儿童的安全意识,帮助儿童增强自我保护能力,养成良好的行为和生活方式,为他们营造安全环境的建议。

关键词:教育资源;幼儿安全问题;家长观念;安全教育;调查;社会关注

一、调研背景和目的

1.问题的提出

学前儿童的安全是其身心健康发展的基础,《幼儿园教育指导纲要》及健康领域目标都有"知道必要的安全保健常识,学习保护自己"的具体目标,可见幼儿安全教育之重要性。为了避免学前儿童发生不必要的意外伤害,社会、幼儿园和家庭等方面都应采取相应的措施来保证学前儿童的安全,同时要提高学前儿童自身的安全防范意识,使其掌握并会运用一定的安全知识和方法。学前家庭教育是我国整个教育事业一个重要组成部分,它在儿童的身心发展过程中起着非常重要的作用。所谓学前儿童家庭教育,就是指零到六岁儿童在家庭成员间相互实施的一种教育,是在父母和子女共同生活中,通过双方的语言和情感交流进行的。家长在儿童加强安全教育、培养幼儿的安全意识以及自我保护能力中具有重要意义。在学前教育发展较快的今天,幼儿各类安全事故时有发生,幼儿安全问题日渐凸显,不容忽视。幼儿的安全教育是政府、幼儿园和家长们的共识和永恒的话题。但由于家长安全教育意识仍然淡薄,教育能力不足,幼儿自身缺乏自我保护的意识和能力,致使幼儿安全问题频发。我们对当前我国幼儿家庭安全教育存在的问题进行系统的梳理,对幼儿安全问题的内容、安全保护的角度和措施、家长安全意识和能力建设等方面的问题进行阐述,尝试对学前儿童家庭安全教育领域提供启示,科学预防幼儿安全事故发生,给幼儿创造安全和谐健康的成长环境。

2.研究的目的与意义

在当今社会关系到人类健康与安全的诸多问题中,学前儿童意外伤害已成为突出的公共卫生问题之一。学前儿童的安全关系到家庭的幸福、社会的安定。无论在发达国家还是发展中国家,安全问题对儿童健康的影响和对社会经济方面造成的损失都是巨大的。学前儿童处于人身初步的发展阶段,应得到足够的安全保障与监护,家长作为学前儿童的第一任老师,应从小锻炼他们的安全意识并增强他们的应急处置能力。学前家庭教育是我国整个教育事业的重要组成部分,在儿童的发展过程中起着至关重要的作用。学前儿童对父母有着天然的信赖,父母对其教养的态度、观念、期望和教育方法对学前儿童的发展都有着潜移默化的影响。学前儿童家庭安全教育的好坏直接关系到每个幼儿的安全和健康,关系到每一个家庭的幸福,家长在关心、呵护幼儿的同时,应防患于未然,教授幼儿必要的安全知识,对幼儿进行安全意识和自我保护能力的培养是幼儿健康、安全成长的必要保证。因此,增强家长的安全意识、提升家长的教育能力,对加强学前儿童安全教育,培养其安全意识以及自我保护能力具有重要意义。

二、研究结果

1.调查对象基本情况分析

(1)家长的基本情况。年龄是一个人人生阅历最直观的表现。一个人所处的年代、环境都影响到其人生观、世界观与价值观,不同的观念会导致其思维方式的不同。思维方式是看待事物的角度、方式和方法,它对人们的言行起决定性作用,不同的思维方式也就决定了其为人父母的教养方式。在本次调查中获取了调查数据,通过表1调查结果可知:参与调查的家长中,50岁以上年龄的学前儿童家长有14人,其占比为9.52%;40岁到50岁之间的学前儿童家长有10人,其占比是6.8%;20~30岁的家长人数有30人,占总人数的20.41%;93位家长年龄在30~40岁之间,占比为63.27%,占了参与调查总人数的一半以上。通过与学前儿童家长的具体交谈可知,30~40岁之间的大部分为学前儿童的母亲。家长的年龄在很大程度上会影响其教育观念、教育的方式与方法。各个年龄层的家长之间日常需要进行经验上的交流与合作,实现共同进步。

表1 学前儿童家长的年龄统计表

年龄	20~30	30~40	40~50	50以上	合计
人数	30	93	10	14	147
百分比	20.41%	63.27%	6.8%	9.52%	100%

由表2可知,学历为初中及以下的家长有9人,占总人数的6.12%;高中或中专学历的有15人,占总人数的10.2%;大专学历的人

数有 23 人，占总人数的 15.65%；学历为研究生或以上的学前儿童家长的有 16 人，占比 10.88%；而学历为大学本科的学前儿童家长人数最多，有 84 人，占了所调查人数的 57.14%。由此看来，此次调查中学前儿童家长的学历水平处于相对高的位置，相对高学历的家长在学前儿童安全教育理论知识的培养与发展更重视、更能展现科学的方式、方法。能否恰当地选择并创造性地运用科学的教育方法，必须有效地掌握教育知识与教育技能，知识是基础，在良好观念的基础上，才能为教育与实践创造条件。家长的教育素质直接影响其教育方法，而家长在对孩子实时教育时，所选择和运用的具体措施和手段，恰恰直接决定了教育的效果。

表 2　学前儿童家长学历统计表

文化程度	研究生或以上	大学本科	大专	高中或中专	初中及以下	合计
人数	16	84	23	15	9	147
百分比	10.88%	57.14%	15.65%	10.2%	6.12%	100%

通过与学前儿童家长的交谈可知，本科及本科以上学历的学前儿童家长虽然具备一定的安全教育及学前儿童发展方面的理论知识，但缺乏一定的教育实践经验，这给学前儿童安全教育带来了一定的困难。专科及专科以下的学前儿童家长大部分为学前儿童的爷爷奶奶外公外婆，他们具备了一定育儿经验和教育方式方法，但是缺乏对学前儿童安全教育教学的理论知识，忽略了学前儿童发展的特点。

在学前儿童家长的职业统计中，如表 3 所示。一共调查的 147 位家长中，其中 24 位学前儿童家长是教育或科研人员，占总人数的 16.33%；家长是行政干部的有 27 人，占总人数的 18.37%；大部分的学前儿童家长为公司职员，有 37 人，占总人数的 25.17%。所调查的学前儿童家长的职业分布还是比较均衡的，各个职业领域的家长都占了一定的比例。学前儿童家长的职业影响其与学前儿童相处的时间、对儿童的关注度以及教育儿童的方式。有些职业需要耗费家长大部分的时间与精力,这对于学前儿童的教育无疑会存在影响。在与老师的交谈中了解到,学前儿童家长中,由于家长职业的关系,出现对学前儿童的关注度各不相同的现象。如在参与调查的学前儿童家长中,很多学前儿童家长没有时间参加幼儿园的亲子活动,这也就减少了家、园合作交流的机会。还有部分学前儿童家长由于职业原因,早上匆匆将幼儿送到园中,很少注意幼儿每天来园时的精神状态、健康情况等。还有家长在让幼儿单独玩耍大型玩具,而自己却在玩手机,聊工作。

表3 学前儿童家长职业统计表

职业	公司职员	行政干部	教育或科研人员	个体经营者	农民	工人	其他	合计
人数	37	27	24	17	10	6	26	147
比例	25.17%	18.37%	16.33%	11.56%	6.8%	4.08%	17.69%	100%

(2)学前儿童的基本情况。在所抽取的学前儿童中,男孩77位,女孩70位,男女比例大致均衡。大班、中班、小班各49人(大班段7个班,每班抽取7人;中班7个班,每班抽取7人;小班7个班,每班7人),学前儿童的年龄阶段分布均衡。

在对学前儿童家长的调查,所调查的学前儿童成长过程中健康情况比较乐观。如表4所示,表示儿童健康状况一直很好的家长有75人,占总人数的51.02%,为所抽取对象中占比最大的;偶尔生病的有59人,占总人数的40.14%;其中意外伤害的有7人,占了4.76%。在学前儿童的健康状况中,生病占的比例还是比较大。但也有难以避免地受到意外伤害的情况,虽然调查显示所占比例较小,但是也不容忽视。

表 4　学前儿童成长过程中健康情况统计表

健康情况	一直很好	偶尔生病	意外伤害	其他	合计
人数	75	59	7	6	147
百分比	51.02%	40.14%	4.76%	4.08%	100%

如图 1 所示，在影响学前儿童健康的众多原因中，排名第一的是锐器伤害，占比 42.86%，由有刃缘或锐利尖端的物体所造成的损伤称为锐器伤害。所调查的学前儿童中，有大部分的幼儿曾经被锐器所伤害过，而造成锐器伤害的原因大部分是幼儿玩弄带有锐利尖端的物体所造成的。学前儿童处于不断探索学习的阶段，在此阶段，儿童表现出求知欲旺盛、好问好学、好奇心强的显著特点，他们对一切事物都有很大的兴趣，对于周围事物都抱有好奇心，但缺乏判断危险的能力。造成伤害的原因主要有两个：一是锐器的放置不当，如放置在儿童可随意够取的低处；二是幼儿缺乏足够的安全意识。家长对于家中锐器的保管、摆放与幼儿安全教育方面做得仍不够到位。而仅次于锐器伤害的原因为摔伤，占了总人数的 38.78%，学前儿童的摔伤往往由于孩子不懂得循序渐进、量力而行，导致跑、跳等运动强度超过身体素质能力而受伤。除了常见的跌落伤以外，还有孩子和同伴玩耍时追逐打闹造成的摔伤、由于购物造成的跌落、追逐跑跳时的绊倒。摔伤、跌落伤所占比例过高，说明家长对于学前儿童的监管力度仍不够，对于学前儿童的安全教育概念灌输不够彻底，学前儿童的自我保护意识与能力非常薄弱。另外，夹伤、烫伤的儿童在总人数中也占了一定的比例，分别为 8.84% 与 6.12%，常见的有燃气灶、开水壶、电插板所造成的伤害，更进一步反映了成人的监管力度和学前儿童的自我保护能力仍有待加强。其他比例较低的宠物咬伤、先天性疾病、交通事故、异物吸入、中毒、医疗事故、家庭暴力也值得关注。如宠物咬伤现象近年来频发，与小区养狗人群养狗习惯有关，应加强社会、社区治理。

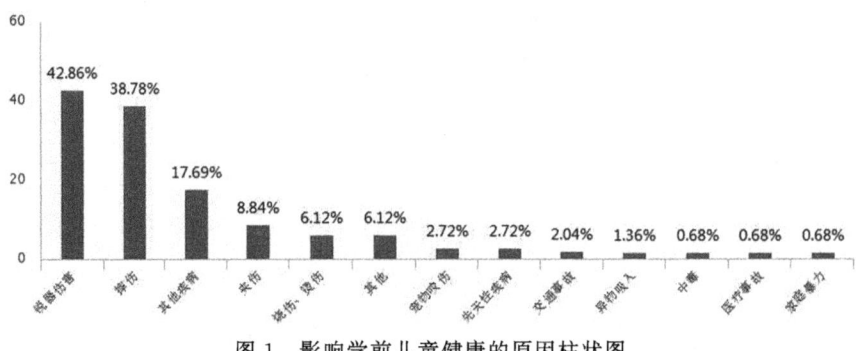

图 1　影响学前儿童健康的原因柱状图

2.学前儿童家长对安全教育的重视程度

(1)学前儿童家长自身安全知识掌握情况。家庭教育的成效主要取决于家长自身素质水平。家长是孩子的第一任老师,家庭教育在孩子成长中具有重要的作用,孩子的成长离不开父母的悉心培育。家庭教育包括家长的教育意识、家长的教育观念、家长的教育方式、科学的教子方式等。

由表5可知,对于安全知识了解过一点的学前儿童家长有120人,占了总人数的81.63%。而有6位家长几乎没有了解过安全知识内容,占所调查总人数的4.08%。对安全知识全面系统地了解过的家长只有14.29%,所占比例偏小,这说明学前儿童家长对于安全知识并没有彻底的了解,只是大概掌握一个概念。安全知识是安全教育的基石,薄弱的安全知识会直接影响到学前儿童家长的安全意识与教育技能。没有全面系统的安全知识内容的支撑,使学前儿童家长在日常生活与教育中,容易忽视许多安全问题,对于安全问题的把握不够全面,造成安全疏漏。大部分家长仅仅了解过一点点的安全知识内容,不知道生活中存在种种的安全问题与安全隐患,在发生问题时不知如何处理。家长观念滞后,安全知识的了解程度无法满足学前儿童家庭安全教育的发展。

表5 学前儿童家长安全知识了解情况统计表

了解程度	几乎没有	了解过一点	全面系统地了解过
人数	6	120	21
百分比	4.08%	81.63%	14.29%

如图2所示,学前儿童家长获得安全知识经验主要来自电视、报纸上有关安全意外的报道和自身经验,二者均占了总人数的80.27%;来源为从周围生活中了解的,占了73.47%;通过教育杂志上专门的安全知识了解的学前儿童家长占36.05%;21.09%的家长通过长辈传授;17.01%的家长通过网上查询浏览;只有1.36%的学前儿童家长会在相关讲座、座谈会进行了解。这一系列的数据说明了学前儿童家长获得安全知识与经验的方式选择比较多,但是专业、专门的安全知识经验的获得途径所占比例较少,学前儿童家长获得的安全知识经验的质量得不到保证。很大比例的来源为被动式的灌输,家长主动参与的安全知识了解比较少,家长对儿童安全教育的重视程度还有待加强。

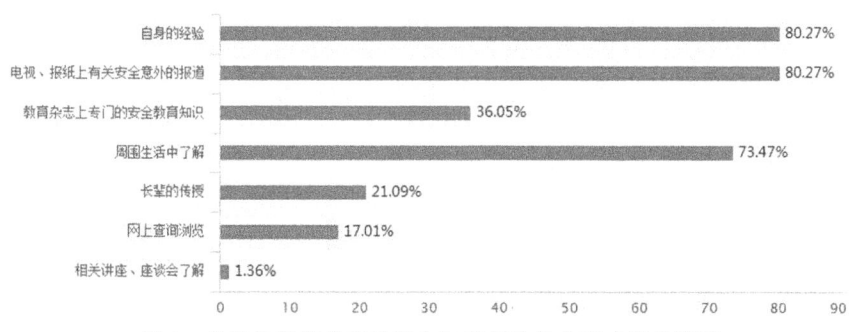

图2 学前儿童家长获得安全知识经验的主要来源条形图

(2)家长对学前儿童安全教育的强度。家庭教育具有启蒙性、独特性、生活性、随机性、隐潜性等特点。而不同家长的教育模式又有区别,体现在教育的侧重点、教育的方式方法、教育强度等。不同的教育强度对学前儿童知识框架的构建具有不同程度的影响。

如表6所示,在所调查的学前儿童家长中,全面系统地对儿童进行安全教育的家长仅占总调查人数的12.93%,所占比例不是很高;几乎没有对孩子进行安全教育的家长所占比例为4.08%;而绝大部分家长对孩子所进行的安全教育方式为"想到就说一下",占比为82.99%,这说明大部分家长对于学前儿童的安全教育问题仍然不够重视。大部分的家长并未对孩子进行全面系统的安全教育,分析调查原因可能有以下几点:一是家长平时忙于工作没有时间给孩子讲解;二是家长自身对学前儿童的安全教育重视程度不高;三是家长的素质限制使其很难对孩子进行全面安全教育。

表6 学前儿童家长对其子女所进行的安全教育统计表

选项	几乎没有	想到就说一下	全面系统地给孩子讲
百分比	4.08%	82.99%	12.93%

3.家庭设施安全隐患情况

(1)家中设备设施的安全。对于学前儿童来说,家是最安全、放松的地方,但有时却会成为最危险的地方。学前儿童好奇心重,对一切事物都非常感兴趣,手也停不下来。在好奇心与安全知识缺乏的情况下,很容易触碰家中危险设备,诸如插线板、电磁炉、燃气灶、烧水壶、剪刀等,面临电伤、烫伤、碰伤、磕伤的危险。我们对被调查家长检查家中安全隐患情况进行了调查。

如表7所示,仅19.73%的家长会对家中存在的对孩子有威胁的安全隐患进行定期检查,所占比例偏小;从不检查和不知道如何检查的家长分别占了5.44%和13.61%;而偶尔检查的家长占了最大的比例,为61.22%。说明家长对于家中的安全隐患仍然不够重视,这也与家长对于家中设备的安全知识掌握不够有关。

表7 家庭中存在的对孩子有威胁的安全隐患检查情况统计表

检查情况	定期检查	偶尔检查	从不检查	不知道如何检查
百分比	19.73%	61.22%	5.44%	13.61%

我们还对家长对于家中的设施在安装、摆放的安全考虑情况进行调查,如表8所示,家长对于家中的设施在安装、摆放的时候,都考虑学前儿童安全的占55.1%;偶尔会注意的占42.86%;从没考虑过这个问题的占了2.04%。家中设施安装、摆放不当都会导致安全问题。如家具材质的选择与摆放位置,桌椅的边角不够圆滑造成磕碰、床过高造成摔伤、柜子物品摆放容易跌落等。如桌子上铺有桌布,考虑到学前儿童身高原因,看不见桌子上物品时,会尝试拉扯桌布,造成物品坠落。家中用电用气是否安全,电源插座与开关的安装问题,安装是否高于地面1.6米,以防脱离电源触电和保证幼童安全,如果高度不够,是否添加防触装置。天然气是否随用随开,不用即关,教育儿童一定不要触碰电、火、天然气灶。此外,门窗的安装处理及安全栅栏的使用等也应列入安全考虑范围。家长应该高度重视家居安全,避免家中存在安全隐患的设备设施对学前儿童造成意外伤害,同时应多站在儿童的角度体会家中家居摆放、布置等,如儿童的生活习惯、身高等。

表8 家长对于家中的设施在安装、摆放的安全考虑情况统计表

考虑情况	都考虑过	偶尔会注意	从没考虑过
百分比	55.1%	42.86%	2.04%

(2)药物等危险品的放置。近年来,不少儿童因误食造成伤害,常见的儿童误食包括药物误食及物品的误食。儿童误食的原因,除了学前儿童本身认知能力及性格特点以外,很大一部分原因是家中物品摆放位置的不合理,儿童可以轻易取到,或者借助椅子等攀高拿取。

家中物品放置,如表9所示,仅有49.66%的家长一贯将药物放在

孩子碰不到的地方;有38.1%的家长有时会考虑将药物置于孩子碰不到的地方;仍有12.24%的家长会将药物随手放置。仍然有家长并没有充分考虑家中的安全隐患中药物的妥善放置。儿童身体发育尚不完全,一旦误服药物,会比成人受到更严重的伤害,而且儿童误服的药量常常不可控。在与家长的谈话中了解到,有些家长认为一些药物之所以放置于儿童碰得到的地方,一是他们认为孩子不会主动去吃药;二是他们觉得这些属于普通药物,即使孩子误食后也不会造成影响。学前儿童对外界的好奇心很强,他们发现药物后,很有可能放进嘴里尝,很容易发生意外。许多药物可能对于成人没有副作用,但作用于儿童却危害巨大,成人的抵抗力、代谢能力都比儿童好很多。

表9 家中的药物放置处统计表

存放情况	一贯放在孩子碰不到的地方	有时会考虑放在孩子碰不到的地方	随手放置
百分比	49.66%	38.1%	12.24%

由于学前儿童好奇好玩,很多时候,学前儿童都喜欢将东西放进嘴里,他们通过手和嘴等器官去探索身边的事物。家中有一些小的物品,如弹珠、小糖果、葡萄、拼图等,最好摆放在学前儿童拿不到、碰不到、看不到的地方,以免误食小物品呛噎而窒息,家长还应时刻关注儿童的行动,不应让他们脱离视线,自己玩耍。

4.学前儿童安全教育家园合作情况

家园合作需要幼儿园与家长的共同合作,幼儿园的安全教育活动需要家长的积极参与配合与支持才能发挥其最大作用。家长的参与度是儿童安全教育中非常重要的部分,参与度越高,安全教育宣传度越高,社会重视程度越高。

如表10所示,对于幼儿园安全教育宣传,每次活动都积极参加的家长有58人,占总人数的39.46%;大部分活动都参加的家长比例最高,有65人,占比为44.22%;很少参加活动的家长有22人,占比为14.97%;从不参加活动的家长占1.35%。家长在对安全教育家园共建方面还存在认识不足、重视不够的现象。我国著名教育家陈鹤琴先生指出:"幼稚教育是很复杂的事情,不是家庭一方面可以单独胜任的,也不是幼稚园一方面可以单独胜任的。必须两方面结合方能得到充分的功效。"而家园共育在具体的实践操作过程中,仍然存在着家长参与度不够、家园互动功效差的现状。在学前儿童安全教育领域,家园合作的理论的深度、实践的广度,仍远远不够。

表10 安全教育宣传活动参与度统计表

参与度	每次都积极参加	大部分活动都会参加	很少参加	从不参加
人数	58	65	22	2
百分比	39.46%	44.22%	14.97%	1.35%

5.家长对安全教育的态度与看法

家长对安全教育的态度与看法在一定程度上决定了安全教育的效果。家长对学前儿童安全教育越重视,安全教育的强度也就越大,而学前儿童安全教育责任是家长对学前儿童安全教育态度的核心,需要学前儿童家长高度重视儿童安全教育责任的意义。

如表11所示,在学前儿童安全教育主要责任方面,所调查的家长中,有71.43%认为主要责任在于家长自身;有15.29%的家长认为主要责任在于学校;有9.20%的家长认为学前儿童安全教育的主要责任在于社会。这说明一些家长对幼儿园安全教育措施家园共建还不够了解,对安全教育仍不够重视。还有部分家长在观念方面存在突出问题。幼儿园教师认为,一些家长认为儿童一经入园,不论任何事情,其安全问题都应由幼儿园单方面全权负责。由于幼儿园教育的特殊性,儿童大部分时间都在幼儿园,因此家长自然而然地认为幼儿的安全教育问题与责任主要在幼儿园。家长忽略了幼儿教育的家园共育以及幼儿监护人的角色责任。学前儿童的教育中,家园合作的重要性毋庸置疑,已成为全球幼儿教育发展的一致方向。霍姆林斯基曾说过:"没有家庭教育的学校教育和没有学校教育的家庭教育,都不可能完成培养人这一细致而复杂的任务。"而一些幼儿园家长仍存在安全意识淡薄现象,一些家长对幼儿园安全教育毫不知情,对家庭安全教育不够重视。要保证幼儿的安全,仅仅靠幼儿园单方努力是不行的,只有做到家园配合,才能为幼儿良好的安全意识打下坚实基础。

表 11　家长对于学前儿童安全教育责任看法统计表

看法	主要在于学校	主要在于家长	主要在于社会	其他
百分比	15.29%	71.43%	9.20%	4.08%

三、问题分析与建议

1.儿童安全教育现状及存在问题

(1)家长自身存在安全教育意识淡薄、相关安全知识匮乏、缺乏安全教育技能、对幼儿过度保护、对学前儿童身心特点不够了解等问题。

(2)学前儿童自身安全意识不强、机体免疫力低下、自我保护能力弱、安全知识缺乏、无法预见行为后果、缺乏生活体验。幼儿好奇心强,对周围事物十分感兴趣,活动欲强烈,极易发生意外事故。

(3)家庭生活环境存在安全隐患。

（4）家园合作中家长参与度不够，安全教育内容做不到连贯性、整体化。

2.对儿童安全教育的建议

（1）培养幼儿良好的行为习惯，树立安全意识。培养幼儿的安全自护意识应从培养其良好的习惯开始。幼儿由于年龄小，其自觉性和自制力都比较差，首先要让幼儿明确日常生活中各项活动的具体要求，知道怎样才是正确的、良好的习惯。良好的行为习惯只有经过不断地强化才能逐步形成自觉的行动。因此，教师、家长除了教给幼儿正确的方法外，还要经常提醒督促和检查，抓紧一切机会适时适当地对幼儿进行安全教育，促进幼儿安全意识的树立。

（2）在日常生活中对幼儿渗透安全知识学习。日常生活中，要经常对儿童进行安全教育，使他们逐渐积累生活和知识的经验，懂得避开危险，注意安全。幼儿的活动欲望强烈，但自我保护意识不足，根据学前儿童的身心特点，家长在生活中要注重利用一切机会和可能发生的危险情境，及时进行教育，让幼儿对"危险"有深刻的印象。要学会善用生活中的教育契机，对幼儿进行安全知识的灌输，逐渐提高幼儿的自我保护能力，增强其安全意识。利用学前儿童超强的模仿能力，家长用自身的规范的行为言传身教。还可以训练幼儿观察周遭环境，寻找可能的安全隐患，启发其自主避开危险的能力。与孩子一起探讨哪些地方哪些行为对他们来说不安全，让其在特定的情境与探讨的过程中，自主发现隐患，思考问题，灵活掌握安全知识。

（3）寓教于乐，提高幼儿安全意识。游戏是幼儿最喜欢的活动，也是他们学习的最佳方式。家长可以把安全教育与游戏巧妙地融合在一起，让幼儿在玩耍中逐渐形成安全意识和应对危险的能力。在陪伴孩子游戏的过程中,家长不仅可以发现游戏过程中孩子所展现出的各种问题,而且可以根据孩子游戏的情况预想可能出现的危险。家长对于孩子的表现进行及时的评价与处理,让孩子在游戏中暴露问题并及时解决问题。

(4)根据幼儿直观形象思维的特点,在幼儿的安全意识培养中,可以利用电视、报纸、新闻或网络上有关安全事故的报道,对孩子进行直观的安全教育。家长可以与幼儿一起观看录像、图片,使幼儿初步认识到火灾、地震等会对人们造成的巨大伤害。同时结合具体形象的画面,使儿童明白不注意安全的后果有多严重,让孩子切实地感受自我保护能力的重要性。

(5)与幼儿共同参与模拟训练活动,提高幼儿的自我保护能力。在幼儿安全教育中,家长可以通过与幼儿共同参加一些模拟训练活动,让幼儿亲身体验安全防护技能。通过模拟演练活动,让幼儿增加体验,在实践中增强安全意识,提高自我保护能力。模拟逃生的游戏,让幼儿直观地体验、感受和实施安全自救的方法和技能,使幼儿在全面整体地了解安全自救逃生的常识后,在实践中使用。

(6)定期检查家庭中的各种设施,排除家中安全隐患。好动、好奇是孩子的天性,并喜欢用自己的各种感官去感受(摸、闻、尝等)。正因如此,家长在家中,应该定期彻底检查可能存在的安全隐患,及时排除,避免幼儿发生危险。家长还要时刻警惕家中的各个容易忽略的死角,提前做好防范措施,并教育幼儿远离这些危险源,教育孩子哪些设备是危险的,不能触碰的,并让孩子对后果有清晰的认识,教育孩子要学会远离危险源,保护自己。同时家长及孩子应该养成良好的安全习惯,危险物品随用随取、随拿随放。电源、天然气等不使用时尽量关闭。

(7)加强家园合作力度,丰富家园合作的形式,增强家长的家园共育意识。家长要及时观看、认真学习家园互动栏的安全知识,主动参与幼儿园组织的各种安全教育活动,完成幼儿的安全教育学习活动。积极配合教师的安全教育工作,在家长信箱、家长论坛中踊跃发表疑问及看法,与教师和其他家长一起探讨学前儿童安全教育的问题及方法。幼儿园要积极开展多种形式的活动,定期进行组织,促进安全教育内容向更深、更高层次发展。

[参考文献]

[1]丁连信.学前儿童家庭教育[M].科学出版社,2011.

[2]阎玉珍.未成年学生意外伤害原因与对策[J].南京晓庄学院学报,2001(17).

[3]云赛娜.幼儿自我保护策略的研究[D].内蒙古师范大学,2010.

[4]来鑫.家庭中幼儿安全教育现状及其对策研究[J].内蒙古教育(职教版),2016(5).

[5]王小英.学前儿童心理学[M].东北师范大学出版社,2012.

[6]唐翊宣.如何在家庭中对幼儿进行安全教育[J].教育导刊·幼儿教育,2009(7).

[7]杨新亚.浅析家庭安全教育实施中存在的问题及其对策[J].教育导刊月刊,2014(1).

[8]胡红萍.3～6岁幼儿安全意识培养及研究[J].读写算:教研版,2015(4).

[9]李祚如,郑洁.新理念下的学前儿童安全教育[J].科教文汇旬刊,2008(13).

[10]邓伟,杨智钧,李洪曾.我国幼儿家庭教育的现状、问题与对策[J].中国家庭教育,2012(1).

[11]顾桂兰.国外幼儿安全教育做法之鉴[J].中国减灾,2010(1).

在校大学生外卖购买情况的调查与思考

——以丽水学院为例

调研组成员：

环境工程16班：杨嘉伟、兰丽琴、胡鹏杰、黄杨、何斯奇、雷邱平、莫如梦、毛媛媛、邵念萍、魏启嫦、王肖丹、周怡、卢高龙、于志伟、杨云锋、林雨菲

指导老师： 梁立新

摘　要： 近年来，学院周边出现了一些餐饮行业。因此对于学生来说在就餐方式上也有了更多的选择。同时随着学生学习生活节奏的加快等自身情况以及校园内食堂发展情况等诸多因素，在校大学生出现了对外卖服务的需求情况。周边餐饮类经营者为在校的大学生提供外卖服务，成为在校学生就餐的选择方式之一。本次调查首先是为了了解丽水学院在校大学生外卖就餐方面的基本情况和学生关于校园周边外卖相关问题的基本看法。希望通过本次调查得出大学生外卖使用情况现状及对该种现象产生的原因，能给出相关建议。

关键词： 丽水学院；大学生；外卖；使用情况

丽水学院地处素有"秀山丽水、养生福地、长寿之乡"之称的"中国

生态第一市"——丽水市,学校校园占地面积 1 008.16 亩,校舍建筑面积 38.74 万平方米。学校现有民族学院、教师教育学院、生态学院、工学院、医学与健康学院、商学院、中国青瓷学院、职业技术学院等 8 个二级学院,另设有马克思主义学院、继续教育学院、华侨学院、创业学院、两山研究院、丽水市工业技术研究院、丽水市经济发展规划研究院等教学科研机构。学校现有 46 个本科专业,全日制在校生 12 577 人,其中普通本科生 10 653 人。

一、调研内容及方法

1.调研内容

此次调查采取现场发放问卷的形式,在学校图书馆前发放问卷供同学们填写,然后统计相关数据进行分析。主要的调研内容有:

(1)同学们对外卖的购买形态(购买过什么样的外卖、购买价格、购买动机等)与消费心理(时效性、偏好、味道、形式等)。

(2)同学们对已存在的外卖有何不满,希望如何改进。

(3)同学们理想的外卖描述。

(4)同学们每个月的生活费及花在购买外卖上的费用。

2.调研方法

本次调研主要采取问卷、访谈等方式。

二、调研情况分析

我们学校图书馆门口随机选取了100位丽水学院在校大学生发放100份问卷并收回,其中有效问卷数100份。

1.大学生基本情况

问卷调查中对学生基本情况的调查主要涉及调查对象年级、性别、月生活费用和每月花在外卖上的费用。主要调查统计结果如下:

(1)大学生年级。如图1所示,在被调查的100位大学生中,大一学生占26%、大二学生占46%、大三学生占25%,三个年级占的比例相差不大,占比最少的是大四同学(主要由于大四同学大部分外出实习,不在学校),仅占3%。

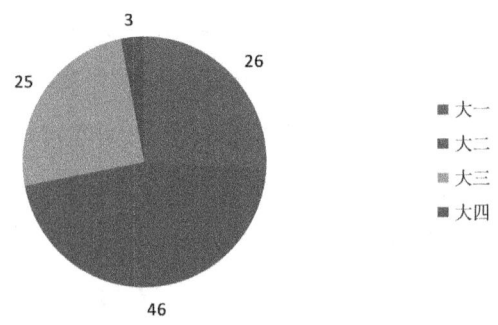

图1 被调查对象年纪分布情况

(2)学生性别。如图2所示,女生比例略大于男生(主要由学校男女比例决定),女生占比为64%,男生占比为36%。调查样本的男女生比率基本持平,排除了男女生对于外卖态度不一这种因素的干扰,使调查结果更加真实可信。

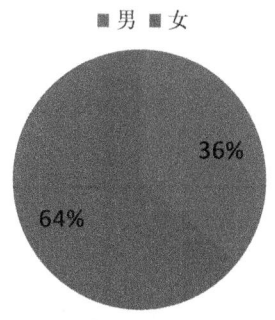

图 2 被调查对象性别比例

(3)大学生生活费及一个月内花在外卖上的费用。如表1所示,在被调查对象中,大多数大学生的生活费在1 000～1 500元和1 500～2 000元范围之间,其中1 000～1 500元的占64%,1 500～2 000元的占20%,只有少部分大学生的生活费在1 000元以下和2 000元以上,分别占14%、2%。

表 1 被调查对象的生活费情况

生活费情况	生活费分段区间	样本数	样本比例
生活费	1000 元以下	14	14.00%
	1000—1500 元	64	64.00%
	1500—2000 元	20	20.00%
	2000 元以上	2	2.00%

调查结果显示,被调查对象都有叫过外卖的经历,只是在外卖上花的费用不同。如图3所示,大多数大学生每月花在外卖上的费用少于200元,其中低于100元的占40%,100～200元的占27%。少数多于200元,其中200～300元的占18%,300～400元的占10%,400元以上的仅占5%。可见大多数大学生每月叫外卖平均次数不多。

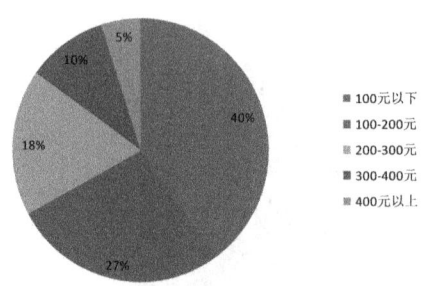

图3 被调查对象一个月内花在外卖上费用的占比

综上所述,大学生每月花在外卖上的费用多少与其每月生活费有较大关系。除此之外还应考虑其他因素,如天气原因、个人原因等。

2.大学生点外卖的频率、时间等统计与分析

(1)每月点外卖的频率,如图4所示。被调查对象都有点外卖的情况,偶尔和经常点外卖的比例分别高达38%和34%,只有28%的被调查对象总是或很少叫外卖,其中总是叫外卖的占比为9%,很少叫外卖的占比19%。有很多因素影响在校大学生每月点外卖的频率,例如天气、食堂排队、外出等原因。

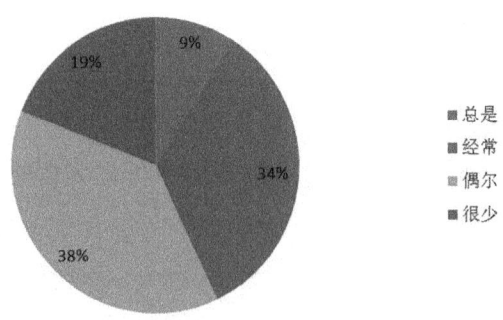

图4 被调查对象每月点外卖频率

(2)点外卖的原因。如表2所示,大学生点外卖的原因我们设置了

五个选项,其中食堂人多,不想排队的占比 34%;天气原因,不想出去的占比 34.7%;外卖口味比食堂好的占比 5.33%;外卖店家有优惠,价格较低占比 7.33%;其他原因占比 18.67%。排队和天气原因为主要影响因素。

表 2 被调查对象点外卖原因

点外卖原因	食堂人多,不想排队	天气原因,不想出去	外卖口味比食堂好	外卖店家有优惠,价格较低	其他
样本数	51	52	8	11	28
样本比例	34%	34.70%	5.33%	7.33%	18.67%

(3)外卖接受价格。如图 5 所示,外卖在 10 元以下,接受率 17%,10~20 元接受率高达 75%,大多数大学生选择的外卖价格在 10~20 元之间,价格与表 2 中的外卖店家有优惠活动这一点外卖原因相对应,这与在学校食堂就餐花的费用差不多。20~30 元接受率为 8%,30 元以上接受率为 0%。价格过低或超过 20 元,学生接受率都不高,说明学生对外卖的品质和价格敏感度高。

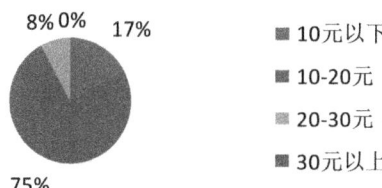

图 5 被调查对象外卖接受价格

(4)可接受外卖的等待时间。如图 6 所示,学生对外卖的能接受等待时间,我们划分为四档,其中 15 分钟以下属于非常快速的,占比为 12%;15~30 分钟为 59%,属于外卖平均可接受等待时间;30~60 分钟占比 29%;60 分钟以上为 0%。外卖等待时间数据与图 7 点外卖的时间段有很大联系。早、中、晚时间段点的外卖都希望外卖能尽早送到,其他时间段多等待一会也是可以的。

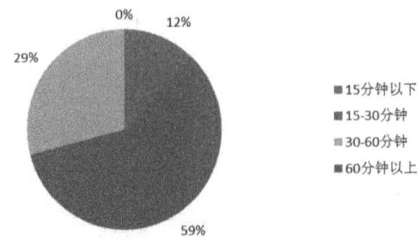

图 6　被调查对象能接受的外卖等待时间

(5)点外卖时间段。如图 7 所示,早餐时间段 7:00~8:00 点外卖的比例仅为 4%;午餐时间段 10:00~12:00 点外卖比例高达 52%,这与午餐外卖选择种类多、午餐食堂高峰集中用餐有关;大学生点外卖时间段很大程度上与食堂就餐人数多成正相关关系,这与表 2 中食堂人太多,排队太久与点外卖原因相对应。

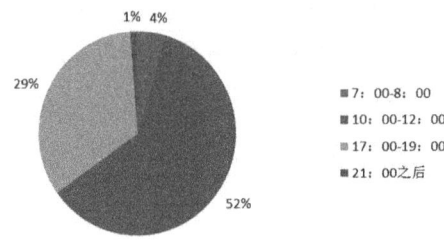

图 7　被调查对象点外卖的时间段

综上所述,大学生大多数叫外卖时间段在中、晚餐期间,其主要原因是学校食堂在这两个时间段用餐人数太多,排队不如在宿舍等待外卖送达,这期间还可以休息或者做其他事情。且大部分外卖接受的价格与在食堂就餐费用差不多。另外,天气原因也是大学生叫外卖的一大因素。

3.大学生对于外卖的选择情况和外卖类型

(1)外卖类型的选择情况。如表 3 所示,大学生喜欢的外卖种类形式很多,排在第一位的是快餐便当,占比28.27%;排在第二位的是粥粉面馆,占比16.75%;排在第三位的是地方菜馆,占比14.66%;排在第四位的是汉堡比萨,占比14.14%;排在第五位的是炸鸡小吃,占比13.61%;排在第六位的是麻辣烫,占比7.33%;其他选择占比5.24%。

表3 被调查对象外卖类型的选择情况

外卖类型	快餐便当	汉堡比萨	地方菜馆	粥粉面馆	炸鸡小吃	麻辣烫	其他
样本数	54	27	28	32	26	14	10
样本比例	28.27%	14.14%	14.66%	16.75%	13.61%	7.33%	5.24%

(2)大学生选择外卖时考虑的主要因素。如图8所示,大学生点外卖时考虑的主要因素为外卖的味道、干净卫生程度及价格是否实惠,其次是店家的送餐速度和起送价格。其中外卖味道占比35%,排在第一位;外卖价格是否实惠是第二大考虑因素,占比30%;外卖的干净卫生与否占26%;送餐速度和送餐价格分别占比10%、9%。可以看出,大学生点外卖时除了口味的要求,也很注重外卖食品的价格、卫生。

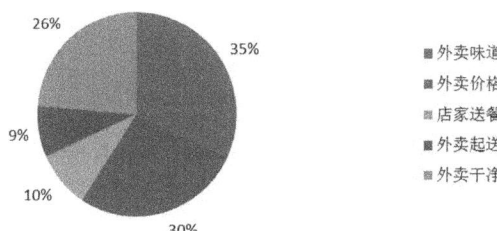

图8 被调查对象选择外卖时考虑的主要因素

(3)外卖平台的选择。根据图9所示,美团(外卖)和饿了么外卖平台软件是大学生点外卖时普遍使用的外卖软件,淘宝外卖与百度外卖软件只有极少数的大学生使用过。选择美团外卖的人数最多,占比66.67%,饿了么占比28.68%,百度及淘宝外卖分别占比3.1%、1.55%,其他平台占比0%。这与美团(外卖)和饿了么软件普及与推广程度高有关。

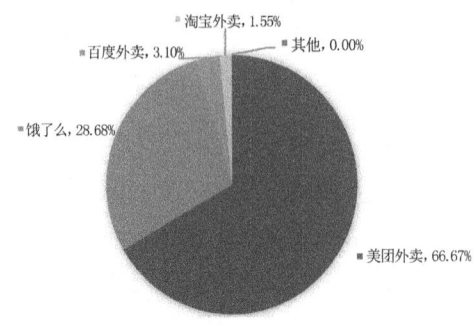

图 9　被调查对象点外卖时使用外卖平台的统计

(4)外卖店家的服务态度与送餐速度。如图 10 所示,大学生对于外卖店家的服务态度及送餐速度的评价总体来说在中等偏上。认为态度好,送餐一般准时的占比 48%;认为态度好送餐及时的占比 24%;认为送餐及时,但服务态度一般的占比 16%;认为态度好,但送餐速度慢的占比 12%;认为送餐及时但态度不好或送餐不及时且态度恶劣的占比 0%。在市场竞争的环境下,外卖店家的服务态度不好和送餐速度过慢的话,也会被自然淘汰的。

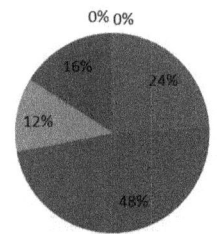

图 10　被调查对象对于外卖店家服务态度及送餐速度的评价

(5)大学生对外卖饭菜新鲜度及卫生的评价。如图 11 所示,绝大多数学生对外卖饭菜的评价持肯定态度。认为饭菜新鲜度一般,比较卫生的占比 65%;认为饭菜较为新鲜、干净的占比 18%;认为饭菜不新鲜,但比较为卫生的占比 11%;仅 6% 的大学生对外卖的饭菜评价持否定态度,认为饭菜无论新鲜程度和卫生都不过关。

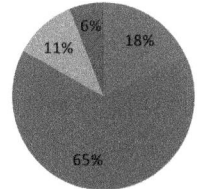

图 11 被调查对象对外卖饭菜的评价

4.大学生对食用外卖的看法

(1)大学生对食用外卖是否对身体健康存在影响的看法,如图 12 所示,10%的调查对象认为食用外卖对自身健康没有影响,71%的调查对象认为食用外卖对自身健康有轻微影响,19%的调查对象认为食用外卖对自身健康有很大影响,48%的调查对象承认外卖对健康有轻微影响。食用外卖对食用人的身体健康确实存在一定的影响,食用次数少影响可忽略不计,次数较多则影响较大。

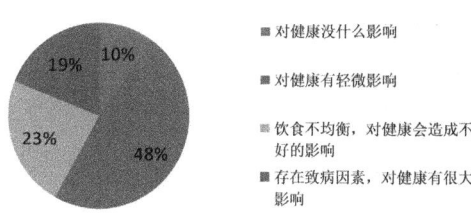

图 12 被调查对象对外卖是否对身体健康存在影响的看法

(2)大学生若知道食用外卖对自身健康有影响,是否还会点外卖。如图 13 所示,4%的调查对象表示即使知道外卖对身体健康存在影响,但还会像以往一样的点外卖;而 18%的调查对象则认为对身体有影响就不会点外卖;32%的调查对象认为会大幅减少外卖购买频率;46%的调查对象表示会小幅度减少外卖购买频率。对于这一问题,大多数人表示还是会点外卖,但会减低其购买频率。

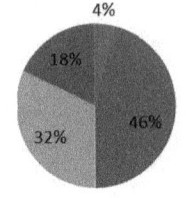

图 13 被调查对象对若知道食用外卖对自身健康存在影响,是否还会点外卖

(3)外卖送餐人员在校内送餐是否存在影响,如图 14 所示,4.61%的调查对象认为外卖送餐不存在影响;5.92%的调查对象认为在某些时段会造成影响;40.79%的调查对象认为外卖送餐在高峰期会造成影响;48.68%的调查对象认为外卖人员送餐骑行速度快,存在安全隐患。外卖配送人员在校园内送餐在一定程度上对校园秩序及同学人身安全造成了影响。例如配送人员普遍骑行速度快,对校园内学生的人身安全存在影响;早、中、晚就餐高峰期,会造成校内拥堵等现象的发生。

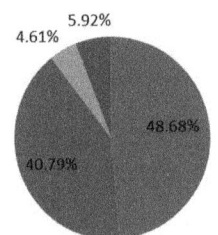

图 14 被调查对象对外卖配送人员在校内送餐是否存在影响的看法

三、问题原因分析

随着网络、通信设备的飞速发展,外卖以其便捷的服务、可口多样的食物选择,越来越受到当代大学生的青睐,几乎没有一位大学生是从来没订过外卖的,"外卖"这词可谓深入人心。

在校大学生外卖购买情况的调查与思考
——以丽水莲都区为例

通过调查我们发现仅28％的在校大学生很少订外卖,剩下的大学生时不时都会选择来一份外卖,甚至可以发现在我们的周围有的同学顿顿吃外卖。我们发现,同学订购的外卖类型是多种多样的,有快餐便当、汉堡比萨、地方菜馆、粥粉面馆、炸鸡小吃、麻辣烫等。我们还发现,同学们订外卖的原因是多元化的,随着时代发展进步,人们的需求普遍不断提高,所向往的不再局限于价廉,同学们选择外卖的理由有外卖的口味、干净卫生程度及价格优惠,店家的送餐速度等,对于外卖味道、卫生、饭菜质量、价格同学们也有自己的要求。同学们主要订购外卖的平台有美团、饿了么、百度外卖等,竞争激烈的外卖行业也从侧面体现了较大的市场需求。

调查中同学们对外卖店家的服务态度及送餐速度还是持肯定态度的,虽然偶尔有送餐不及时的现象发生,但是总体来说并无太大意见。对于外卖饭菜的味道,同学们表示虽然饭菜的新鲜度一般,但是饭菜还是比较卫生的,也有较少的同学对外卖饭菜表示不满意。同学们的确是比较支持外卖店家,外卖食物的。

那么同学们对于外卖的危害又是怎么看的呢？调查表明,90％的在校大学生认为食用外卖会对身体健康产生影响,其中71％的调查对象认为食用外卖对自身健康有轻微影响,19％的调查对象认为食用外卖对自身健康有很大影响。看来同学们普遍都对外卖本身所存在的不卫生、不健康有所认识。那么同学们会因为它的不卫生、不健康而放弃订购吗？答案是否定的,根据问卷调查结果表明,在了解外卖不利于健康的情况下,仅有18％的人选择不订外卖,大多数人只会选择减少订购的频率,还有4％的同学会毫不在乎一如既往地选择订外卖。究其根本原因是,还是因为食堂人多,同学们在高峰期不愿意排队,还有各种原因不愿意走出宿舍门。

同时外卖还存在着一些其他的影响,如外卖在校内送餐存在安全隐患,根据数据显示:仅4.61%的调查对象认为送餐人员不会产生安全隐患,95.39%的调查对象认为多多少少存在影响,如配送人员骑行速度过快,配送人员过多在校园行车高峰产生拥挤等。此外外卖还会产生白色垃圾,影响环境。

四、对策建议分析

1.外卖的发展趋势

随着在校大学生数量的大幅度增长,学生消费市场存在着非常大的利润空间,许多经营者对此纷纷绞尽脑汁来获取利益。外卖涉及一日三餐,在学生中疾速传开。故借此调查机会分析我校的大学生关于点外卖现象的问卷调查结果。

2.同学对外卖的态度

大多数同学对外卖都表示比较赞同和接受,他们认为外卖为他们带来了极大的便利,食堂在高峰期比较挤、宿舍离食堂比较远都是点外卖的原因。因此就算外卖存在很多食品安全隐患大多数人也抱着无所谓的态度,一如既往的点外卖。最重要的是同学们认为外卖的饭菜可口,味道相对于食堂更好,然而同学们只关注了外卖带来的好处,而忽略了其中存在的安全隐患。

3.对学校管理员的建议

外卖基本不影响同学们的作息时间,也没有打扰宿舍内部的管理,还给学生带来了许多方便,由于送外卖人员基本都是本校的一些勤工俭学学生,所以宿舍管理人员对这些送外卖人员也没有过多的防范意识。但是送外卖人员中还有部分并不是本校学生,人员情况不明,希望学校保安人员或者宿舍的管理人员加强对外来人员的管理及身份登记,对送餐人员送餐后的随意徘徊保持警惕。

4.对同学的建议

虽然外卖给同学们带来了许多方便,但外卖却存在许多食品安全隐患。如外卖的卫生质量安全不能得到有效保证、外卖的包装盒有时候达不到食用级别、外卖的运送途中存在卫生隐患、个人信息面临泄露风险等。同学们应加强自我保护意识,注重身体健康,不要贪图一时的方便。

5.对外卖店家的建议

(1)走品牌发展路线,打造出一个精品外卖品牌。根据以上调查,现在大部分外卖餐厅走的快速、大范围占领市场路线,不注重品牌建设,饭菜质量、服务质量跟不上,这样做虽然在短期市场反响比较明显,但一旦新的竞争对手出现,顾客会大量流失。所以餐厅应着重在饭菜质量、服务质量上狠下功夫,耐心经营,打造出一个令消费者信任、长久消费的品牌。

(2)走跟随路线。外卖餐厅应该跟随学校食堂。根据调查,学生们对食堂的饭菜口味和价格有一些其他要求,当这些要求没有得到满足,就会转投外卖的怀抱。外卖行业想要占据学校这块市场,可以根据学校食堂的一些缺漏,有针对性推出相补充的产品及服务,抢占市场。

(3)注重品质,注重细节,注重特色。这三个注重是餐厅发展的核心理念,更是打造品牌成败的关键。首先,要立足于品质,做好做精,高举质量这一面旗帜。眼光放长远,不要只纠结于眼前的蝇头小利,这样的发展才能长远,才能吸引更多的消费者,才能培养顾客的忠诚度。其次,由于小餐厅的资金实力限制,不可能制定较大规模的产品线,所以更加需要从细节做起。如了解顾客的消费习惯、节约成本但不降低质量、提高效率、减少送单出错率等。最后,一定要创出属于自己的特色。只有特色才能令餐厅从众多竞争者中脱颖而出。没有特色,即使抢占了市场,也会很快被消费者遗忘、被其他竞争者超越。如推出流动早餐外卖,一方面是早餐外卖的市场暂时空白;另一方面是大学生因为起床晚错过食堂早餐而不吃早餐的现象比比皆是,如果早晨有课,对早餐的态度更是以追求方便为主,潜在市场比较大。

6.解决外卖存在的安全问题建议

解决此类问题最好的办法就是从学校、学生和经营者这三方面同时出发:一是对学生进行正确的引导,二是经营者加强管理,三是学校进行规范的校园秩序。首先,学校可以出台相关规定,严加管束校外送外卖人员的活动区域、范围;其次,加强对宿舍管理人员的安全意识培训,使宿舍工作人员的管理水平得到一定的提升。同时对学生加强安全外卖的宣传,学校可以在安全教育中加入关于安全外卖的内容,提高学生食品安全保护意识和自我安全的保护意识。对于学校周边的外卖,可以定点定时开通校园外卖服务。

关于丽水市莲都区食品绿色健康发展的调查与思考

调研组成员：

护理学(中瑞)163班：郦玲霖、泮柔静、王雅楠、袁芯倩、徐云超、孙智鸿、张娜玲、周洁、周琬培、施依然、言雨静、潘佳月、袁婷婷、朱怡佳、孙央霓

指导老师： 徐俊

摘 要： 随着经济的发展，人们的生活质量提高，环保意识也逐渐增强，对绿色农产品等食品的绿色健康发展的关注度增加。党的十八届五中全会提出了绿色发展等新思想，为食品的绿色发展注入了新动力。推广绿色农产品不仅可以保护环境，也可以促进农业的可持续发展。食品绿色健康发展不仅影响经济发展，更关系到人们的身体健康。作为大学生，我们有义务也有责任为食品的绿色健康发展出谋划策，积极推动食品的绿色健康发展。

关键词： 丽水市莲都区；绿色农产品；绿色发展；调查

一、调研背景及目的

1. 调研背景

2015年10月26日,党的十八届五中全会召开,全会提出坚持绿色发展,推进美丽中国建设,实行最严格的环境保护制度,筑牢生态安全屏障。全会提出"坚持绿色发展,着力改善生态环境。坚持绿色富国、绿色惠民,为人民提供更多优质生态产品,推动形成绿色发展方式和生活方式,协同推动人民富裕、国家富强、中国美丽。"

丽水市提出进行"绿色发展",打造"浙江绿谷",这是丽水市坚定不移的大战略,目标是在丽水市打造绿色经济、绿色产业、绿色产品竞争力制高点,形成绿色财富的硅谷。这是农业生态文明建设的方向,是转变农业发展方式的需要,也是建设"两美"浙江、促进城乡发展一体化的需要,既要让农民得到实实在在的利益,又要使居民享受到生态福利,实现生产发展、生活富裕、生态良好的平衡共赢。丽水是浙江最大的绿水青山,是全国第一生态市。秀山丽水,好山好水好空气,滋润着万物绿色成长,这都让都市居民对丽水农产品有着天然的信任感,因此丽水绿色农产品受到青睐。

为推进丽水市"发展绿色经济"战略的实施,加强绿色农产品的开发和监督管理,提高农产品质量安全水平和市场竞争力,根据《丽水绿色农产品管理办法》规定,经丽水绿色农产品认定委员会认定,莲都区8家企业的9个农产品获得"丽水绿色农产品"的称号,认证产量达到9624吨,并获准使用丽水绿色农产品标志。

2.调研目的

在中共十六届五中全会上提出了"绿色"的概念背景下,习近平同志当年在丽水市调研时指出的生态是丽水市最大的优势,在"只要你们守住了这方净土,就守住了'金饭碗'"的背景下,我们开始了此次实践活动。青山绿色,美丽丽水。作为丽水学院的一分子,我们应该为丽水市的绿色发展做出一些贡献。因此我们小组开展了"关于丽水市莲都区食品绿色健康的调查与思考"的调研工作,让大学生们从与自身相关的绿色食品开始,意识到绿色发展对丽水市的重要意义。

二、调研内容及其方法

1.调研内容

本次小型调研主要围绕生态环境保护、健康呵护、市场前景以及商家和消费者对于食品绿色健康发展的看法这四个方面进行,具体如下:

(1)生态环境保护方面。调研内容涉及商家使用的包装盒是否绿色环保以及食品的绿色健康发展对生态环境的影响。

(2)健康呵护方面。调研内容涉及商家对食材的选购、食材的来源是否绿色健康以及食品的绿色健康发展对人们健康的影响。

(3)市场前景方面。调研内容涉及食品绿色健康发展的优势、促进食品绿色健康发展的措施以及未来发展的前景。

（4）商家和消费者对于食品绿色健康发展的看法方面，主要调研商家和消费者对于食品绿色健康发展的满意度、了解度、关心度、参与度及期望度。

2.调研方法

本次调研主要采取问卷调查、访谈、查阅文献及记录材料等方法。

三、调研情况分析

在本次调研中，我们共对丽水市莲都区的125位商家和200位消费者进行了调研，消费者中，185位为丽水学院中国籍大学生，15位为丽水学院在校留学生。

1.对商家的调研

（1）商家对绿色食品的了解程度。在被调查的185位商家中，52%的商家对绿色食品的含义很了解；64%的商家知道绿色食品是必须经过专门认定并授予标志的无污染、安全、优质的营养食品；24%的商家认为绿色食品是种植期间无农药污染的蔬菜和水果；72%的商家都会为其工作人员进行绿色食品知识培训。如图1所示，大部分商家对绿色食品还是比较了解的，并且会对工作人员进行绿色食品知识培训，对食品的绿色健康发展比较注重。

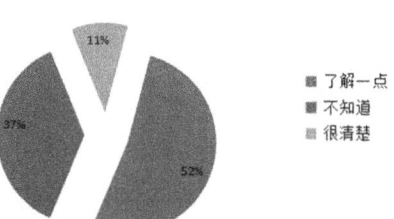

图1 商家对绿色食品的了解程度

(2)原材料选购方面。如图2所示,185位商家填写的调查问卷显示,37%的商家选择的食材主要采购于菜市场;31%是批发市场批发而来;30%的商家在购买食材时更注重食品的绿色健康;28%注重食品安全,18%注重新鲜程度;96%的商家在日常采购果蔬、肉禽蛋奶、水产品、粮油等食品时,会优先选择购买绿色食品。

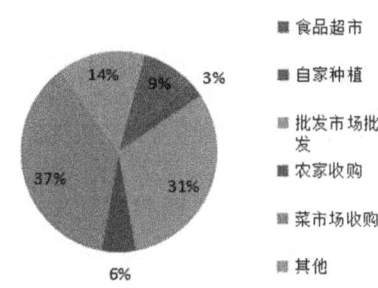

图2 食材来源

如图3所示,大多数商家选购食材时比较注重食品的绿色健康和食品安全及新鲜程度;而商家采购食材渠道主要为菜市场收购和批发市场批发。

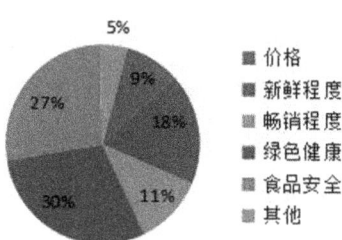

图3 食材选择

(3)食品的绿色包装。根据185位商家填写的调查问卷结果来看,64%的商家知道自己的包装盒是绿色环保的;在参与丽水市食品绿色发展的同时,63%的商家认为绿色包装很好会考虑一直使用;30%的商家认为绿色包装虽然好,但是成本高,对于是否使用表现出为难情绪;只有7%的商家不想使用绿色环保包装,只是为了将节约下来的成本用在食品购买上。如图4所示,大部分商家比较支持绿色环保包装,但有些商家认为绿色包装成本比较高可能不会去使用或者偶尔使用,极少数不想使用绿色包装。

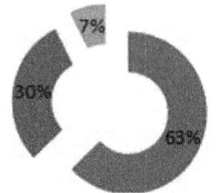

图4 商家对使用绿色环保包装的看法

(4)绿色健康食品的市场前景。根据我们对商家的问卷调查得出,75%的商家认为绿色食品的市场前景很大,20%的商家则认为市场前景一般,也存在极少数的商家认为其市场前景很小。

综合分析调查结果得出结论:

①现在大多数的商家都在大力推进并且支持食品的绿色发展,其主要原因有:第一,绿色食品无污染、安全、优质;第二,丽水当地环境条件适合食品的绿色发展,并且前景广阔。

②大多数商家十分关注绿色食品发展,其主要原因有:第一,近几年食品安全频频被报道,消费者安全意识逐渐加强;第二,相关部门关注食品安全、绿色食品环保问题;第三,政府大力提倡绿色食品。

③大部分商家认为绿色产品新概念是:提出绿色食品的科学概念→建立绿色食品生产体系和管理体系→系统组织绿色工程建设实施

→稳步向社会化、产业化、市场化、国际化方向推进。

④大部分商家认为他们需要政府对绿色农产品进行相应的资金补贴。

2.对丽水学院中国籍大学生的调研

(1)大学生对绿色食品的了解程度。如图5所示,在被调查的185位丽水学院中国籍大学生中,50%的大学生对绿色食品很了解。大部分大学生认为绿色食品是没有使用杀虫剂等化学制剂的,经过严格检验检疫的无污染、无公害、安全、优质、营养型的食品,并且表示在购买产品时会优先选择绿色食品。20%的大学生表示不知道绿色食品,30%的大学生表示对绿色食品了解一点。

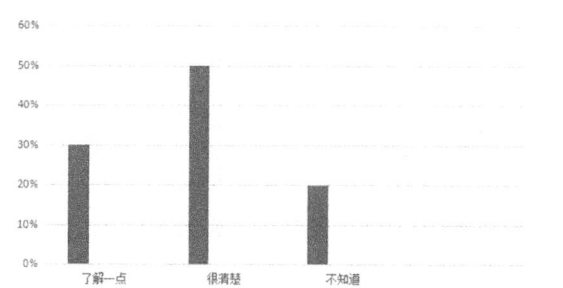

图5　丽水学院中国籍大学生消费者对绿色食品的了解程度

(2)食品的绿色发展对丽水环保事业发展的影响。如图6所示,在对185位丽水学院中国籍大学生的调查中发现,68%的大学生认为食品的绿色发展对丽水环保事业发展存在影响。并且大部分大学生在调研中表示认同推广食品的绿色发展可以减少杀虫剂等化学制剂的使用,减少对环境的破坏,有利于丽水环保事业的发展。只有32%的大学生未表现出积极预期,其中27%的大学生认为效果并不显著,5%的大学生表示不清楚影响效果。

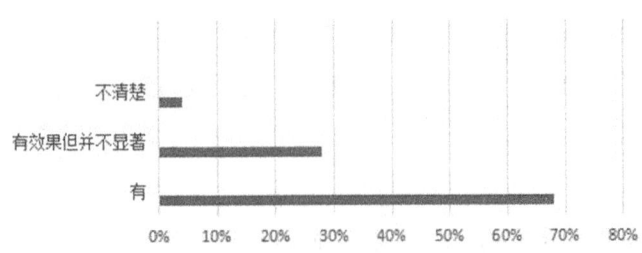

图 6　食品的绿色发展对丽水环保事业发展的影响

(3)食品的绿色健康发展,如图 7 所示,绝大部分大学生对丽水市食品的绿色健康发展比较关心。其中非常关心的占 8%。不关心的仅占 4%。

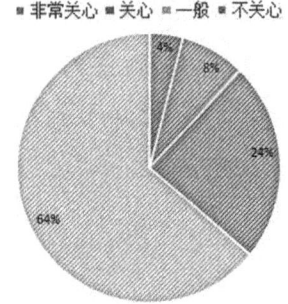

图 7　丽水学院中国籍大学生对丽水市食品绿色发展的关注度

鉴于上述结果,我们进一步做了丽水学院中国籍大学生对目前丽水市食品绿色发展的满意程度的调查,如图 8 所示。在我们调查的 185 位丽水学院中国籍大学生中,绝大部分学生对目前丽水市食品绿色发展表示满意,不太满意的只占 8%。

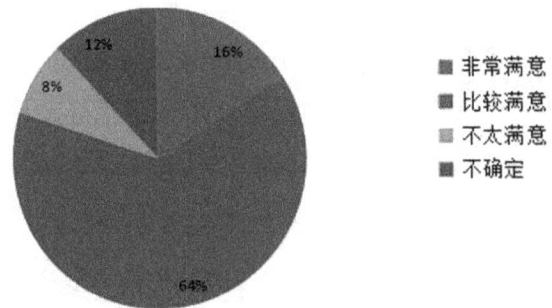

图 8　丽水学院中国籍大学生对目前丽水市食品绿色发展的满意程度

(4)对食品绿色健康发展活动的态度。根据我们对185位丽水学院中国籍大学生的调查,如图9所示,发现他们对于食品绿色健康发展主要持有三种态度:45%的大学生完全支持,53%的大学生比较支持,还有2%的大学生表示不太反对。总体而言,大部分大学生对于食品的绿色健康发展持乐观态度。

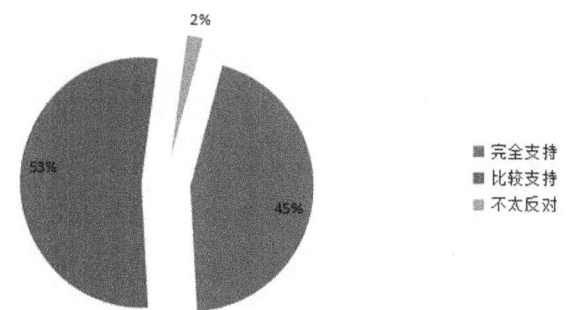

图9 丽水学院中国籍大学生对于食品绿色健康发展的主要态度

3.对丽水学院留学生的调研

(1)留学生对丽水绿色食品的信任程度,如图10所示,在被调查的15位在校留学生中,绝大部分的留学生对丽水的绿色食品还是很信任的。73%的留学生对丽水市现有的绿色农产品表示完全放心,27%的留学生表示对丽水市绿色农产品基本放心。

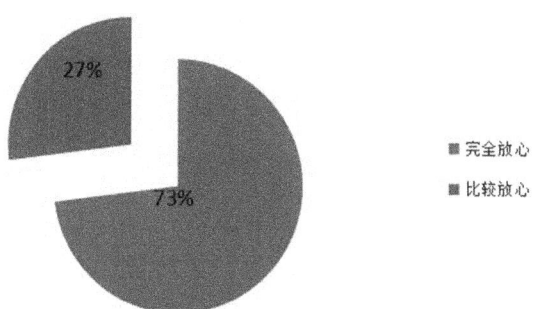

图10 留学生对丽水市绿色农产品的信任程度

(2)留学生对丽水绿色食品发展的看法,如图11所示,在被调查的15位在校留学生中,67%留学生非常关心丽水市食品绿色健康发展,同时67%的留学生也对丽水市食品的绿色健康发展十分满意。

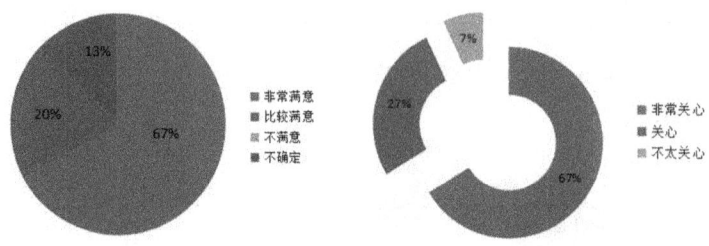

图11　留学生对丽水食品绿色健康发展的满意程度以及关心程度

(3)留学生购买绿色食品的初衷,如图12所示,调查的15位在校留学生都认为购买绿色食品的初衷是为了家人和自己的健康安全,其中一部分留学生也认为可以保护丽水市的环境,占比40%。

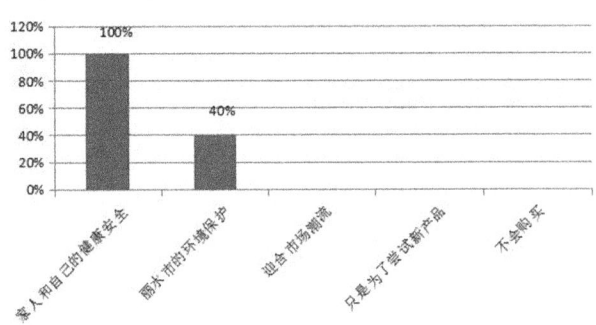

图12　留学生购买绿色食品的初衷

(4)价格偏高时,留学生的选择,如表1所示,在绿色食品价格偏高时,40%的留学生表示仍然会优先购买,40%的留学生表示会偶尔购买,20%的留学生认为会考虑价格后再决定是否购买绿色食品。

表1　绿色食品价格偏高时留学生的选择

	人数	比例
仍会优先购买	6	40%
偶尔购买	6	40%
考虑价格后再决定	3	20%
不会考虑	0	0%

(5)留学生眼中丽水市食品绿色健康发展的优势,如图13所示,47%的留学生认为丽水市种植技术先进和人文素质较高是发展绿色食品的有利条件。此外,地理环境条件优越、经济发展水平较高、市场需求量大等优势也受到了近1/3留学生的认可。

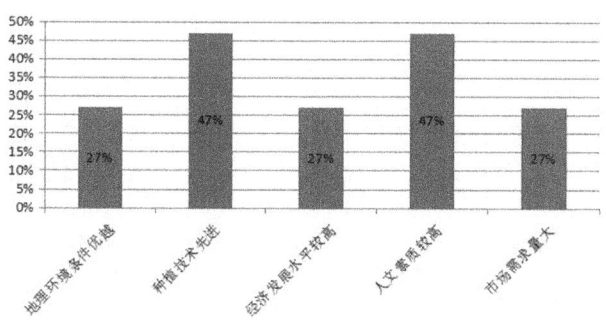

图13 留学生眼中丽水市食品绿色健康发展的优势

根据以上调查数据表明,留学生十分关心和满意丽水市食品的绿色健康发展,并对丽水的绿色食品发展给予了支持和肯定。他们十分愿意为了个人及家人健康主动购买绿色食品,并且为保护丽水的生态环境做出一份贡献。

四、建议与展望

1.调研后的建议

(1)个人方面:第一,部分留学生认为作为丽水学院的大学生,可以利用假期时间去宣传从而加强消费者的健康环保意识,同时留学生也建议丽水市政府加大对绿色食品的支持力度,广泛呼吁家人以及其他身边的人购买绿色健康食品等;第二,个人应该更积极响应政府的倡导,倡议身边更多人加入支持绿色食品发展的行列当中来;第三,个人应该树立正确的消费观念和消费态度,努力提高绿色消费意识,为丽水市的绿色食品发展贡献自己的一份力量;第四,对于一些不顺应食品健康绿色发展的企业进行监督并且积极向相关部门举报。

(2)企业方面:第一,商家在进行过充分的市场调查后,应积极对自家产品进行转型升级来满足广大市场对于绿色食品的需求;第二,企业可以在市场或者超市中设立绿色健康食品的专柜,并在食品包装上标注绿色食品的拼音或英文,这样能帮助留学生更好地辨别出绿色食品;第三,企业应加强对食品科学的研究,注重开发高质量、绿色健康的产品,生产广大消费者喜爱的食品;第四,企业可以适当降低绿色健康食品的价格,这样能够让更多的消费者选择购买绿色食品;第五,食品应该逐渐进入绿色健康发展轨道,企业应通过相关技术试验,投入一定数量的人力资源,改善产品的生长环境,来提高产品的质量;第六,企业应重视对农药、肥料、食品添加剂的使用,对加工和包装进行更严格的要求,力求让每一位消费者都能享受到丽水绿色健康的食品。

(3)政府方面:第一,政府需要大力宣传食品的绿色健康发展,让人们更加了解绿色食品的含义,让消费者在选购食品中尽量选择绿色食品;第二,政府应该要大力倡导绿色食品消费理念、生态保护观,大力推进食品绿色健康发展;第三,在食品投入市场前政府要加强对绿色健康食品的检测与监督;第四,政府可以推行环保包装,促进食品的绿色健康发展,这样不仅节约原材料,废弃物相对减少,节约能源,易于回收再利用且不会产生二次污染,保护生态环境;第五,政府应该更加努力完善相关的制度,鼓励取长补短,继续发挥原有的优势,并在原有基础上弥补短板,改进不足,争取做得更好;第六,政府在推行食品绿色发展的同时,可以给予一定的经济和技术支持,帮助农户增大绿色作物的产量并缩减成本,适当降低绿色健康食品的价格,这样能够让更多的消费者选择购买绿色食品。

2.调研后的展望

随着我国国民经济的发展以及社会的进步,人们的健康意识逐渐增强,对生活质量的追求也越来越高,人们由过去"有的吃"到"能吃饱"再向"吃得好"的观念转变。因此,绿色食品具有很大的发展前景。2017年10月18日,习近平同志在十九大报告中指出,坚持人与自然和谐共生。必须树立和践行"绿水青山就是金山银山"的理念,坚持节约资源和保护环境的基本国策。自党的十八大以来,习近平同志在多个场合提到绿色发展的理念,可见党和国家对绿色发展的重视。绿色发展的目的是要实现可持续发展,要实现中国的绿色发展,离不开经济的增长与资源环境的可持续性发展。所以食品的绿色健康发展前景广阔,顺应了时代的潮流。

在调查中我们发现丽水市食品绿色健康发展还具有很大的空间,丽水市食品绿色健康发展的未来前景十分广阔。首先丽水市地理环境优越:丽水市以中山、丘陵地貌为主,地势由西南向东北倾斜,西南部以中山为主,有低山、丘陵和山间谷地;东北部以低山为主,间有中山及河谷盆地。全市土地面积17 298平方公里,其中山地占88.42%,耕地占5.52%,溪流、道路、村庄等占6.06%,是个"九山半水半分田"的地区。丽水市境内有多条水系,山溪性河流多,落差大,水力资源蕴藏丰富。丽水市属中亚热带季风气候区,气候温和,冬暖春早,无霜期长,雨量丰沛。这些都是丽水市种植绿色农产品的有利条件。其次是区域政治优势:习近平同志秉持"金山银山就是绿水青山"的绿色发展观念,划定生态红线,推动绿色发展。全国政协常委赵雨森在2015年全国两会上提案建议加大扶持绿色食品发展力度,"建立多元投入机制"。最后是市场需求大:随着生产的发展,城乡人民收入大幅度提高,人民生活水平提高、消费理念转变。人们对农产品和食品质量的要求越来越倾向于身体健康这一方面。健康的无污染、安全、优质营养的绿色食品已成为时尚,越来越受到人们的青睐。

参考文献

[1]浙江新闻网:"舌尖上的丽水"如何打造绿色生态农产品大市场[Z].http://zj.zjol.com.cn/news/169202.html,2015—09—22.

[2]中华人民共和国农业部:莲都区9个农产品获丽水绿色农产品称号[Z].http://www.moa.gov.cn/fwllm/qgxxlb/zj/201308/t20130806_3549141.htm,2013—08—06.

[3]人民网:习近平再谈绿色发展:"循环利用"之路该如何走?[Z].http://cpc.people.com.cn/xuexi/n1/2016/0824/c385475—28661757.html,2016—08—24.

[4]胡京春.赵雨森委员:加大扶持绿色食品发展力度[N].人民政协报,2015—03—01.

关于丽水"五水共治"情况调查报告

调研组成员：

机自 161 班：林洪兵、李展尚、胡双露、包奇挺、金秋丰、陆操、陈鑫、陈啸、蒋旺盛、冯春刘、劳佳鑫、狄凯杰、林伟伟、方文峰、陈波、艾玉娟、李禹

指导老师： 向云发

  摘　要：团队深入丽水市，调研"五水共治"在丽水市的实施情况以及在第一阶段所取得的成效和存在的突出问题。在整个实践调查中，团队通过对"五水共治"办的背景调查，丽水市"五水共治"办主要负责人对政策的解读和对政策的具体规划实施的叙述以及实地考察等方式多方面了解丽水"五水共治"在第一阶段取得的成绩及其未来规划。同时，在调查过程中，团队通过问卷形式，深入基层，了解"五水共治"带来的社会效应，并且从中了解到"五水共治"实施过程中所遇到实在性的问题。最后进一步明确了"五水共治"的实施阻碍以及突出问题，并针对突出问题总结提出一些针对性意见。

  关键词：丽水；五水共治；成效；问题

一、调查背景及方法

1.调查背景

2013年末,山河秀美的水乡浙江,正吹响新一轮全面治水的号角。省委十三届四次全会,做出了"五水共治"重大决策:治污水、防洪水、排涝水、保供水、抓节水。并明确提出,要以治水为突破口推进转型升级。

五水共治,好比五个手指,治污水是大拇指,防洪水、排涝水、保供水、抓节水是其他四指,分工有别,和而不同,捏起来就是一个拳头。治污水的大拇指最粗,百姓观感最直接,也最能带动全局,最能见效。治好污水,百姓必会竖起大拇指。为此,省委省政府特地绘出了浙江"五水共治,治污先行"的路线:三年(2014-2016)要解决突出问题,明显见效;五年(2014-2018年)要基本解决问题,全面改观;七年(2014-2020年)要基本不出问题,实现质变。

2014年5月27日,浙江省组建成立了浙江省"五水共治"技术服务团,并部署全省"五水共治"技术服务工作。此次组建的"五水共治"技术服务团,集中了来自浙江省国土资源厅、浙江省建设厅、浙江省水利厅和浙江水利水电学院、浙江大学、华东勘测设计研究院等部门和单位的200余名专家。

成立仪式上,部分技术服务团专家和其所在单位以及基层单位的农村生活污水治理、水环境综合治理管理系统开发、河道原生态修复工程等11个项目完成了技术服务签约对接,为在"五水共治"过程中遇到的难题提供经验和技术支持。据了解,浙江省治水办还开通了"五水共治"技术服务平台,为全省基层单位与技术支撑单位搭建沟通桥梁。

丽水市结合实际,明确市"五水共治"下一阶段的十大工作目标:全市地表水环境功能区达标率要继续保持全省第一;跨行政区域河流交接断面和县以上集中式饮用水源地水质达标率继续保持100%;力争在全省率先完成半年内清理垃圾河,两年内治理臭河,消灭黑河工作;2014年农村污水处理行政村覆盖率达到70%以上;到2016年,丽水市中心城区、县级城区达到防御20—50年一遇洪水标准;完成县级以上城区备用水源建设;完成丽水中心城区排涝整治工程;开展县城城区防洪防涝综合整治工程;开展松古、碧湖和壶镇三大平原排涝工程;初步建立节水型社会。

丽水市在2014年1月17号正式开始了"五水共治"的征程。丽水市围绕"五水共治"省、市目标任务,着力全面推进各项治水工作。第一个阶段已全面完成,我们团队通过本次调查了解丽水市的第一阶段具体取得的实际性的成果,"五水共治"在莲都区实施情况以及所存在的问题与阻碍,尽我们所能为莲都区出谋划策。

团队名为"五水共治"思政社会调查团队。我队本次调查以丽水市为落脚点,深入丽水市调查"五水共治"在丽水实施情况以及取得的成效。以本次调查为基点让参与调查的同学对丽水市有进一步的了解,增强同学对这座美丽城市的归属感。调查的目的是:

(1)了解丽水水污染的现状,认识到保护水资源的重要意义。

(2)了解水污染的危害,使大家共同关心、保护家乡的水资源。

(3)培养同学们热爱社会,热爱大自然,养成节约用水的好习惯。

(4)提高深入社会、融入社会、关心社会的能力。

2.调查方法

以问卷调研为主,参与调查的成员亲自实地考察,深入调研"五水共治"在该地的实施情况。

本次调查问卷共发出 110 份,收回 100 份,有效问卷 99 份。问卷内容主要涉及丽水"五水共治"的开展手段,开展效果,产生的社会影响等。通过对社会基层人员的调查评价,更有效、更真实地反映"五水共治"状况。

二、调查情况分析

1.丽水五水共治开展状况分析

(1)接受调查的人员职业状况,如图 1 所示。可以清楚地看出被调查者的职业分布,从这一最基本的状况可以分析得到我们的调查人群以及分布。其中,在校学生最多,数目接近 45 人。务工人员也是达到了 25 人。从数据来看,被调查者覆盖校园、社会人士,由于大学的人员基本是来自五湖四海,可见调查数据对于主题的调查还是具有参考意义的。

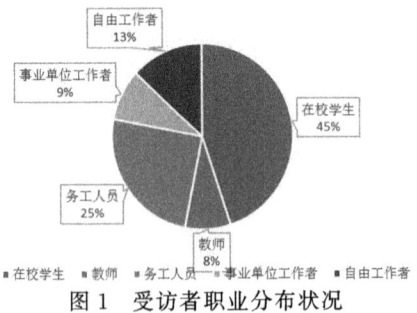

图 1 受访者职业分布状况

(2)对于"五水共治"的关注度情况分析。如图2所示,可以清楚地看出被调查者对于丽水"五水共治"的关注状况。调查显示,对于丽水开展的"五水共治"活动,百姓关注度极高,略微了解和特别关注的综合达到89%,说明丽水"五水共治"工作的开展影响已经深入基层。

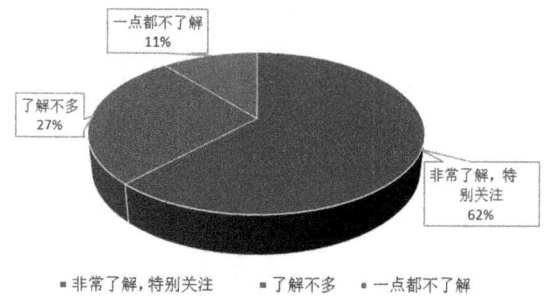

图2 丽水市"五水共治"调查市民关注度状况统计图

(3)"五水共治"的宣传渠道分析。如图3所示,由于"五水共治"的基层性很强,宣传渠道用的都是一些亲近民众的手段,而且取得了很好的宣传效果,可以看出政府部门以现在便捷的网络和丽水大学生为切口,以教育、书刊、报道、学生志愿活动为手段,以达到宣传手段的多样化,有效性的目的。

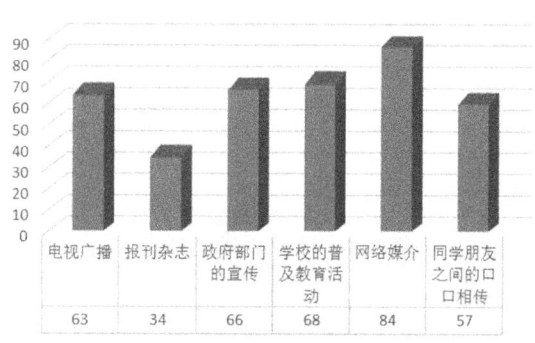

图3 "五水共治"宣传渠道统计图

2.丽水市"五水共治"基层认知态度分析

(1)对于"五水"的理论认知。如图4所示,有82%的人对于"五水共治"的"五水"有着正确的认知。"五水",即污水、洪水、涝水、供水、节水。"五水共治"显然就是治污水、防洪水、排涝水、保供水、抓节水。有着这么高的认知度可以说正是因为"五水共治"与大家生活息息相关。

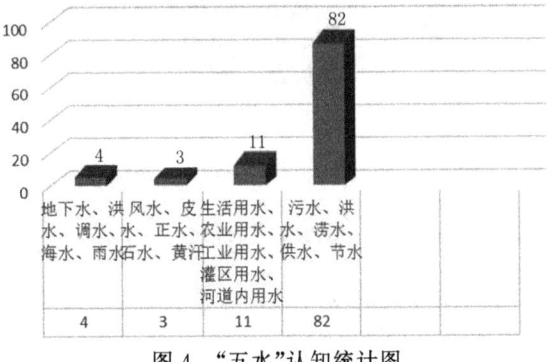

图4 "五水"认知统计图

我们还在问卷中设计了一道开放性现场问答题目:请说出你认为该如何治水。图5中显示百姓心中的治水方式四大方面:保障生活供水、治理污水、节约用水、防止洪涝,这是根据生活所需提出的,与"五水共治"理论基本吻合,进一步体现了"五水共治"工作开展的科学性和必要性。

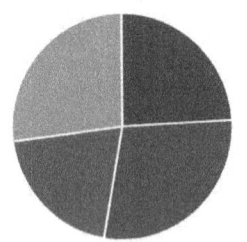

图5 如何治水

(2)关于丽水开展"五水共治"工作取得成果的认知分析。如图6所示,开展"五水共治"活动以来,取得的成果丰硕。具体体现在五大方面:河道整洁度提升、水生态环境提升、爱护水环境意识提升、治水活动活跃度提升、治水制度完善。在群众看来,切身感受的就是水质的提升,周边生态环境的改善,目之所及的丰富的治水志愿活动与宣传活动。"五水共治"既改善了生活的水质也提高了人民群众对治水的认识。水是生态之基,生态之要,生命之源,治水既是对自然生态的关怀,又是对人们自身的人本主义关怀。

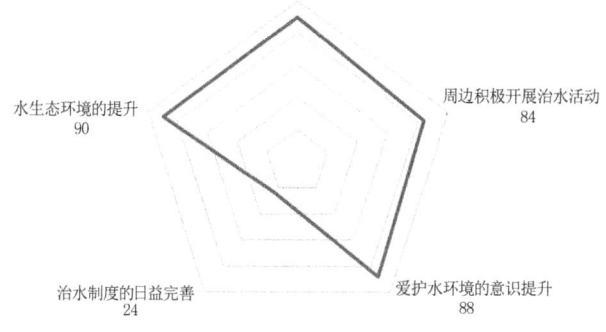

图6 丽水市民对周边环境认知

3.丽水"五水共治"工作开展意义分析

(1)对于日常生活的影响。从图7中可以看出,"五水共治"工作对于日常生活的影响极大,不但影响了群众的生活习惯,人们开始节约用水,不乱排污水,也提高了群众的思想认识,积极爱护河道,制止破坏水质的活动,"五水共治"使人人都参与、行动起来,加入这场与每个丽水人息息相关、受益无穷的工程中。

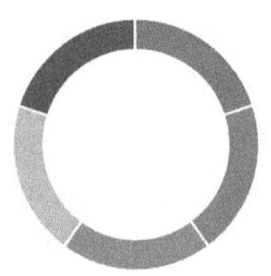

图 7 丽水民参与"五水共治"意愿

(2)对于社会环境的影响,如图 8 所示。开展"五水共治"对于丽水的发展大有裨益,具体表现在:第一,推动城市发展;第二,改善生态环境;第三,提升市民修养;第四,养成节俭风尚。

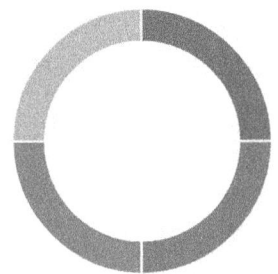

图 8 开展五水共治的意义分析

三、调查结果

1.丽水"五水共治"现状

据了解,自治水以来,丽水紧扣"干好一三五[①]、提前治'五水'"的

---

① 中华人民共和国国民经济和社会发展第十三个五年规划纲要(2016—2020年),简称"十三五"规划。

目标任务,从源头治水、项目治水、全民治水、长效治水,确保主要流域水质保持在Ⅱ类以上,跨行政区域交界断面水质和集中式饮用水源地水质达标率保持在100%,"五水共治"工作取得了阶段成效。

(1)在治污水方面。治理垃圾河、黑臭河19条共167公里,综合治理黑臭河2.5公里;河道综合整治31.2公里;新建城市污水管网56.35公里;整治提升企业573家,关停淘汰企业328家。

(2)在防洪水方面。建设堤防20.46公里,综合整治山塘24座;水库除险加固2座,共36.26公里;清淤排水管网182.5公里;提标改造排水管网26.28公里;雨污分流改造28.48公里;积水点改造3处;增加应急排涝设备0.13万立方米/小时。

(4)保供水方面。新建改造供水管网65.16公里;创建合格规范饮用水源地保护区13个;新增改善灌溉面积1.79万亩;农村饮水安全提升工程惠及3.4494万人。

(5)抓节水方面。

①新增高效节水灌溉面积0.885万亩。

②围绕"清三河"达标创建的7项指标,实施"清三河"成效深化提升工程,建立河道问题库,挂单销号,强化控源头防反弹措施。统筹整合河岸、村庄保洁资源,实施河岸一体化长效保洁机制。目前,累计投入资金约3960万元,清理各类垃圾5312吨,拆除违章建筑15余万平方米,封堵排污口31个。

③全力推进以阀门、休闲椅、砂石料行业为重点的18个行业整治。先后整治污染企业573家,关停328家,其中阀门行业关停淘汰33家,整治提升24家,兼并重组30家,有3家已恢复试生产;砂石料行业有117家设砂场点,其中关停81家,整治提升27家,允许试生产7家,全面验收2家;电镀、印染、制革、化工等重污染高耗能行业30家企业,已整治14家,关停16家,通过市级验收。清洁生产审核企业12家;低小

散块状行业整治提升258家;淘汰铸造行业落后产能200 712吨,淘汰多孔砖与黏土砖6 000万块。

④把好新建畜禽养殖场审批关,坚决关停搬迁禁养区内的养殖场。推广生态循环种养模式,实施畜禽养殖污染减排、农村沼气工程和水产养殖污染防控等技术,有效控制农业污染物排放总量。目前,已累计关停禁养区内畜禽养殖场405家、整治提升113家;沼液综合利用9.4万吨,化肥使用量减少557.2吨,减少化学农药施用量16.27吨;推广商品有机肥1.8267万吨,推广测土配方施肥66.56万亩,推广农作物病虫害统防统治10.36万亩;稻鱼轮作共生减排4 600亩,淡水增殖放流2 707万尾。

⑤三年安排治水项目共计294个,截至目前,全区治水项目已开工251个、完工154个,完成投资35.73亿元。围绕提高污水收集率和处理率,在城市实施"建八厂铺十网连千家万户"工程;加快推进农村饮用水安全提升工程和水库的水源工程建设;基本完成城市引水延伸改建工程、城市水厂三期扩建工程。

⑥制定"一河一策"治理方案,建立一线巡查、投诉举报受理等6项机制,创新建立"3+4"河长履职模式,实行"积分制"管理,每位河长建一张"积分卡",每月一统计、每季度一评定、每年一结算,强化动态管理河长机制。组建河长履职微信群,用"指尖上的平台"助力河长履职。

⑦委托第三方管理,建立城市污水处理设施"市场化、专业化、社会化"长效运维机制。按照"政府补贴、村里筹资、村民出资"原则,实行市场化经营保洁模式,完善河岸一体化长效保洁机制。同时,总结提升瓯江、小溪保洁市场化运作和河道经营权承包试点经验,建立河道开发与长效保洁双赢的管理新模式。乡村85公里河道经营权全部承包到户,村集体实现增收55.8万元,年节省保洁经费4万元。该经验做法被水利部评为"全国基层十大治水经验"。

⑧编制环境监管网,创新环境监管机制,对企业实行分级分类监管,保持对环境违法行为"零容忍"的高压态势。绘制污染分布图,实施"关口长"制度,落实专人监管重点流域的雨水口、污水口。扩大水质常规监测面,在原有16个水质监测断面的基础上,增设6个支流监测断面,对重点流域水质监测实现全覆盖。编制河道监控网,在原有16条重点河道21个监视点的基础上,增设8个监视点,对水雨情信息、河道保洁、采砂等进行实时监控,定期分析地表水环境质量变化,绘制趋势图,跟踪水质变化。编制社会监督网,在全市率先推出首档舆论监督类栏目《每周聚焦》,一周一聚焦,提升问题解决速度。累计曝光治水问题30个,全部整改到位。

2.2017年丽水政府五水共治工作重点

宣传丽水2017年度"五水共治"的工作要点和"十三五"治水工作的主要目标。突出宣传"五水共治"是政府扎实推进"美丽丽水"建设的重要部署、"决不把污泥浊水带入小康社会"重大战略决策。紧紧围绕"全境剿灭劣Ⅴ类水"及"提升群众满意度"两大工作重点。

充分宣传各乡镇街道深入开展"五水共治"的生动调查和进展成效,深入宣传各部门推进"五水共治"的典型经验,重点宣传"五水共治"工作的先进事例和先进人物,充分反映"五水共治"给各地群众带来的看得见、摸得着、感受得到的显著变化,提升群众满意度。

以事实为依据,有序有效地开展舆论监督,努力营造统筹推进"五水共治"和全民治水的社会氛围。

3.2017年丽水政府五水共治后续主要任务

(1)截污纳管工程。将截污纳管作为"全境剿灭劣Ⅴ类水"行动的首要工作,严格按照《进一步推进截污纳管工作的若干意见》(浙治水办发[2017]1号)的要求,各部门及各乡镇街道,明确工作分工、落实工作责任,全面加强城镇污水收集和处理能力建设,切实提高污水处理率、污水处理厂运行负荷率和达标排放率,全力提升城镇污水处理水平。到2017年底,城市污水处理率达到88%以上,力争达到90%;全市新增城区污水配套管网11.8公里以上,实施3个老旧小区雨污分流改造工程;新建、扩建城市污水处理厂1座,实施城镇污水处理厂一级A提标改造1座,城市污水处理厂全部达到一级A标准并稳定达标排放。加强城市排水与污水收集管网的日常养护,着力解决污水管网渗漏、破损、错接、混接等突出问题。加强现有雨污合流管网的分流改造,开展居住小区阳台排水管的改造,有条件的小区要推进初期雨水收集、处理和资源化利用工作。加强港口码头船舶污染物收集和处理等设施建设。

(2)河道清淤工程。全力开展河道清淤,2017年全市计划完成清淤20万立方米以上,优先安排劣Ⅴ类水体清淤项目,对巩固劣Ⅴ类水消除成效任务较重河道定期监测淤积情况,做到有污必清。侧重于村庄内部、百姓身边的小沟小渠清淤。针对淤泥成分、水域特点等因素的差异,科学合理选用清淤方式;提高清淤科学化水平,积极探索生态环保的清淤方式,实现生态清淤、淤泥脱水、垃圾分离、余水循环处理的一体化、流程化;加强淤泥清理、排放、运输、处置的全过程管理,避免产生二次污染,逐步建立轮疏工作机制,实现河湖库塘淤疏动态平衡。

(3)工业整治工程。开展工业园区编制规划以及规划环评,优化工业园区产业布局,确保招商引资项目顺利落地。深入推进重污染高耗能行业整治提升,严格按照培育一批示范企业、集聚一批小散企业、消减一批危重企业的思路和重点行业整治提升标准,大力开展砂石料、阀门、休闲椅等重点行业整治提升,以及对水环境影响较大的落后企业、加工点、作坊的专项整治工作,2017年全县完成3家企业(加工点、作坊)的整治工作;深化"腾笼换鸟",以无证经营、无安全保障、无合法场所、无环保措施等"四无"企业(作坊)为重点,加快淘汰落后产能,2017年完成省下达的落后产能企业淘汰任务,整治"低小散"企业(作坊)50家以上;加强园区治理,到2017年底,全区所有工业集聚区按省里统一要求建成污水集中处理设施并安装自动在线监控装置。严格实行重污染行业重金属和高浓度难降解废水的预处理和分质处理,推行企业明管化输送废水,强化企业污染治理设施运行维护管理;加大企业环境违法行为打击力度,以打造最严环境执法城市为目标,严格执行"五个一律",进一步健全违法案件线索的移送查处机制,提升立案率和查处率,不断营造高压态势。

(4)农业农村面源治理工程。大力推进畜牧业转型升级,编制畜禽养殖规划与规划环评,不断完善网格化监管体系建设,完善线下网格化巡查与线上智能化防控相结合的长效机制,在2017年把网格化巡查签到系统的考勤情况列入年度考核。到2017年底,存栏50头以上的44家保留养殖场全部纳入在线智能化防控平台,规范其生态消纳模式,其中工业化治理养殖场安装在线监控系统并与环保部门联网。加大巡查和整治力度,继续执行禁限养区制度,严防区域内复养和新养,深化全区散养生猪污染转项整治工作,完成336户整治任务,规范农村家庭畜牧养殖,严防污染物直排到小沟、小渠,开展美丽化和规模化建设,计划建成3家美丽牧场;持续推进化肥农药减量增效行动,持续降低农业面源污染,2017年计划化肥减量126吨以上,推广测土施肥面积 22 万亩次以上,推广有机肥 0.6 万吨以上,农药减量 1 吨以上。深入推进渔业转型促治水行动,实施水生生物增殖放流 1100 万尾以上。

(5)排放口整治工程。加强入河排污口设置审核,依法规范入河排污口设置。未依法办理审核手续的,限期补办手续。对可以保留但需整改的,提出整改意见并加强监管。全面公布依法依规设置的入河排污口名单信息。建立入河排污口信息管理系统,不断提高监管水平。

(6)生态配水与修复工程。按照引得进、流得动、排得出的要求,增强水体流动性,提高水体自净能力,构建良好的水生态系统。打通断头河,逐步恢复坑塘、河湖、湿地等各类水体的自然连通。充分考虑基本生态用水需求,加强生态调水,维护河湖生态健康。加强河流生态化治理,加大水生态保护与修复力度,开展驳岸(沿河地面以下,保护河岸,阻止河岸崩塌或冲刷的构筑物称为驳岸)生态化改造、沿岸绿化及景观建设,加快河岸湿地、氮磷拦截吸收、曝气充氧、生态浮床等工程建设,恢复与重建河道良性生态系统。全县完成河道综合整治 16.5 公里以上。

4.目前存在的主要问题

(1)农村生活污水治理设施不够完善。集农村生活用水到终端处理的过程还存在薄弱环节(如污水入湿地的量难以掌控、终端数量少,发生故障就无法再继续处理这些污水)。

(2)污水治理厂治理污水的效率较低。

(3)对于"五水共治"这一政策,普遍存在群众高知晓度、低参与度、低满意度的现象。如何让群众积极参与到"五水共治"中来?如何提升群众治水的责任感和荣誉感。

(4)现有的宣传方式(如争当河小二、最美"系列"评选及摄影活动、志愿者宣传、绿水行动－植树节、广告牌、电子屏、橱窗、志愿者宣传等）宣传范围局限。受宣传的人基本都是以青年人为主,活动也是多以青年人参与为主,像高湖镇现有人员基本是以青少年、中年以及老年人为主。很难宣传到位。

(5)丽水各个主要河道河水治理基本完成。所有水系均达到二类水以上。第一阶段的治水已全面完成,接下来如何建立长效的保洁机制,如何发动群众的力量参与进来？

四、对"五水共治"存在问题的建议

1.对丽水市民的建议

(1)对于用水量较大的绿化及生活用水提倡一水多用,分质使用,提高水的重复利用率,将水耗降至最低。倡导在卫生间尽量使用二次水,带动身边的人共同参与节约用水行动。随手关闭水龙头,做到人走水停,杜绝水长流的现象发生。

(2)尽量缩短用水时间,发现水龙头、管道漏水要及时报修。

(3)衣物要集中洗涤,应尽量减少洗衣的次数；小件、少量的衣物提倡手洗；洗涤剂要适量投放,过量投放将造成水的大量浪费。

2.对学校的建议

(1)学校里的洗手池管道可以连接到小便池的水箱,这样废水也可以再利用一次。

(2)有条河流流经我校,建议在河边放置几个垃圾箱,并树立禁止向水中扔垃圾的警示牌。

3.对政府的建议

(1)治污。合理规划污水处理厂、中水回用工程:在规划建设污水治理厂时,将一些需水量大的企业规划在一个区域内,并铺设中水输送管线。加大中水回用宣传力度,提高社会各界对中水回用的认知度,引导大家积极使用中水。加强政策引导,通过优惠政策和市场营运,提高中水的利用率,完善地下网管建设,真正实现雨污分流。

(2)防洪。第一,加强防汛信息化建设:利用科技发展的优异成果,将之运用在防汛工作上,改变传统防汛手段,实现科学防汛,最大限度减少洪涝等自然灾害所带来的损失;第二,完善应急预案体系:进一步完善应急预案体系,不断提高预案的科学性和可操作性,充分发挥预案在防汛抗旱工作中的导向和决策作用。同时要加强预警机制建设,把防汛预警机制与防汛应急预案有机地结合在一起,全面提高防汛抗旱水平。

(3)排涝。第一,做好城市防内涝工作:及时疏通排水管网,加强排水设施的养护维修,确保设施完好和正常运转。特别是对低洼地带、地道桥、地下商场、人防工程等地点,要加强防范,提前做好应急排水和防内涝的各项准备工作;第二,鼓励新建的单位、公共场所、住宅小区兴建雨水调蓄池,尽量减轻城市排水系统工程的负担;第三,整改农村河道周围规划。将农村险、弯、急河道进行合理改造,在河道周围设立防洪警戒线,在警戒线内严禁私搭乱建,尽可能地新建排洪渠道,新建楔闸。加强小型水库安全管理员队伍建设。